KB119434

0원으로
시작하는
짠순이
재테크 습관

0원으로 시작하는 짠순이 재테크 습관

초 판 1쇄 2020년 03월 18일
초 판 2쇄 2020년 06월 08일

지은이 윤정완
펴낸이 류종렬

펴낸곳 미다스북스
총괄실장 명상완
책임편집 이다경
책임진행 박새연, 김가영, 신은서
책임교정 최은혜, 정은희, 강윤희, 정필례

등록 2001년 3월 21일 제2001-000040호
주소 서울시 마포구 양화로 133 서교타워 711호
전화 02) 322-7802~3
팩스 02) 6007-1845
블로그 http://blog.naver.com/midasbooks
전자주소 midasbooks@hanmail.net
페이스북 https://www.facebook.com/midasbooks425

ISBN 978-89-6637-760-2 03190

값 15,000원

미다스북스는 다음세대에게 필요한 지혜와 교양을 생각합니다.

0원으로
시작하는
짠순이
재테크 습관

윤정완 지음

미다스북스

부자가 되는 길은
재테크 습관에 있다!

새해가 밝았다. 많은 사람이 1월 1일 일출을 보며 새해 소망을 빌기 위해 산으로 바다로 향한다. 날이 춥건, 비가 오건, 눈이 오건 이들의 굳센 의지를 방해할 것은 세상에 없어 보인다. 사람들의 소망은 무엇일까? '대학 입학, 취업, 건강, 결혼, 내 집 마련, 부자 되기' 등 소망은 다양하겠지만 빠짐없이 등장하는 것이 바로 돈이다.

전 국민이 이토록 부자가 되기를 학수고대하는데 대부분의 사람은 가난하다. 좋은 대학을 나오지 못 해서일까? 좋은 데 취직을 못 해서일까?

우리 집은 풍요롭고 행복했다. 부지런하고 유능한 우리 아빠, 알뜰하고 자식 교육열 높은 우리 엄마 그리고 나보다 더 우수한 언니와 남동생. 걱정 하나 없는 행복한 학창 시절을 보냈다. 그러나 내가 대학에 입학할 무렵 우리 집에 어둠의 그늘이 찾아왔다. 'IMF 외환위기'로 전국이 우울하던 바로 그때였다. 나는 'IMF'라는 단어만 떠올리면 우리 아빠의 사업 실패가 함께 연상되어 가슴이 아프다. 그때 신문과 뉴스에는 연일 경제 난, 취업난 등 암울한 소식을 전했지만, 주위를 둘러보면 우리 집 빼고는 모두 잘 살고 있었다. 당시 어린 나의 시선에는 'IMF 외환위기' 때 실패한 집은 우리 집뿐이었다. 아빠의 사업실패 후 나는 대기업에 취직하거나 공무원이 되는 것이 살 길이라고 생각했다.

사람들은 대학 진학과 취업을 위해 오늘도 열심히 공부하고 스펙을 쌓느라 분주하다. 우리는 초등학교 6년, 중학교 3년, 고등학교 3년, 대학교 4년을 교육의 기본 기간으로 알고 있다. 여기에 나는 대학원 석사 2년을 더 했고, 남편은 박사까지 마쳤다. 우리 사회는 고정관념이 강해서 모든 것에 일률적인 공식을 부여한다. 공부를 열심히 해서 좋은 대학에 들어가고, 졸업 후에는 대기업이나 공기업에 들어가거나 공무원이 되는 것을 가문의 영광으로 안다. 그런데 모두 바라는 좋은 직장에 들어가면 부자가 될까? 학교에서는 공부를 열심히 하라고 하고, 성실함을 최고의 미덕으로 가르친다. 월급쟁이 직장인만큼 성실한 집단은 아마 없을 것이다.

나 역시 열심히 공부해서 남들이 부러워하는 직장에 들어갔지만, 외동아이 교육비도 마음껏 내지 못하는 내 신세가 처량했다. 주말부부, 독박육아, 워킹맘으로 하루 종일 동동거리며 많은 역할을 해냈지만 내게 돌아온 것은 '이명'이라는 질병뿐이었다. 나는 직장만 다녀서는 절대 부자가 될 수 없다는 것을 깨달았다. 이 땅에 수많은 월급쟁이 직장인은 매일매일 열심히 살고 있다. 그런데 월급쟁이가 큰 부자가 되었다는 소식은 거의 들을 수가 없다. 부자는커녕 직장에 열심히 다니는데 우리는 왜 불안한 걸까? 이제 평생직장이란 존재하지 않는다. 직장은 언제 잘릴지 알 수 없고 우리가 필요한 만큼 연봉을 주지 않는다. 직장을 다니고 있는 바로 지금, 우리는 늘 은퇴 준비를 해야 한다. 사람들은 재테크라고 하면 비법만 찾아다닌다. 산신령이라도 나타나 비법서를 한 권 줬으면 하고 바라는 것 같다. 내가 공부하던 경제 강좌 강사는 대중을 '돼지 같은 대중'이란 의미의 '돼중'이라고 했다.

"돼중은 공부할 생각은 않고, 누가 이거 좋다고 하면 앞뒤 없이 우루루 가서 사고, 단기간에 안 오르면 추천해준 사람 원망만 해. 그래서 개미들은 부자들이 털고 가는 꼭지에 사고, 기다리지 못하고 헐값에 팔아버려. 그러면 부자들은 천천히 싼 값에 주워 담는 거지."

재테크에 노하우가 중요할까? 노하우, 중요하다. 그러나 경제의 흐름을 모르면 노하우를 알아도 소용없고, 잘못된 소비습관이나 가난한 마인드를 가지고 있으면 밑 빠진 독에 물 붓기이다. 로또 1등 당첨자가 얼마 안 가 예전보다 더 가난해졌다는 뉴스는 심심치 않게 보도되고 있다.

우리의 인생은 습관으로 되어 있다. 성공하는 습관을 갖추면 성공하고, 가난한 습관을 갖추면 가난해진다. 사람들은 성공하는 습관은커녕 재테크 공부나 자기계발을 할 시간조차 없다고 한다. 그러나 시간은 늘 없는 것이다. 무슨 일을 하든 필요성을 느끼고 우선순위로 하루 일과 중 자리매김을 해놔야 시간이 생긴다. 먼저 부자의 마인드로 전환 후 나만의 투자, 자기계발을 시작하자. 부자가 되고 싶다면 부자를 따라 하면 된다. 부자들의 재테크 습관을 따라 하자.

요즈음 우리 사회는 장기적인 불경기로 인한 취업난, 언제 해고될지 모르는 불안감과 노후 대비 등으로 전 국민이 재테크에 관심이 많다. 그러나 재테크 서적은 넘쳐나지만 평범한 일반인의 눈높이로 실제 도움을 줄 만한 책은 별로 없다.

나는 이 책에 대한민국 보통 사람들이 부자의 길을 가도록 돕고자 나의 경험과 노하우, 깨달음 그리고 노하우보다 더 중요한 재테크 습관을 사례 중심으로 재미있게 담았다.

이 책의 1장에는 나를 비롯한 월급쟁이 직장인들이 부자가 되지 못했던 이유에 대해 담았다. 누구나 공감할 것이다. 1장을 통해 우울감보다는 현재 자신의 위치를 점검하며 부자가 되기로 결심하기를 바란다. 베르톨트 브레히트는 "당신 스스로가 하지 않으면 아무도 당신의 운명을 개선 시켜 주지 않을 것이다."라고 말했다.

2장으로 우리는 평소의 소비습관을 점검하여 부자가 되는 기본 소양을 쌓을 것이다. 단순히 많이 벌려고만 노력해서는 부자가 될 수 없다. "가랑비에 옷 젖는다."라는 속담이 있다. 나의 실패와 성공에 대한 흥미진진한 사례를 통해 자신의 평소 소비 습관을 돌아보며 개선해야 할 부분을 찾는 시간이 되었으면 한다.

3장에서는 작은 부자들의 공통점을 제시했다. 경기불황으로 일확천금이나 한탕주의를 바라는 사람이 많은 요즘, 작은 부자들의 공통점을 통해 평범한 일반인도 충분히 부자가 될 수 있는 길을 사례와 함께 담았다.

4장에는 푼돈을 모으는 비법에 대해 적었다. 내가 적은 비법 말고도 다른 방법이 있을 수 있지만, 월급쟁이 직장인인 내가 실제 사용하고 있는 방법을 담았다. 이 장을 통해 어려서부터 짠순이였던 나의 노하우를 알 수 있을 것이다.

5장에는 작은 부자가 더 큰 부자가 될 수 있는 방법에 대해 썼다. 작은 부자인 내가 요즘 실천 중인 방법이다. 특히 빈자의 사고에서 부자의 사고로의 전환이 제일 중요하다. 사람은 생각하는 대로 되기 마련이다.

이 책에서 제시하는 방법대로 한다면 분명히 변화가 있을 것이다. 먼저 부자의 마인드로 내면을 가득 채우고 성공 확신과 긍정의 언어로 무장하자. 그리고 목표를 향해 꾸준히 한 발 한 발 내딛다 보면 어느새 점점 부자가 되고 있을 것이다.

이 책이 나올 수 있도록 코칭해주신 〈한국책쓰기1인창업코칭협회〉의 김도사님께 감사드린다. 세심한 조언과 도움으로 내가 작가로서의 인생을 살게 해주셨다. 그리고 세상에서 가장 든든한 지원군인 나의 엄마와 남편에게 감사한다. 늘 나의 자랑인 나의 형제, 성실하고 유능한 친정 언니 부부와 남동생 부부에게도 감사하다. 시댁 스트레스를 0으로 만들어주신 유쾌하고 따뜻한 시댁 형님들에게도 감사하다. 언제나 자식들을 사랑하고 자랑스러워하시던, 하늘나라에 계신 아빠께도 보여드리고 싶다.

끝으로 이 책을 세상에 내놓을 수 있게 해준 미다스북스 대표님과 편집팀, 디자인팀 모든 분에게 감사드린다.

목 차

1장
내 월급에 무슨 부자가 된다고!

4장
누구나 푼돈으로 월 100만 원 모으는 비법

5장
습관이 됐을 뿐인데, 매일 돈이 더 모이고 있다

A
Frugal
Investment
Techniques

내 월급에
무슨 부자가 된다고!

1

왜 나는 부자가 아닐까?

돈 없는 서러움

나는 어릴 때부터 크고 넓은 것을 좋아했다.

언니, 동생과 인형 놀이를 해도 내 인형의 집은 제일 컸다. 욕심이 많아서 형제들 중에서도 내 방이 제일 큰 방이었다. 나는 당연히 내가 큰 부자로 살 것이라 믿어 의심치 않았다.

우리 집은 중산층이었다. 나는 부모님이 항상 자랑스러웠다. 알뜰하고 늘 재테크 공부하는 우리 엄마, 그리고 직장에서도, 퇴직 후 사업에서도 승승장구하는 우리 아빠였다.

우리 부모님은 우리 3남매가 중 · 고등학교 입학할 무렵, 분당에서 제일 큰 79평 아파트로 이사했다. 콘도도 몇 개, 강남에 오피스텔, 지방엔 약간의 땅도 사놓으셨다. 살림이 넉넉해도 우리 엄마는 늘 우리의 양말을 기워서 주셨다. 돈은 알뜰하게 쓰는 거라며 용돈도 한 번도 넉넉히 주신 적이 없다. 나는 자라며 엄마에게 절약과 돈에 대한 관심을 배웠다. 그러나 잘 나가던 우리 아빠의 사업이 내가 대학교 1학년 무렵, 흔들리기 시작했다. 급기야 1996년, 우리 형제들이 가장 돈이 필요하던 대학 시절에, 아빠의 사업은 완전히 실패로 끝났다.

돈 없는 서러움을 겪어본 적 있는가? 갑자기 들이닥친 가난. 처음 겪는 가난은 참 불편하고 불쾌한 경험이었다. 부잣집 사모님이던 우리 엄마가 전화통을 붙잡고 울며 돈을 빌려달라고 하소연하는 모습. 늘 당당하던 우리 아빠의 힘없는 뒷모습. 빚 독촉에 어쩔 줄 몰라 초조해하는 엄마. 점점 목소리가 작아지고 방에만 틀어박혀 담배만 피우는 아빠. 하지만 우리 엄마는 매우 강한 분이셨다. 명예와 자존심을 제일 중시하던 분이 보험설계사가 되셨다. 집에 돌아오면 "나는 앵벌이"라며 속상해하셨지만, 목숨 걸고 엄청난 빚을 갚아나가셨다. 마치 전장의 장군 같았다. 지금 돌아보면 소중한 자식들에게 절대 빚을 넘겨주지 않으리라는 결의가 엄마 얼굴에 서려 있었던 거 같다.

우리나라 창업 경험이 있는 28.8% 중 휴업하거나 폐업한 사람의 비중은 65.1%를 차지한다. 창업 실패로 인한 자산 손실은 평균 7,023만 원이었으며 이후 생활비를 41.3%나 줄여야 했다. 이와 관련해 전문가들은 상권 쇠퇴와 경쟁 과다가 자영업 폐업의 주된 원인이지만 '준비 부족' 역시 폐업의 핵심 원인으로 지목하고 있다. 실제 KB경영연구소의 설문 분석에 따르면 서비스 자영업자의 27.5%가 폐업 경험이 있었으며, 폐업의 이유를 묻는 질문에는 '상권 쇠퇴와 경쟁 과다 등 주변 환경 악화'를 1순위(45.6%)로 꼽았고, 이어 '준비 부족 등 개인적 한계'(16.7%)가 뒤를 이었다.

눈에 띄는 부분은 10명 중에 9명 이상이 자신의 판단만으로 창업에 나서고 있다는 점이다. KB경영연구소의 설문 분석에서도 금융기관이나 소상공인시장진흥공단 등 다양한 곳에서 제공하는 컨설팅 서비스 지원에 대해 자영업자의 37.6%만이 '알고 있다.'라고 응답한 것으로 집계됐다. 컨설팅 서비스 경험이 있는 자영업자들은 전체 중 7.6%에 불과했다.

우리 아빠는 '동아건설'에서 대만과 무역 전문으로 상무이사까지 하셨다. 그러던 중 국제 정세의 변화로 우리나라는 대만과 단교를 하게 되었다. 결국 대만 무역 담당이던 아빠는 갑작스럽게 퇴사를 하셨다. 퇴사 후 원래 업무와 연계한 국제 운송 회사를 차리셨다. 아빠는 평소 낙천적인 성격으로 준비성은 없는 편이었다. 처음 몇 년간은 사업을 잘하셨다. 그러나 '두바이'라는 나라로부터 받을 돈을 받지 못해 자금 악화로 사업에 실패하셨다.

어릴 때 부모님은 공무원이나 교사를 가난한 사람이라고 말씀하셨다.

나는 어렴풋이 공무원 말고 더 멋진 직업을 찾아야겠다고 막연히 생각했었다. 그러나 아빠의 사업 실패가 내 생각을 완전히 바꿔놓았다. 매달 월급이 들어오는 안정적인 직업을 찾아야 했다.

우리 형제는 혼자 빚을 막아내는 엄마의 큰 그늘 아래였지만 미래가 불안했다. 그 당시는 IMF 외환 위기였다. 뉴스에서는 경제 위기로 청년 실업률이 사상 최고라고 했다. 미래가 암울하니 '나는 과연 취업을 할 수 있을까?' 하며 고민했다. 그러나 나는 반드시 취업을 해야만 했다. 재수, 삼수가 필수인 임용고시! 두려웠지만 더 이상 비빌 언덕이 없었다.

2001년 12월 나는 대학 졸업 후 1년 만에 합격했다. 태어나 처음으로 부모님께 효도했다. 대학 학자금 대출이 있는 '마이너스' 인생으로 사회 첫발을 내디뎠다.

처음에는 내 꿈을 이루어 마냥 즐거웠다. 부모님께 매달 10만 원이라도 드릴 수 있어서 행복했다. 사람 구실을 하는 것 같았다. 게다가 교사라는 직업은 내 꿈이기도 했다. 교육 봉사를 통해 내가 받은 고등교육의 혜택을 세상에 보답하고 싶었다. 그러나 몇 년 후 공교육의 한계와 교권 추락으로 환상은 깨져갔다. 내 자유가 박봉의 월급에 저당 잡혔다는 사실을 알았다. 나는 학생들을 열심히 가르치는 월급쟁이에 불과했다. 반복되는 일상과 퇴근 후 독박 육아에 지쳐갔다. 끝없이 바위를 산꼭대기로 밀어 올리는 '시지프스의 형벌'이 떠올랐다.

직장인은 현대판 노예다

2014년 전남 신안군 '염전노예 사건'을 아는가? 지적장애를 가진 A씨가 늦게 귀가하는 엄마를 찾으러 나갔다. 한 농가 주인이 지적장애인 A씨를 20년간 노예로 착취한 이야기였다. A씨는 창고에서 살며 새벽 3시에 일어나서 갖은 궂은일을 했다. 첫 월급 말고는 아무런 보상이 없었다. 이 방송이 나가자 세상이 들썩거렸다. 장애인복지법을 강화해야 한다, 농장주를 처벌해야 한다며 모두 분노에 떨었다.

나 역시 이 방송을 봤다. 농장주는 어떻게 사람의 탈을 쓰고 저럴 수가 있나 싶었다.

농장주는 A씨를 가족같이 생각해서 먹여주고 입혀주었단다. 새빨간 거짓말이었다. 그 방송을 볼 때는 몰랐지만, 이제는 안다. 우리 직장인들도 조금만 생각해보면 현대판 노예라는 것을. 단 A씨보다 조금 더 허용된 자유를 대가로 받고, 조금 더 나은 환경에서 일할 뿐이다.

우리 사회에서는 열심히 공부하여 대학에 입학하고, 졸업 후 안정되고 연봉 높은 곳을 취직하는 것이 통과의례가 되었다. 직장에서 퇴사하면 다른 직장으로 이직하는 것 또한 당연한 수순으로 알고 있었다. 그렇게 사는 것이 행복일까? 나는 남의 일을 해주는 것이 아닌 자아실현을 하는 것이 행복이라 배웠다. 몇 년간 내 직장이 좋았던 것은 내가 자아실현을 하는 중이라 믿었기 때문이다. 많은 사람들은 직장에 들어가서 부자로 살고 싶다고 한다. 그런데 직장인들이 월급만으로 부자가 되는 것이 가능할까?

요즘 수저 계급론이 열풍이다. 나는 금수저, 은수저하며 애꿎은 부모 탓을 하는 사회적 분위기가 싫다. 나의 부모님은 내가 고등학생 때까지 남들보다 풍요로운 환경을 제공해주셨다. 사업실패 후에는 엄마가 나서서 빚을 다 청산하셨다. 나는 고등학교 때까지는 아빠가, 그 이후는 엄마가 우리 형제를 잘 보살펴주셨다고 생각한다. 책임감 강하고 유능하신 분들이다. 그 험난한 길을 헤쳐나가신 부모님을 존경하고 사랑한다. 다만 부모님이 어릴 때 내게 해주셨던 것처럼, 아들에게 좀 더 풍족한 환경을 제공해주고 싶다. 미술 재능이 뛰어난 아들이 타고난 잠재력을 모두 펼치도록 지원해주고 싶다.

당신은 부자인가? 나는 얼마 전까지 그런대로 만족하며 살려고 했다. 박봉이지만 맞벌이라 그럭저럭 저축도 하고 소소한 행복도 누렸기 때문이다. 그러나 아이가 커갈수록 아들에게 좋은 환경을 제공해주고 싶었다. 영어유치원에 보내고 싶은데 돈이 턱없이 부족했다. 외동아이임에도 학습지 몇 개 시키면 마이너스가 되었다. 주말부부, 독박 육아 워킹맘임에도 가사도우미를 쓸 수 없었다. 아이돌보미도 마음 놓고 쓸 수 없었다. 그래서 직장인임에도 회식 자리에 참석할 수 없었다. 아무리 절약해도 월급 말고 다른 수입이 없다는 현실이 나를 슬프게 했다. 열심히 살아도 월급쟁이인 나는 부자가 아니다. 이대로는 절대 부자가 될 수 없다.

/

모든 성취의 시작점은 갈망이다.

– 나폴레온 힐

2

나는 유리지갑 월급쟁이다

월급은 현실을 자각하게 해줄 뿐

나는 몇 년 전부터 엄마의 추천으로 유료 재테크강좌를 수강하고 있다. 강의에서 나이 든 할아버지 선생님이 소리치며 혼낸다.

"대중이 왜 대중인 줄 알아요? 뉴스나 신문에서 요즘 주식이 잘된다고 하면 우르르 주식 사고, 경제가 좀 안 좋다고 하면 우르르 팔아버려. 개미들인 거지. 돈 못 벌어. 부자들의 생각과 반대로 생각하거든. 눈앞의 이익에 연연하고…. 그러니까 돼지 같은 대중인 거야."

흥분하면 막말을 하시는 할아버지 선생님이 곧 경제 위기가 닥친다고 한다. 깊은 디플레이션이 올 터이니 위험한 투자를 중단하고, 현금과 채권, 달러를 확보하라고 했다.

요즘은 경기가 불황이니 실업률도 높다. 대학 졸업반 자식을 둔 부모님들은 너나없이 자식 취업 걱정이다. 주위를 둘러보면 다들 힘들어한다. 밥값이 만 원인 시대. 치솟는 물가에 내 월급만 그대로다. 자녀교육비, 아파트 대출금, 자동차 할부금, 각종 공과금 등을 내고 나면 마이너스다. 취업을 해도 언제 잘릴지 모르는 직장. 모두 불안해한다.

나는 25살에 임용고시에 패스했다. 아빠의 사업실패 후 공무원이나 안정된 직장만이 답이라고 생각했다. 대학교 4학년 때 '나는 무엇을 잘할까? 무얼 해야 먹고 살 수 있을까? 교육 봉사를 하고 싶은데, 과연 그 치열한 시험에 붙을 수 있을까?' 정말 막막한 심정으로 취업 고민을 했다. 나는 문득문득 그날 밤들을 떠올리면 아직도 가슴이 시리다.

임용고시 합격 발표 날 나는 휴대폰을 꺼버렸다. 마음의 준비가 됐을 때 내가 직접 확인하고 싶었다. 너무 두려워서 종일 길거리를 쏘다니다가 오후 늦게야 확인했다. 합격! 믿기지 않았다. 내 인생에 이런 날이 오다니…. 내 합격을 오전부터 알았던 친구들이 전화로 축하했다. 제일 기뻐한 건 우리 부모님이었다. 집에 가니 엄마가 내게 "윤 선생"이라며 축하해주시는데 얼떨떨했다. 태어나 처음으로 부모님께 효도한 거 같아 행복했다.

2차 면접시험 준비를 위해 생애 처음으로 정장을 샀다. 엄마가 백화점 가서 옷을 골라주셨다. "정완아. 팔 좀 들어봐. 칠판에 판서하려면 팔이 편해야지." 하며 매장 직원들에게 자랑하셨다. 나는 무안했지만 엄마가 기뻐하시니 좋았다. 기필코 최종 합격하리라고 다짐했다.

2002년 3월. 나는 인천 부평지역 고등학교에 발령받았다. 서울 집까지 먼 거리였지만 내 꿈을 이루어 너무 기뻤다. 처음 3년 정도는 매일 웃으며 다녔다. 복도에서 만난 선배 교사들이 나를 보면 "윤 선생님은 맨날 좋은 일이 있나 봐?" 하며 미소 지어주셨다. 그렇다. 난 행복했다. 정기수입이 생기니 엄마의 코치대로 보험도 들고, 신용카드도 당당히 만들었다. 이제 내 인생은 탄탄대로다! 그러나 첫 월급을 받던 날. 나는 현실을 자각했다. 월급 145만 원. 그나마 사범대학을 졸업해서 1호봉 더 쳐준 월급이었다. 월세 20만 원, 부모님 용돈 10만 원, 보험료, 월세 보증금 대출 상환 등을 하고 나면 쓸 돈이 부족했다. 자동차를 운전해서 출퇴근하는 동료, 백화점에서 산 코트를 입고 다니는 동기는 대체 돈이 어디서 난 건지 의아했다.

하루는 동기들이랑 커피숍에서 수다를 떨었다. 담임하며 힘든 이야기, 업무 스트레스, 관리자 스트레스 등 이야기꽃을 피웠다. 월급 이야기가 나왔다. 모두 월급이 너무 적어서 어이없어했다. 그러던 중 한 동기가 남동생 이야기를 했다.

"내 동생은 꿈이 PD거든. 그래서 알바도 맨날 방송국에서 하고 있어. 주로 방송국에서 박수 알바를 하거든. 알지? 방청객으로 막 분위기 띄워주는 알바. 근데 한 달 알바비가 얼만 줄 알아? 200만 원! 우리 월급보다 훨씬 세."

그 순간. 뇌리에 이런 생각이 스쳤다. '나. 직장을 잘못 들어간 걸까? 이 월급으로 잘 살 수 있을까?'

보통의 직장인들도 나와 같은 생각을 할 것이다. 우리는 대학교를 졸업하고 대기업이나 공무원에 취업하는 것을 가문의 영광으로 여긴다. 그러나 합격의 기쁨도 잠시. 노동 강도에 비해 매우 적은 월급에 놀란다. 직장에서 바둑판 위의 바둑돌 같은 부품 취급을 당한다. 그럼에도 그나마 내 상황이 남보다 낫다며 위로하며 산다. 온갖 스트레스를 받아가며 주 5일 일하고 주말에 쉰다. 주말에는 아이들을 위해 여기저기 체험 활동을 데리고 다닌다. 나 같은 워킹맘은 밀린 집안일에 더 스트레스를 받는다. 숨 좀 돌릴라치면 일요일 밤이다. 직장인들이 가장 두려워하는 일요일 밤.

몇 년 전 누군가 교사가 '공노비'라고 말했다. 난 그 말이 참 기분 나빴다. 나는 자아실현을 위해 교사라는 직업을 선택했기 때문이다. 그런데 곰곰이 생각해보니 틀린 말이 아니다.

최근 아들과 대전 곤충 생태관을 방문했다. 새로 지어서 체험관이 잘 되어 있었다.

"엄마. 여기 너무 좋아. 타란튤라랑 우파루파도 있어!" 8살 아들은 신이 나서 뛰어다녔다. 희귀생물들을 작은 유리 전시관에 두고 따박따박 밥을 주며 깨끗하게 관리하고 있었다. '저 안에 갇힌 생물들은 과연 행복할까?' 그때 내 머릿속에 한 단어가 스쳐 지나갔다.

'유리지갑 월급쟁이!'

나는 현재 19년 차 직장인이다. 고등학교 교사라는 명함이 주는 안정감은 크다. 하지만 안정감만 크다. 박봉의 공무원이라 어디 가서 월급 말하기도 창피하다. 겸업도 할 수 없는 직업. 겨우 밥만 먹고살 정도만 주는 월급이었다.

시간을 저당 잡힌 채 죽어라 일만 하는 사람들

나와 같은 월급쟁이들. 우리는 행복한가? 많은 이들이 학창시절 대학 입시를 위해 열심히 공부한다. 대학을 들어가면 더 좁은 관문인 취업이 기다리고 있다. 바늘구멍 같은 경쟁률을 통과해서 대기업과 공무원 등에 취업하면 성공한 걸까? 얼마간은 가족과 주위의 칭찬을 받으며 뿌듯해

0원으로 시작하는 짠순이 재테크 습관

한다. 하지만 입사 후 곧 알게 된다. 밥을 굶지 않을 정도의 수입, 그 수입을 위해 우리는 시간을 저당 잡힌 채 죽어라 일한다는 것. 주어진 일을 해내느라 다른 생각을 할 틈이 없다. 우리에게 주어진 자유시간은 아주 적다.

가끔 지하철에서 퇴근하는 월급쟁이들을 바라본다. 하나같이 스마트폰에 고개를 파묻고 열심히 무언가를 한다. 좀비들 같다는 생각이 들어 무섭다. 보통 사람들은 스마트폰을 하는 동안 쉰다고 생각한다. 그러나 과연 쉬는 걸까? 게임, 쇼핑 등 스마트폰을 통해 대기업 먹이사슬의 맨 꼭대기로 돈이 다 빨려 들어간다. 우리는 얼마 안 되는 월급을 쉬는 것에서조차 낭비하고 있다. 마치 목에 빨대를 꽂힌 채 끊임없이 피 같은 돈을 쓰는 것과 같다.

곤충 생태관에서 나는 갇힌 생물들이 불쌍했다. 문득 유리 전시관을 깨고 싶었다. 그런데 만약 깨버린다면 저 안의 생물들은 자립할 수 있을까? 다른 전시관을 찾아갈지도 모른다. 나는 자아실현을 위해 일하고 싶다. 생계 때문에 하루하루 직장에 매여 일하는 노예 생활은 싫다.

작년 9월경. 정부에서 만 7세 미만 아이들에게 아동 수당을 주는 법을 갑자기 만들었다. 처음 아동 수당 지급 조건은 소득이 어느 정도 규모 이하였다. 어느 날 지역 복지담당자가 전화를 해서 우리 집 재산을 낱낱이

조사했다. 담당자는 남편이 살고 있는 대전 공무원 임대주택과 서울 아파트, 내가 살고 있는 인천 집의 소유현황을 다 알고 있었다. 프라이버시가 침해되어 기분이 나빴다. 그럼에도 수당을 준다니 열심히 취조 같은 질문에 답을 했다. 그러나 우리 부부는 결국 아동 수당을 받지 못했다. 남편은 우리가 대한민국 상위 10%는 되는 거라며 오히려 자랑스러워했다. 과연 그럴까? 내가 보기엔 자영업자들의 융통성 있는 세금신고 구조에 우리가 걸려든 느낌? 우리는 유리지갑 월급쟁이다.

0원으로 시작하는 짠순이 재테크 습관

3

바보같이 열심히만 살지 마라

현실드라마 〈미생〉을 아는가?

바둑이 인생의 전부였던 남자주인공은 프로 입단에 실패한 고졸이었다. 그는 낙하산으로 대기업에 입사하여 살아남고자 고군분투한다. '미생'이란 바둑용어로 아직 완전하게 살아 있지 않은 돌을 의미한다. 이 드라마는 미생이 완생이 되기 위한 몸부림 같았다. 나는 '미생' 드라마를 열심히 시청했다. 하루하루 살아남기 위해 열심히 일하는 현대 직장인의 자화상이었기 때문이다.

나의 하루는 매우 규칙적이고 바쁘다. 새벽부터 일어나 아이 등원과 출근 준비를 한다. 시작 종이 울리면 수업에 들어가고 마치는 종이 울리면 교무실로 온다. 하루에 엄청난 수업을 다 해치운다. 수업만 있다면야 편하겠지만, 3개 학년에 걸친 수업 준비와 상담, 업무 등 점심시간도 근무의 연장선이다. 퇴근 시간만 기다리다가 집에 오면 다시 육아로 출근이다. 아이가 잠을 자야 퇴근인 것이다. 오로지 금요일만 기다린다. 어느 날 문득 나의 생활이 참 단조롭다는 생각이 들었다. 그러나 학생들 간 다툼이나 반에 문제라도 생기면 그 단조로움이 너무나 그리워진다. 초비상이 되는 것이다.

당신은 오늘 어떤 하루를 보냈는가? 아마도 나와 그리 다르지 않았을 것이다. 나는 주말부부, 독박 육아인 워킹맘이다. 퇴근 후 집에 와서는 쉬기는커녕 집안일과 식사 준비와 공부 봐주기 등 제2의 출근을 한다. 어느 날 나의 가치를 생각해봤다. 아이 등하원도우미에 가사도우미, 아이 돌보미에다가 아이 과외선생님, 직장생활까지 나는 1인 5역 이상을 해내고 있었다. 처음엔 참 뿌듯했다. 나는 참 가치 있는 사람이구나 싶었다. 꾸역꾸역 혼자 다 해낸 돈으로 저축과 투자가 늘어나는 것이 좋았다. 평소 나는 건강에 자신이 있었다. 그러나 학교 스트레스가 극심하던 2017년. 혼자 많은 일들을 다 해내다가 '이명'이라는 병이 생겼다. 정말 열심히 살았는데 억울했다.

평일의 나는 퇴근 후 저녁준비나 집안 청소를 하느라 아이의 재잘거림이 소음처럼 들렸다. 아이의 오늘 하루에 대해 대화를 나눈 게 아니라 나

0원으로 시작하는 짠순이 재테크 습관

의 궁금증을 풀려고 했다. 무슨 사건은 없었는지, 다친 데는 없는지 등. 한정된 시간에 많은 일을 해치우다 보니 마음의 여유도 없었다. 가끔은 하늘을 바라보며 자연을 느낄 수 있는 여유, 나를 돌아볼 수 있는 여유가 필요했다.

어느 날 마트에서 사과를 사왔다. 그런데 "어머. 집에 사과랑 계란이 있었네…." 나는 요새 너무 바빠서 냉장고에 뭐가 있는지 파악이 안 된다. 치즈와 우유의 유통기한이 훌쩍 지나버렸다. 한 달 전 사놓은 김치가 비닐 포장 그대로 있었다. 그러다 어제는 냉장고 문을 열자마자 냄새가 이상했다. 비닐 포장된 김치의 국물이 흘렀던 것이다. '아… 지금 애랑 나가야 하는데….' 짜증이 밀려온다. 나는 왜 김치를 바로 통에 담지 않았던 것일까? 내가 마구 싫어졌다. 하지만 생각해보니 그때도 바빴고, 지금도 바쁘다.

정신없이 하루하루 바쁘게만 살다 보니 아이 학원비 이체 날짜도 깜박하고, 아파트 관리비 마감 날짜도 지났다. 하던 일을 멈추고 헐레벌떡 이체한다. 이렇듯 정리가 안 되어 있는 집에서는 돈이 줄줄 새어나간다.

칼날이 무뎌진 칼로 고기나 야채를 썰어본 적이 있을 것이다. 음식준비에 시간이 오래 걸리고 능률이 오르지 않는다. 가끔은 칼을 갈아줘야 한다. 새 걸로 바꿔주는 것도 필요하다. 무조건 열심히만 산다고 능사는 아니다. 나를 위한 시간, 가정을 위한 시간이 필요하다. 가끔은 나만을 위한 휴식과 보상이 필요하다. 재충전이 되어야 더 즐거운 마음으로 일상을 효율적으로 살아갈 수 있기 때문이다.

무조건 열심히 일을 하면 부자 될까?

하루는 24시간이다. 우리는 누구나 공평한 시간을 받는다. 성공한 사람들은 절대 모든 일을 혼자서 하려고 하지 않는다. 돈보다 시간의 소중함을 알기 때문이다. 사람은 누구나 자신이 잘하는 일이 있고, 못하는 일이 있다. 시간을 관리해야 한다. 무식하게 부지런하지 말고, 시간을 우선순위로 나누어 알뜰하게 쪼개 써야 한다. 내가 잘하는 일과 못하는 일이 무엇인지 파악하여 선택 후 집중해야 한다.

"변명 중에서 가장 어리석고 못난 변명은 '시간이 없어서'라는 변명이다." - 미국의 발명가 토머스 에디슨

에디슨이 집안일과 육아 때문에 발명할 시간이 없었다면? 지금 우리는 전구를 얻지 못했을 것이다. 결국 인류가 이렇게 고성장을 할 수 없었을 것이다. 퀴리 부인이 가사노동을 열심히 하느라 연구할 시간이 없었다면 라듐을 얻지 못했다. 그들의 시간은 48시간이었을까?

나에게 소중한 것들의 우선순위를 정하자. 현명하게 시간을 배분해서

알뜰히 써야 한다. 나를 꼭 필요로 하는 일에만 전념하자. 돈을 제대로 쓰자. 정 바쁠 때는 반찬이나 집안 청소 등은 사 먹거나 도우미를 쓰자. 돈을 대신해 아낀 시간으로 자기계발을 하자.

무조건 열심히 일을 하면 부자 될까? 월급쟁이들은 생계유지 플러스알파 수준의 급여를 받는다. 받는 월급에 비해 우리는 직장에 너무 올인한다. 그러나 직장에 헌신하다가 헌신짝이 되는 경우는 허다하다. 1997년 IMF 외환위기 사태를 기억하는가? 당시 우리나라의 실업률은 급증했고, 자살률도 높았다. 나라 전체가 우울했다. 칼바람처럼 불어닥친 구조조정으로 직장인들은 두려움에 떨었다. 과거에는 회사를 믿고 평생직장으로 생각하며 열심히 다녔다. 그러나 IMF 사태 이후로 우리는 알게 되었다. '평생직장이란 없다!' 회사는 나를 그리 생각하지 않는다. 나는 하나의 부품에 지나지 않는 것이다.

얼마 전 〈겨울왕국 2〉 영화를 아들과 함께 봤다. '겨울왕국 1'도 보지 못했던지라 애니메이션이 유치하겠거니 생각했다. 그런데 영화를 보며 눈물을 흘리고 있는 나를 발견했다.

영화 속 엘사는 언젠가부터 자기에게만 들리는 노랫소리에 괴로워하고 있었다. 그 노랫소리의 원인을 찾고자 모험을 떠난다. 갖은 고생 끝에 원인을 파악하고 왕국을 구해낸다. 그리고 자기 자신이 다섯 번째 정령이라는 사실도 알게 된다. 나는 주제곡과 뮤직비디오를 연상시키는 연출, 영상미에 빠져들었다. 영화를 보는 내내 나의 내면의 소리에 귀를 기울이고 싶어졌다.

내가 좋아하는 저자로 김도사가 있다. 나는 올해 '한책협'의 '책쓰기 7주 과정'을 통해 김도사님께 책쓰기를 배웠다. 그리고 김도사의 저서『100억 부자의 생각의 비밀』과『신용불량자에서 페라리를 타게 된 비결』,『하루 10분 글쓰기의 힘』,『내가 100억 부자가 된 7가지 비밀』,『김대리는 어떻게 1개월 만에 작가가 됐을까』 등을 읽었다. 그는 빈농의 아들로 태어나 막노동을 하며 작가의 꿈을 키워서 현재 120억 자수성가 부자가 된 나의 스승님이다. 고향 신문사 기자 생활을 하며 한 달에 70만 원 정도하는 월급을 받던 평범한 월급쟁이가 시인이 되겠다는 꿈을 위해 직장을 그만두었다. 그 뒤 상경하여 고시원에서 6년 반 동안 막노동을 하며 시인과 작가의 꿈을 이루었다. 자기계발을 통하여 자수성가 부자가 된 것이다. 그는 205권의 책을 썼고 '한책협'의 대표가 되어 '일일특강'으로 책쓰기의 중요성을 열강하고 '책쓰기 7주 과정'을 통해 900명의 작가를 양성했다. 또 '미라클사이언스' 특강으로 의식 변화 강의도 한다.

스승님은 "누구나 자신의 소중한 경험과 지혜를 책을 써서 퍼스널 브랜딩을 해야 한다."라고 늘상 말씀하신다. 현재 유튜브 김도사TV에서도 책쓰기와 의식 확장의 중요성을 널리 알리며 맹활약 중이다. 나는 김도

0원으로 시작하는 짠순이 재테크 습관

사님 덕분에 내 인생의 2막을 열었다. 그는 나의 가난한 사고를 부자의 사고로 바꿔주고, 평범한 독자이던 나를 저자로 바꿔준 나의 은인이다.

이렇듯 회사만 바라보지 말고 자기계발을 통하여 몸값을 올려야 한다. 내면의 소리에 귀를 기울여라. 바보같이 열심히만 살지 마라.

/

하루하루를 어떻게 보내는가에 따라
우리의 인생이 결정된다.

― 애니 딜러드

4

10년 저축하면 집 한 채 살 수 있을까?

새해 가장 이루고 싶은 목표 중 하나 '내 집 마련'

2020년 경자년(庚子年) 새해가 밝았다. 연말이 되면 지인들과 카카오톡 새해 인사하느라 바쁘다. 멋진 이모티콘을 서로 자랑하며 새해의 복을 빈다. 나는 매해 집에서 TV로 보신각 타종행사를 본다. 추운 날씨에도 보신각에는 사람들이 인산인해를 이루었다. 제야의 종소리를 듣기 위해 전국 각지에서 몰려든다. 나는 문득 궁금해진다. '사람들은 새해 소망으로 무얼 빌까? 무슨 소원이 있길래 저 고생을 마다하지 않고 깊은 밤 종소리를 들으러 올까?'

밀레니엄 세대 직장인은 새해 가장 이루고 싶은 목표로 '저축·투자'

를 꼽은 것으로 나타났다. 취업포털 인크루트와 알바앱 알바콜이 성인남녀 1305명 대상으로 '경자년에 이루고 싶은 새해 계획'을 조사한 결과다. 우선 전체 응답자의 21.9%가 1위로 '저축·투자'를 꼽았다. 불투명한 경제 상황을 의식해 저축, 재테크 등을 통해 소득을 노려보겠다는 것이다. 이어 '이직·퇴사'(13.5%), '운동·다이어트 등 건강관리'(11.0%), '취업'(10.8%) '내 집 마련', '학업'(각 9.2%), '복권당첨'(8.2%), '연애·결혼'(6.9%), '문화 활동' (4.4%) 등의 순으로 집계됐다.

새해 소망 중 꼭 등장하는 테마가 바로 내 집 마련이다. 우리나라는 유달리 내 집에 대한 욕구가 강하다. 그 이유는 무엇일까? 첫째, 안정감이라 생각한다. 전세나 월세 제도가 있지만, 전세·월세살이의 서러움, 2년마다 이사하며 받는 각종 스트레스, 이사비용, 부동산 중개수수료, 치솟는 전셋값, 매달 내는 월세금 등은 큰 부담이다.

둘째, 투자라고 생각한다. 우리 국민은 교육열이 매우 강하다. 아이가 태어나면 좋은 학군으로 이사 가고자 한다. 그러니 강남의 학군 위주로 집값이 폭등한다. 강남에 집 한 채만 있으면 노후대책은 끝이라고 한다.

아빠의 사업실패로 우리 가족은 살던 집을 팔아야 했다. 분당 79평 아파트. 이 집은 우리 부모님의 성공과 실패의 대명사가 되어버렸다. 부모님은 그 집이 마지막 남은 큰 재산이어서 제값을 받아야 했다. 그러나 당시는 IMF 외환위기라 집값이 폭락하던 때였다. 그간 집을 안 팔고 버티던 엄마는 빚 독촉에 그만 급매로 팔아버렸다. 그리고 없는 돈에 어디로 이사 가야 할지 고민하셨다. 어느 날 엄마와 둘이 길을 걸었다. 엄마는 갑자기 "저 많은 아파트들 중에 왜 우리 집은 없을까?" 하셨다. 눈을 들어 주위를 둘러보니 아파트 천지였다. 마치 성냥갑 같았다. 상대적 박탈감이 밀려왔다. 보금자리를 빼앗긴 우리 가족의 앞날이 불안하기만 했다.

10년간 저축을 한다면 집 한 채 살 수 있을까?

10년간 저축을 한다면 집 한 채 살 수 있을까? 우리는 모두 정답을 알고 있다. 없다. 1960~1990년대는 저축금리가 15~20%로 매우 높았다. 성실히 직장 다니며 저축만 해도 부자가 될 수 있었다. 그러나 지금은 초저금리, 마이너스 금리이다. 저축은행마저 1% 예금 상품을 내놓고 있다. 반면 집값이 오르는 속도는 어마어마하다. 현재 서울 전체 아파트 가구 중 15.7%가 대출을 아예 못 받는 15억 원 이상이다. 강남 3구인 강남(70.9%)·서초(67.4%)·송파(46.7%) 지역 비율이 높지만, 용산(36.8%)과 마포(6%) 상당수 아파트도 15억 원을 넘는다. 대출 규모가 줄어드는 9억 원 초과 서울 아파트는 전체의 36.6%다.

파이낸셜 뉴스에 따르면, 서울에서 중산층이 소득을 한 푼도 쓰지 않고 아파트 한 채를 사려면 평균 10.9년이 걸리는 것으로 조사됐다. 소득이 늘었지만 집값은 더 뛰었다. 게다가 정부의 대출 규제로 내 집 마련은 더 어려워졌다. 30·40세대는 내 집 마련의 꿈을 포기했는데 전셋값은 치솟는다며 아우성이다. "정부가 계층 간 사다리를 놔준다더니 불살라버렸다." "어설프게 돈 있으면 서울 변두리나 가란 얘기냐." 이러한 비난이 많았다. "신분 상승 꿈꾸지 말고 '개천'에 눌러앉으라는 것이냐?" 같은 자조적인 얘기도 나왔다.

이렇듯 월급쟁이에게 내 집 마련은 평생 어렵다. 특히 제대로 된 집을 마련한다는 것은 부모님 도움 없이는 불가능해 보인다. 이렇듯 번듯한 집 한 채 갖는 것이 우리 국민의 평생소원이 된 지 오래다. 그런데 한편에서는 벌써 집을 가진 미성년자가 전국적으로 2만 4,000명에 달한다. 주택을 2채 이상 보유한 미성년 다주택자도 전국적으로 1,000명을 넘는다. 심지어 5채 이상 가진 미성년자도 108명에 달한다. 이른바 금수저인 것이다.

얼마 전 LH공사가 행복주택 광고를 내서 화제이다.

"너는 좋겠다."
"뭐가?"

"부모님이 집 얻어주실 테니까."

"나는 네가 부럽다."

"왜?"

"부모님 힘 안 빌려도 되니까."

금수저가 흙수저를 부러워하는 광고를 낸 것이다. 특히 청년들의 박탈감을 후벼 파는 광고라 화제가 되었다.

LH의 '행복주택'은 대학생, 사회초년생 등의 주거비 부담을 덜기 위해 만들었다. 임대료를 주변 시세보다 저렴하게 공급하는 공공임대주택인 것이다. 게다가 행복주택의 신청요건을 보면 평균 소득의 80% 이하여야 한다. 이른바 흙수저인 것이다.

우리나라의 전국 청년 가구 중 약 17.6%가 '사람답게 살 수 있는 최소한의 주거 조건'에 미달하는 '주거 빈곤'에 시달리고 있다. 반면 미성년자도 집이 몇 채씩 갖고 있기도 하다.

금수저와 흙수저 사이의 양극화가 심각하다.

정부에서는 주택문제를 해결하고자 고강도 부동산 대책을 열심히 내놓고 있다. 분양가 상한제 확대에 세금도 높이고, 대출 규제도 실시했다. 그런데 취지와 달리 집값 잡으려다 전셋값이 꿈틀대는 '풍선효과'가 먼저 나타났다.

3년 전 6억을 넘지 않던 서울 아파트의 중위 가격은 지난달 8억 8,000만 원을 넘어섰다. 근로자 한 명이 3년 동안 한 푼도 안 쓰고 2억 8,000만 원을 저축해야 겨우 집값이 오른 만큼을 따라잡을 수 있는 셈이다.

가장 왕성하게 활동하는 30·40 세대들도 서울에서는 이미 소득만으로는 집을 살 수 없다. 대기업 직원들도 내 집 마련을 포기하고 전세에 목을 매는 게 현실이다. 그나마 4인 가족이 살 만한 아파트는 이미 전세 가격도 만만치 않다.

저성장·저금리·저물가가 당연시되는 '뉴노멀'(New Normal)의 시대. 오르는 건 집값, 정체된 건 내 월급뿐인 것 같은 요즘이다. 과연 평범한 월급쟁이 직장인들이 저축만으로 집 한 채 장만할 수 있을까?

5

공무원은 철밥통이라더니!

명문대를 나와도 9급 공무원이 최고다?

요즘은 취업난이 심각하다. 그러나 국내 중소기업 10곳 중 7곳이 인력 부족을 호소하고 있다. 취업포털 잡코리아가 직원 300명 미만 국내 중소기업 526곳을 대상으로 고용실태에 대해 설문 조사한 결과를 발표했다. 응답한 기업 66.9%가 '직원을 제때 채용하지 못해 인력 부족을 겪고 있다.'라고 답했다. 인력 수급이 어려운 가장 큰 이유는 '구직자의 높은 눈높이'이다. 그리고 중소기업 신입사원 조기 퇴사 시기는 '입사 후 3~6개월 이내'(29.8%)였다.

취업난은 심각한데 중소기업 67%는 사람이 없어서 운영이 힘들단다.

0원으로 시작하는 짠순이 재테크 습관

취업포털의 통계로 원인 파악을 해보면, 구직자들이 눈이 높다(43.3%), 낮은 기업인지도(33.7%), 낮은 연봉 수준(32.5%), 부족한 복지 제도(29.3%), 회사 위치 등의 근무 환경(19.4%)을 꼽고 있다. 취업난임에도 구직자들은 대기업이나 공무원, 공기업을 선호한다. 중소기업부터 차곡차곡 경험을 쌓아서 대기업으로 들어갈 생각을 하지 않는 것처럼 보인다.

학창시절 내가 부러워하는 친구가 있었다. 머리가 좋고 수업 집중력도 매우 뛰어난 친구였다. 나는 친구가 당연히 대기업에 입사했으리라고 생각했다. 그런데 취업 후 친구의 근황을 보니 중소기업에 입사했다고 했다. 대학원 선배가 차린 연구소였다. 선배가 와서 도와달라고 해서 선뜻 달려간 것이다. 평소 사람 좋아하고 의리 있는 친구라 입사 동기가 이해되었다. 어느 날 친구를 만났다.

"직장은 어때?"
"그냥 그래. 선배가 힘들다고 해서 도와주러 온 건데 좀 후회돼."
"왜?"
"근무 환경이 열악해. 언제 회사 문 닫을지도 모르고⋯. 처음부터 대기업에 들어가야 했어. 중소기업 다니다 보니 나이만 들고, 지금 와서 대기업 취업 준비도 어려워. 곧 결혼준비도 해야 하고⋯."

나는 그때 친구와의 대화로 알았다. 취업난임에도 구직자들이 대기업을 처음부터 선호하는 이유를…. 오래 직장생활을 하려면 일단 '삼성', '엘지' 같은 대기업을 첫 직장으로 입사해야 한다. 그 후 2~3년 버텨서 이력을 만들어야 한다. 첫 단추를 대기업으로 시작하면 근무여건 좋은 중소기업 경력사원 입사는 쉽다.

친구와 대화하며 공무원시험에 합격한 나 자신에 대한 안도감도 들었다. 나는 사범대를 나왔고, 장래희망도 교사였다. 그래서 이 길로 올 수밖에 없었다. 게다가 사립교사가 아닌 공립교사라 행복했다. 나는 잘릴 염려 없는 철밥통 공무원이니까.

요즘 취업준비생 10명 중 4명은 공무원시험을 준비하는 '공시족'이라고 한다. 『90년생이 온다』 책에 따르면, 90년생들은 명문대를 나와도 9급 공무원을 선호한다. 마음 편하게 사는 게 더 좋다고 한다. 출세가 기준이었던 기성세대 입장에서 보면 정말 이해가 안 된다.

90년생들의 특징은 첫째, 간단함이다. 길고 복잡한 것을 싫어한다. 이들은 모든 걸 줄여 말한다. '아이스 아메리카노'를 '아아', '스크롤 압박'을 '스압', '고속터미널'은 '고터' 등. 둘째, 90년생들은 삶의 유희를 추구한다. '병맛'이라는 B급 정서를 유행시켰다. 셋째, 정직함과 솔직함이다. 보통 사람들이 정직하게 노력해 인정받을 방법이 공무원뿐이라고 생각한다. 그래서 공무원을 선호하는 것이다. 나는 이 책을 읽고 요즘 청년들의 공무원 열풍이 이해가 되었다. 처음에는 참 현명하다는 생각조차 들었다.

점점 갈수록 학교 선생님들도 사회생활을 경험한 후 교사로 전직하는 경우가 많아지고 있다. 25살에 임용되어 한 길만 쭉 걷고 있는 내가 보기에는 참 신기해 보인다. 내가 재직 중인 학교에도 대기업을 다니다가 퇴사한 선생님들이 있다. 늦은 나이에 임용고시를 봐서 교사가 된 것이다. 그들은 화려해 보이고 연봉도 높은 대기업을 그만두고 왜 임용고시를 본 걸까? 물론 학생들을 가르치고 보람을 느낀다는 동기가 크다. 그러나 이면을 들여다보면 나이가 들수록 직장에서 쫓겨날까 봐 두려운 것이다. 즉 안정감이 최고의 동기 같아 보였다.

그렇다면 공무원은 안정된 직장일까? 나는 자라나는 새싹들에게 희망을 전해주고 싶어서 교사가 되었다. 내가 받은 고등교육의 혜택을 아이들에게 전파하고 싶은 선교사 같은 마음도 있었다. 그리고 가장 결정적인 이유는 아빠의 사업 실패였다. 나는 안정된 직장을 갖고 싶었다. 그러나 지금은 내 직장이 평생직장이라고 생각하지 않는다. 요즘 대부분의 교사는 직업에 무척 회의적이다. 적은 월급에 갈수록 업무는 점점 늘어난다. 교권은 바닥이고 책임만 가득하기 때문이다. 인문계 고등학교임에도 공부하는 곳이 아니라 매우 까다로운 학생들의 보육원 같은 느낌이 든다. 학부모에게 교사는 대기업 콜센터 직원 같다. 학생이 잘못을 해

도 학부모가 갑이다. 진실을 알려주면 오히려 자기 자식만 미워한다고
한다. 예전에는 별거 아니었던 일상의 사건 사고를 요즘은 대형사고처럼
여겨 한차례 몸살을 겪는다. 학부모와 학교 사이에 신뢰가 떨어졌기 때
문이다. 교권이 학생 인권보다 훨씬 아래에 있다고 느껴진다. 오죽하면
교권보호 지침이 내려온 것일까….

월급은 통장을 스쳐 지나갈 뿐

나는 요즘 명예퇴직을 꿈꾼다. 내가 명예퇴직을 꿈꾸는 이유는 갈수록
교직 생활이 팍팍함을 느끼고 체력과 정신력에 한계를 느끼기 때문이다.
학생들에게 희망을 전해주고 싶어서 교사가 되었다. 그러나 희망은커녕
수업 진도 나가느라 허덕인다. 아이들은 학교 오기 전에 이미 밤새 과외
와 학원수업 받느라 지쳐 있다. 교육법이 너무 허술하니 각종 교내외의
사건 사고에 대처하기에는 미흡한 게 사실이다. 그리고 사회적 분위기도
이상하다. 학생이 잘못을 해도 부모보다 30명의 담임에게 더 큰 책임을
묻는다. 교사들은 아무도 보호해주지 않는 불합리한 현실에 의욕을 잃었
다. 이미 태반의 교사들은 우울감이 상당하다. 공교육이 무너졌다 하는
데도 학교현실은 갈수록 처참했다. 다행히도 아직은 대다수의 좋은 학생
과 학부모가 많다. 그러나 언제나 한두 명에게 너무 큰 상처와 스트레스
를 받는다. 그래서 많은 교사들이 참스승 배상 책임 보험을 자비로 들 지
경이다. 오랫동안 내 직장이 좋았다. 돈이 아니라 자아실현을 위해 일한

다고 생각했다. 그러나 이제 직장에서 희망이 점점 사라진다는 것을 알았다. 더 이상 자아실현이 아닌 월급을 위해 일하고 싶지 않다.

공무원은 철밥통일까? 맞다. 철밥통이다. 매달 17일마다 월급은 꼬박꼬박 나온다. 매우 감사한 일이다. 그러나 알다시피 쥐꼬리 월급이다. 외벌이로는 생계유지하기가 쉽지 않다. 철밥통을 하나 더 주면 몰라도…. 10년 차 교사 월급이 200만 원이다. 18년 차 교사 월급은 320만 원 정도이다. 고등학교 교사인 나는 야간자율학습 감독 등 야근을 꽤 많이 한다. 그럼에도 저 월급에서 큰 차이는 없다. 하는 일에 비해 너무나 적은 월급이다. 월급날은 단비를 내리는 듯 그 월급은 이내 통장을 스쳐 지나간다. 공무원 월급은 정말 밥만 먹고살 정도만 준다.

사람은 누구나 성공해서 부유하게 살기를 원한다. 하지만 대부분 평생 가난하게 살다 죽는다. 그 이유가 무엇일까? 보통 사람들은 열심히 공부해서 좋은 대학에 입학하고 대기업이나 공무원이 되는 것을 소망한다. 그리고 열심히 살면 언젠가는 부자가 될 거라고 막연한 희망을 품는다. 직장 다니며 부자가 되는 사람들도 있지만, 이는 극소수에 불과하다. 자본주의 사회에서 부자가 되는 가장 빠른 방법은 스스로 사업을 해서 돈을 버는 것이다.

6

이렇게 살다 죽을 수는 없다

워킹맘은 아플 시간조차 없다

평일 아침 6시 30분 알람이 울린다.

알람시계가 원망스럽다. 분명 눈을 감은지 얼마 되지도 않은 거 같은데 벌써 아침이라니….

10분만 더 잘까 말까 고민하다 가까스로 일어난다. 오늘은 화요일. 수업 시간표를 되뇌어본다. '아, 오늘 보충 수업이 있네. 5시간 풀로 수업이 있는 날이구나…. 골치 아픈 3반 수업이 들었네. 아…. 도대체 주말은 언제 오는 거야?' 일어나서 아들 먹일 간단한 아침 준비와 출근 준비를 한다. 빨리 움직여야 지각하지 않는다. 일어나자마자 스스로를 채찍질한다. 나는 기계처럼 움직인다.

0원으로 시작하는 짠순이 재테크 습관

주말부부, 독박 육아, 워킹맘의 삶을 아는가? 어떤 이들은 삼대가 덕을 쌓아야 되는 주말부부라며 농담을 한다. 주말부부. 우리 부부에겐 정말 고통스러운 현실이다. 나는 8년째 남편이 있는 대전으로 타시도 내신서를 내고 있다. 올해도 낙방이다. 두 집 살림은 돈과 시간, 정서적 안정감 모두 마이너스다. 나는 아이가 안정감 있게 자라려면 부모가 늘 곁에 있어야 한다고 생각한다. 특히나 어린 시절에는 말이다. 어떤 이들은 남편과 함께 살고 있지만 남편은 육아나 살림에 아무런 도움이 안 된다고 한다. 다행히 내 남편은 가정적이고 착한 남자다. 특히 요리를 참 잘한다. 주말에는 음식을 도맡아 하는 1등 요리사이다. 엄마 껌딱지인 아들이 점점 자라면서 부쩍 아빠를 찾는다. 힘도 세지고 고집도 세져서 혼자 키우기가 점점 버겁다. 남편은 금요일 밤 10시경에 와서 일요일 저녁 6시 반이면 대전으로 돌아간다. 금요일마다 차가 막혀서 편도 3시간 반 이상 걸린다. 아들은 토요일 아침부터 "엄마. 오늘 아빠 가?" 하며 계속 묻는다. 아빠가 금세 가버릴까 봐 조바심이 나는 것이다. 그 질문을 들을 때마다 나는 가슴이 먹먹하다. 안정된 직장을 가지면 행복한 가정을 이루며 살 수 있을 줄 알았다. 나는 평일 싱글맘이다.

현재의 삶에 만족하는가? 나는 만족하지 않는다. 나의 하루는 동동거림에서 시작해서 아이를 재우면 퇴근이다. 가사도우미와 아이돌보미, 매일 아이 공부를 봐주는 과외선생님이 있다면…. 경제적 자유와 시간적 여유가 있다면 만족할 것 같다. 박봉의 공무원 월급으로는 누리기 어려운 현실이다. 시간이 없어서 집안일을 미루다 보면 금세 쓰레기통이 되어가는 집안. 녹초가 되어 퇴근하면 집안 꼴을 보고 스트레스가 더해진다. 아이가 아프면 초비상이다. 다른 선생님에게 수업교환을 급히 부탁해야 하는 민폐를 끼쳐야 한다. 병원에 빨리 갔다가 다시 아픈 아이를 유치원으로 보내야 하는 그 심정. 전업주부가 정말 부러워지는 타임이다. 모든 워킹맘이 공감할 것이다. 워킹맘은 아플 시간조차 없다. 이렇듯 내 일상은 고달프다. 정말 죽도록 열심히 일하고 최선을 다해 사는데, 내 인생은 왜 이럴까?

일반 행정직 공무원인 남편은 1년에 하루 이틀 휴가도 잘 못 낸다. 나는 늘 남편에게 말한다.

"제발 우리 프로페셔널(professional)하게 월급 받는 만큼만 일하자! 그렇게 일만 하다가 건강만 상하고 직장에서 팽 당해. 도대체 무얼 위해 일하는 거야? 쉴 때는 쉬어야지."

배울 만큼 배웠고, 남부러워하는 직장을 다니며 정말 열심히 사는데, 왜 휴가도 못 가는 걸까? 도대체 우리는 무얼 위해 살아가는 걸까? 쥐꼬리 월급?

나는 공부를 못하지는 않았지만 크게 잘하지도 않았다. 나름 열심히 공부해서 동국대 사범대학을 입학했다. 더 열심히 공부해서 교사가 되었다. 나는 평소 학벌 콤플렉스가 있었다. 언니, 남동생이 모두 명문대를 졸업했기 때문이다. 그래서 교사가 된 뒤에는 고려대학교 대학원도 진학해서 석사학위도 땄다. 내 남편은 박사를 졸업했다. 5급 사무관이다. 우리는 대한민국에서 나름 선호하는 학벌과 직업을 가지고 있다. 그런데 왜 이리 사는 게 팍팍할까?

남들 다 하는 먹고사는 일인데 뭐가 이렇게 힘든 건지…. 드라마 〈공항 가는 길〉에서 삶에 지친 김하늘이 건너편 아파트에서 빨래 너는 주부를 바라본다. 그리고 얼마 후 사직서를 낸다. 몇 년 전에 이 장면을 시청할 때엔 코웃음을 쳤다. '그게 사직의 이유라니? 말이 돼? 빨래야 주말에 몰아서 널면 되지. 건조기를 사든가? 드라마라고 마구 던져도 되는 거야?' 하면서 말이다. 그런데 요즈음은 자꾸 김하늘의 사직 이유가 와닿는다. 이래서 직장을 그만두는구나 싶다. 그러나 얇은 월급통장을 보며 한숨을 쉰다. '아들이 초등학교 3학년만 되어도 엄마가 교사인 걸 자랑스러워하겠지?' 하며 나를 위로한다.

30대에 자수성가한 백만장자 사업가이자 발명가인 엠제이 드마코는 자신의 책 『부의 추월차선』에서 이렇게 말한다.

약간의 돈을 받고 젊음을 잃을 것인가!

"당신은 자유를 사기 위해 자유를 팔고 있다. 직장에서 돈을 벌려면 반드시 시간을 내줘야 하며, 5대 2 거래라는 끔찍한 굴레를 벗어나지 못한다. 여기서 시간이라는 단어를 인생으로 바꿔보자. 직장에서는 돈을 벌기 위해 인생을 판다. 일을 하면 돈을 벌지만, 일하지 않으면 돈을 못 번다. 누가 이런 거머리 같은 공식을 만든 것일까?"

맞다. 우리는 자유를 사기 위해 직장에서 자유를 팔고 있다. 나는 현대판 공노비 같다.

당신의 꿈은 무엇인가? 직장인 19년 차, 교사가 된 뒤로 내 꿈이 무엇인지 기억이 나지 않는다. 내 삶이 자꾸 공허했다. 나는 남들에게 희망을 전하는 말을 하는 동기 부여가 적성에 맞다. 교사가 그런 역할을 할 수 있다고 생각했다. 학교 현실은 그렇지 않았다. 더 이상 팍팍한 직장에서 다람쥐 쳇바퀴 돌듯 살고 싶지 않다. 아등바등 살다가 정년퇴직을 하고 나면 이 노예의 사슬이 끊어지겠지. 그 대가로 나는 약간의 돈을 받고 젊음을 잃을 것이다.

나에게는 버킷리스트가 있다. 나는 첫 번째 책 『버킷리스트 22』라는 공저에 꿈을 자세히 썼다.

- 우선순위를 정해서 시간을 절약한다.

0원으로 시작하는 짠순이 재테크 습관

- 우리 가족은 3개월 안에 한데 모여 산다.
- 나는 베스트셀러 작가다.
- 나는 2년 안에 100억 부자다.
- 2020년 우리 가족과 크루즈 여행을 간다.
- 유명 강연가가 되어 세상에 선한 영향력을 끼친다.
- 소울 메이트를 3명 이상 갖는다.
- 소울 메이트와 세계 여행을 다니며 삶을 누린다.
- 유럽 공원에서 우쿠렐레를 연주한다.
- 아들이 타고난 잠재력을 다 발휘할 수 있게 물심양면으로 지원한다.
- 우리 가족 모두 건강하고 서로 사랑하며 행복하게 산다.

많은 사람들이 꿈이 뭐냐고 물으면 순간 당황한다. "꿈은 어릴 때나 갖는 유치한 말장난이야." "꿈이고, 뭐고 좀 더 나은 직장으로 옮기고 싶어." 이런 현실적인 말만 한다.

우리는 누구나 행복할 권리가 있다. 나에게는 희망이 있고, 실행력이 매우 강하다. 나는 내 꿈을 이룰 것이다. 경제적 자유와 시간적 자유를 누리며 전 세계를 다니며 강연할 것이다. 그렇게 세상에 선한 영향력을 끼치고, 행복하고 부유하게 살아갈 것이다. 절대 이렇게 살다 죽지 않을 것이다.

7

부부싸움의 1순위는 돈 문제다

돈이란, 단순한 돈 자체가 아니다

복직하고 새로 발령 난 학교 앞에 급하게 집을 구했다. 평일 싱글맘인 나에게 최적의 조건을 갖춘 집이었다. 아이 유치원과 내 직장이 집에서 도보로 3분 거리였다. 남향이라 햇살이 따뜻했고, 오래된 아파트지만 수리하니 지낼만 했다.

여러모로 감사하며 지낸 어느 날 천장이 울렸다. 위층에 공룡 발걸음으로 걷는 쿵쿵이가 사는 것이다. 이 집은 오래된 아파트이기도 하지만 건축 자체가 문제가 있었다. 조금만 방심해서 걸어도 거실 전체가 울리는 판으로 만든 구조였다. 현관문은 자재비를 아끼려 했는지 복도에서의

0원으로 시작하는 짠순이 재테크 습관

대화 소리가 집안까지 그대로 다 들렸다. 반면 복도에 서 있으면 그 집의
대화 내용도 생생하게 다 들렸다. 층간소음에 시달리던 나는 대전에 있
다 주말에 오는 남편에게 하소연을 했다.

"위층 쿵쿵이들 때문에 머리가 아파."

"…."

"나도 사람 걸음걸이 어쩔 수 없는 거 알지만 위층은 내가 그간 편지도
쓰고, 인터폰도 여러 번 했으면 층간소음 방지 슬리퍼는 신어야 할 것 아
냐?"

"…."

남편은 아무런 대꾸가 없었다. 그러더니 담배 피우러 밖으로 나갔다가
들어왔다. 화가 안 풀린 나는 다시 위층 얘기를 했다.

"낮에는 그렇다 쳐도 새벽에 위층 발 망치 소리에 깨는 기분 너무 싫
어. 밤 11시, 12시에도 걸레 로봇 돌리고 청소기도 마음 내키는 대로 돌
려. 밤 9시 넘으면 세탁기, 청소기 사용금지는 당연한 에티켓 아니야?"

"당신 너무 예민한 거 아냐?"

나는 순간 꼭지가 돌았다. 남편이 주말에만 집에 오니 평일의 진상파

악도 안 될 것이다. 그러나 아내인 내가 힘들다는데 내 편이 아니라 남의 편이었던 것이다. 나는 이것은 '전쟁 선전포고로구나' 싶었다. 화가 나서 마구 퍼부었다. 위층 발 망치 소음에 우리 부부는 왜 싸우는 것일까?

우리는 행복해지기 위해 결혼을 한다. 그런데 살다 보면 내가 왜 결혼을 했나 후회스러울 때가 많다. 우리는 서로 다른 모습에 끌려서 결혼하지만, 결혼 후엔 그 끌림의 이유가 바로 다툼이 된다. 『화성에서 온 남자, 금성에서 온 여자』에 따르면 화성인과 금성인은 스트레스 대응법이 서로 다르다. 문제 발생 시 화성인들은 혼자 동굴 안으로 들어가 해결책을 찾고 나온다. 반면 금성인들은 누군가에게 자기 이야기를 실컷 하고 나면 기분이 좋아진다.

남자와 여자는 정말 정반대다. 비극이다. 또 〈다큐프라임 아이의 사생활 1부 남과 여〉 편을 보면 남과 여가 다른 이유가 단순히 호르몬의 차이가 아니란다. 뇌의 차이란다. 남자는 체계화된 뇌를 가졌고 여자는 공감형 뇌를 가졌다는 사실을 과학적으로 분석한다. 결국 남편은 내 말을 공감도 안 해주다가 해결책을 찾으러 동굴로 들어갔다. 그리고 내린 결론이 내가 예민하다는 거였던 것이다.

이렇듯 남자와 여자는 다른 별에서 온 다른 종족인 것이다. 나는 수업 준비 차 '구성애의 성교육' 강좌를 들은 적이 있다. 남자와 여자의 다름을

0원으로 시작하는 짠순이 재테크 습관

유전자 측면에서 분석해서 흥미로웠다. 현대 인류의 유전자에는 원시시대부터의 남녀 성역할이 메모리되어 있다는 것이다.

원시시대에 남자는 밖에 나가 사냥을 해서 가족을 먹여 살려야 했다. 이런 남자에게 공감 능력은 자칫 목숨을 위협하는 치명타였다. 곰을 사냥해야 하는데 곰이 불쌍하다고 공감해버리는 순간 잡아먹히는 것이다. 반면 여자는 집에서 아이를 돌봤다. 그리고 남자가 사냥을 실패할 경우를 대비하여 열매나 나물류도 채취했다. 이런 배경으로 남자는 목표 지향적이고 여자는 관계 지향적인 뇌를 갖게 되었단다. 나는 이 강좌를 보며 현대 주부들이 가정에서 아이를 돌보고 재테크하는 모습과 크게 다르지 않음을 느꼈다. 여기에 여자가 밖에 나가 돈까지 벌게 되는 더 힘든 상황이 현대 워킹맘이라고 느꼈다.

나는 이 이론을 지지한다. 그래서 남학생들이 연애를 하면 여자애들은 선물이나 돈만 밝힌다고 투덜거릴 때 이 이야기를 해주었다. 여자가 결혼을 하게 되면 가정을 꾸려 나가야 한다. 특히 아이를 낳고 양육하는 것은 옛날부터 여자의 임무였다. 여자에겐 돈이란, 가정을 지키는 수단이다. 만일 돈이 없어서 사랑하는 자식이 배우고 싶어 하는 것을 가르쳐줄 수 없다면? 돈이 없어 자식을 굶긴다면? 여자에게 그것만큼 절망적인 일은 없다. 그래서 여자는 결혼할 때 능력 있는 남자를 찾는다. 여자에게, 특히 아이 엄마에게 돈이란, 단순한 돈 자체가 아닌 것이다.

2019년 6월 부부싸움 중 2살배기 자녀를 폭행해 숨지게 한 사건이 있었다.

ㄱ씨(37)와 ㄴ씨(26) 부부는 각각 2살, 2개월 된 두 자녀를 데리고 여관을 전전하고 있었다. 이들 부부는 일을 나가지 않은 채 주변에서 돈을 빌려 생계를 유지했다. 아이들에게는 즉석 밥에 물만 말아 먹이는 등 정상적인 양육이 불가능한 상황이었다고 한다.

경제적 이유로 갈등을 빚어온 두 사람은 지난 6월 18일 오후 "분유와 기저귀를 살 돈이 없다."라며 부부싸움을 시작했다. 싸움 도중 ㄱ씨는 옆에서 칭얼대던 자녀 ㄷ군(2)의 얼굴과 배 부위 등을 수차례 때리고 바닥에 던졌으며, ㄴ씨 또한 ㄷ군을 폭행하고 집어던졌다.

부부싸움이 끝난 뒤 ㄷ군을 씻기던 이들은 아기가 더는 숨을 쉬지 않는다는 사실을 확인했다. 그러나 처벌을 우려해 ㄷ군을 방치, 사망에 이르게 한 혐의로 재판에 넘겨졌다.

이런 생활고로 인한 비극들은 잊을 만하면 한 번씩 뉴스에 등장한다.

얼마나 사는 게 힘들었으면 자식에게 이런 처참한 일을 벌인 걸까? 어릴 적에는 이런 뉴스를 보면 이해가 전혀 안 되었다. 왜 취업을 못 하는지? 왜 돈이 없는지? 화가 난다고 어떻게 가족 간의 폭행이 있는지? 이해가 안 되었다. 세상에는 금수보다 못한 사람도 존재하는구나 싶었다. 물론 아무리 힘들어도 자식을 때려죽이는 일은 당연히 안 된다. 그러나

0원으로 시작하는 짠순이 재테크 습관

나이가 들수록 이런 사건들을 보는 시각이 달라졌다. 아예 이해 불가, 접근금지가 아니라 '얼마나 삶이 고단했을까?'에 초점이 맞춰진다.

우리 형제는 항상 자식이 우선인 부모님 밑에서 편안하고 행복했다. 아빠는 고생을 해본 적이 없는 옛날 부잣집 도련님이었다. 회사원일 때는 승승장구하셔서 '동아건설' 상무이사까지 승진하셨다. 회사에서 멋진 자가용과 기사를 제공받았다. 아침마다 기사아저씨가 아빠를 모시러 왔다. 그러던 중 전문분야였던 대만과의 교역이 단절되자 퇴사하셨다. 그후 고민 끝에 관련 사업을 시작하셨다. 우리 형제가 대학교를 막 입학하던 무렵이었다. 어느 날부터 아빠는 주말마다 골프를 치러 다니셨다. 사업을 위한 친목 도모라지만 어린 내가 보기에도 사업보다 골프가 우선이신 것 같았다.

부모님은 평소 서로의 라이프스타일을 존중했다. 자세히 말하자면 엄마는 아빠에게 큰 불만은 없으셨다. 그런데 아빠의 사업실패 후 우리 집의 분위기는 냉랭해졌다.

사업이 부도나자 엄마는 이성을 잃으셨다. 아빠에 대한 불만과 원망이 봇물 터지듯 매일 터졌다. 의기소침해진 아빠는 점점 말수가 줄어들었다. 방안에 틀어박혀 담배만 피우셨다.

엄마의 한숨과 눈물, 무능해진 아빠. 엄마와 아빠의 싸움이 점점 늘었다. 우리 형제도 점점 말수가 줄어들었다. 집안의 싸늘한 공기가 너무 싫었다. 집에 들어가기가 싫었다. 왜 우리 집에 이런 일들이 벌어지는지 이해가 안 되었다.

'가난이 싸움 붙인다.'라는 속담이 있다. 가난하면 작은 이익이나 사소한 일에도 서로 다투게 된다는 말이다. 가난하면 못난 소인배가 된다는 '빈자소인'(貧者小人)이란 말도 있다. 우리 부모님은 가정을 지키기 위해 서로 싸운 것이다. 지금 돌아보면 그 당시 우리 엄마 나이가 나랑 얼추 비슷하다. 우리 아빠 나이가 내 남편과 비슷하다. 돈이 가장 필요한 자녀들 대학입학기에 얼마나 암울했을까 싶다. 이렇게 부부싸움의 1순위는 돈 문제다.

8

요즘은 통장의 잔고가 '자존감'이다

돈에 구애받지 않는 자유를 누리고 싶다!

수천만 원 대 채무를 놓고 어머니와 다투다 홧김에 집에 불을 질러 모친을 살해한 20대 딸에게 대법원이 중형을 확정했다. 이 씨는 2019년 10월 경기 부천 소재 자택에 불을 질러 어머니(사망 당시 55)를 살해한 혐의로 재판에 넘겨졌다.

검찰 조사 결과 이 씨는 카드빚 8,000만 원을 지고 있었으며, 채무 얘기를 듣고 모친이 "같이 죽자"라면서 화를 내자 함께 목숨을 끊을 생각으로 불을 냈으나 변심해 탈출했다. 대법원은 존속살해 등 혐의로 기소된 이모(25) 씨의 상고심에서 징역 17년을 선고한 원심을 확정했다고 밝혔다.

매해 카드빚 및 생활고로 인한 참사는 꾸준히 늘어나고 있다. 이런 사건을 접하면 돈이 먼저인지 사람이 먼저인지 헷갈릴 때가 있다. 착잡하다. 왜 이런 패륜 범죄가 일어나는 걸까? 나는 그 이유가 물질만능주의가 팽배해서라고 생각한다. '유전무죄 무전유죄'라는 말처럼 자본주의 사회에서 돈은 힘이다. 때로는 돈이 목숨보다 더 가치 있게 여겨지기도 한다. 그래서 너 나 할 것 없이 돈 벌기에 혈안이 되어 있다.

'3포 세대'라는 말을 들어봤는가? '3포 세대'란 실업으로 인해 젊은이들이 연애, 결혼, 출산을 포기한다는 신조어이다. 여기에 인간관계와 내 집 마련까지 포기하면 5포 세대, 장기간 미취업자를 일컫는 장미족, 31세까지 취직을 못 하면 길이 막힌다는 삼일절 등 청년들의 힘든 현실을 담고 있는 부정적 신조어들이 많다. 이렇듯 돈을 못 번다는 것은 최소한의 인간다운 삶을 포기한다는 말이다. 나는 이대로 가다가는 우리나라 민족이 사라지는 건 아닌지 걱정스럽다. 현재 젊은 부부들의 출산 포기로 우리나라 인구절벽문제는 매우 심각하다.

통계청에 따르면 1960년대 우리나라 65세 노인이 전체 인구에서 차지하는 비율은 2.9%에 불과했다. 강산이 6번이 변한 현재, 65세 이상 비중은 14.3% 수준이다.

0원으로 시작하는 짠순이 재테크 습관

노인 인구는 앞으로도 지속적으로 빠르게 늘어날 전망이다. 통계청 장래인구 특별 추계(중위 기준)를 보면 5년 뒤인 2025년 한국의 65세 이상 노인 인구 비중은 20.3%로 높아진다. 노인 인구 비중 20%는 초고령사회 기준이다. 2067년이 되면 65세 이상은 46.5%로, 절반 이상이 현재 기준으로 '노인'이 된다.

한국 사회는 빠르게 늙어가고 있다. 수명이 늘면서 전체 인구 중 노인이 차지하는 비중은 늘고 있다. 5년 뒤 초고령화 사회로 진입하고, 50년 뒤엔 노인이 절반 가까이 불어난다. 아이가 태어나지 않아 수년 내 인구가 줄어드는 '인구절벽'에 서게 된다. '소비·노동·투자하는 사람들이 사라진 세상'이 될 것이란 암울한 전망이다. 정부에서는 출산장려대책을 다방면으로 내놓지만 젊은이들은 대개 외면한다. 내 코가 석 자인데, 언감생심 여러 명의 자식이라니….

우리 부부는 외동아들을 키운다. 왜 아이가 하나냐는 질문을 종종 받는다. 서로 늦은 나이에 만나 결혼을 하기도 했지만, 경제적 이유가 크다. 남편은 7살 때 아버지를 잃고 홀어머니와 고생을 하며 자랐다. 그래서 자식한테는 풍요로운 삶을 누리게 하고 싶어 한다. 남편은 필요한 물건이 있어도 웬만하면 사지 않는다. 뭐 하나 사면 기본 10년은 쓴다. 한번은 남편이 면세점에서 발견한 외국 브랜드 운동화를 보고 무척 갖고 싫어 했다. 20만 원 정도 하는 가격이었다. 내가 사준다고 했더니 사양을 하면서도 신발에서 눈을 떼지 못했다. 결국 1년 뒤 선물했는데 신지 않았다. 방학 때 대전 집에 가보니 신발장에 얌전히 진열만 되어 있었다. 왜 신지 않느냐고 물었더니 바라만 봐도 좋다고 했다. 현대판 자린고비 탄생이다. 문득 신혼 초가 떠올랐다. 나는 앞으로 기념일에 서로 선물하자고 제안했다. 그때 남편은 본인은 통장 잔고만 봐도 배부르니 현금 선물을 달라고 했다. 그러면서 "나는 통장 잔고만 넉넉하면 아무것도 부럽지 않아. 외제차를 사면 사자마자 중고차 되지만, 통장의 돈은 그대로거든." 하며 자신의 개똥철학을 열심히 말했다.

소설가 이문열 씨도 어릴 적 배고픔 때문에 베스트셀러 작가가 된 후에도 거실에 쌀가마니를 쌓아두었다고 고백했다. 거실을 지나다 괜히 쌀가마니를 발로 건드리며 흐뭇했다고 한다. 보통 사람들이 부자를 부러워하는 이유는 무엇일까? 명품매장에서 물건을 척척 사는 소비 자체가 부러운 걸까? 아니다. 돈에 구애받지 않고 갖고 싶은 것을 갖고, 하고 싶은 것을 하는 그 자유가 부러운 것이다. 떠나고 싶을 때 훌쩍 떠날 수 있는 시간적 자유도 부럽다. 부유한 사람들은 마음에도 여유가 있다. 자신감이 넘치며 인생의 주도권을 쥐고 있다. 반면 가난한 사람은 어떤가? 항상 조급하고 불안해한다. 마음은 여유가 없고 작은 일에도 놀란다. 돈이 들까 봐 전전긍긍하고 누가 선물을 주면 얼마짜리인지 가격에 집착한다.

이렇듯 돈은 우리에게 자유를 준다. 자본주의 사회에서 돈이 없다는 것은 인생의 선택권이 없다는 것이다.

　나는 작년 초등학교에 입학하는 아들을 위해 무급휴직을 선택했다. 그런데 아들이 학교적응을 잘해줘서 나를 위한 자기계발을 더 열심히 할 수 있었다. 보통 초등학교에 입학하는 자녀를 둔 엄마들은 아이 친구 엄마에게 집착한다. 엄마들과 소통하며 아이 발달 수준, 아이 학원 정보 등을 공유하기 때문이다. 나는 아는 동네 엄마도 거의 없었지만, 그들과 커피숍 수다 한 번 떨어본 적 없다. 대신 매일 오전 수영 강습 후 서점과 도서관에서 위대한 인물과 만났다. 도서관을 다니며 점심값을 아끼고자 김밥 한 줄과 맥심 커피믹스를 들고 다녔다. 대형마트와 백화점은 거의 가지 않았다. 자동차는 배터리 방전 수준으로 방치하며 대중교통을 이용했다. 그러나 나는 행복했다. 나에게는 비전이 있었고, 자기 계발하느라 눈코 뜰 새 없이 바빴기 때문이다. 그중 내 행복의 큰 이유는 작년에 모아둔 3,000만 원이었다. 그 돈을 어떻게 쓸지 생각만 해도 행복했다. 아들과 해외여행을 다닐 수도 있고, 피부과에서 피부 관리를 받을 수도 있었다. 내가 배우고 싶은 것도 맘껏 배울 수 있는 돈이었다. 돈을 쓰지는 않지만 통장에 잔고가 있다는 그 사실 하나로 김밥 한 줄, 믹스커피 한잔도 배불렀다.

요즘 우리 사회에서 '자존감'이라는 단어가 눈에 자주 띈다. '자존감'은 '정신 건강 척도'이다. 요즘처럼 힘들다고 호소하는 사람들이 많을 때 자존감은 더욱 중요하다. 현대인들은 과거 왕보다도 풍요로운 삶을 누리고 있다. 조선 시대의 왕은 기껏해야 중국 여행 한 번 정도 다녀올까 말까였다. 그러나 현대인은 1년에 한두 번 해외여행은 예사롭게 다닌다. 굳이 여행이 아니어도 TV만 틀면 세계 여러 나라의 사건과 풍경을 다 볼 수 있다. 인터넷을 검색하면 원하는 정보가 다 나온다. 돈만 내면 세상의 산해진미는 다 먹을 수 있다. 기술의 발달로 왕의 곤룡포보다 더 좋은 옷을 저렴하게 입고 다닌다. 정말 풍요가 넘치는 세상이다.

그런데 현대인이 힘든 이유는 뭘까? 나는 물질문명과 정신문명 사이의 괴리감이라 생각한다. 우리는 스마트폰과 SNS의 발달로 너무나 편리한 생활을 한다. 그런데 그 부작용으로 몰라도 되는 남의 사생활을 너무 쉽게 엿볼 수 있다. 이로 인해 상대적 박탈감을 매우 쉽게 느낀다.

과거 노예들은 우리가 생각하는 것과 달리 그다지 불행을 느끼지 않았다고 한다. 애초에 다른 신분으로 올라갈 수 있다는 생각 자체가 없었기 때문이다. 송충이는 솔잎을 먹고살 듯 노예로서 당연하게 하루하루를 살았다. 우리 사회는 타인의 겉으로 보이는 생활을 너무 쉽게 엿볼 수 있다. 카카오 스토리와 페이스북, 블로그 등을 들여다보면 나만 빼고 남들은 다 행복해 보인다. 비싼 맛집도, 세계 여행도 실컷 다니는 것처럼 보

0원으로 시작하는 판순이 재테크 습관

인다. 비싼 명품, 외제차도 잘 사는 거 같다. 이런 남과의 비교에서 나의 행복을 지키려면 자존감이 필수인 시대이다.

자존감을 지키는 방법은 뭘까? 자존감의 가장 대중적인 의미는 '자아 존중감'이다. 우리는 자신을 소중히 생각해야 하는데 보통 남들의 평가대로 자신을 평가한다. 남들의 시선에서 나를 지키는 것은 무척 어려운 일이다. 나는 가장 단순한 자존감을 지키는 방법은 통장 잔고라고 생각한다. 나는 통장 잔고만 보면 힘이 난다. 직장에서 스트레스를 받아도 '이깟 직장 당장 그만둬도 나는 몇 년은 잘살 수 있다고.' 하며 버틴다. 물론 돈이 있다고 누구나 자존감이 높지는 않다. 그러나 돈은 타인으로부터 나를 함부로 할 수 없게 하는 방패가 되어준다. 자본주의 사회에서 부자는 강하다. 결국 통장 잔고는 자존감이다.

1. 당신이 부자가 되지 못했던 8가지 이유

1) 빈자의 사고를 한다

'지금 아이스크림 1+1행사를 하네? 집에 아이스크림이 있지만, 일단 사두면 언젠가 먹겠지!'는 빈자의 사고이다. 부자는 '1+1행사를 또 하는구나. 매입 가격과 재고 처분을 생각하면 판매자는 1+1으로 파는 게 낫겠지…. 하지만, +1은 내가 좋아하는 맛도 아니네. 원래 사려고 했던 과일을 사러 가자.'라고 자신만의 사고의 축이 있다.

무일푼에서 인생 대 역전에 성공한 『부자의 사고 빈자의 사고』의 저자 이구치 아키라는 부의 비결은 부자들이 갖추고 있는 돈에 대한 사고법, 부자의 사고방식을 익혔기 때문이라고 한다.

사고에는 행동과 현실을 바꾸는 강력한 힘이 있다. 남은 삶을 지금처럼 보내고 싶은가? 그렇지 않다면 내면을 풍요로 가득 채우는 부자의 사고방식을 익혀라.

2) 월급 이외의 수입이 없다

30대에 자수성가한 백만장자 사업가이자 발명가인 엠제이 드마코는 저서 『부의 추월차선』에서 "당신은 자유를 사기 위해 자유를 팔고 있다. 직장에서 돈을 벌려면 반드시 시간을 내줘야 하며, 5대 2 거래라는 끔찍한 굴레를 벗어나지 못한다. 여기서 시간이라는 단어를 인생으로 바꿔보자. 직장에서는 돈을 벌기 위해 인생을 판다. 일을 하면 돈을 벌지만, 일하지 않으면 돈을 못 번다. 누가 이런 거머리 같은 공식을 만든 것일까?"

월급만으로는 절대 부자가 될 수 없다. 연봉이 많건 적건 월급만큼 씀 씀이는 있게 마련이다. 더군다나 직장은 나를 평생 고용하지 않는다. 이제 평생직장이란 존재하지 않는다. 그러므로 우리는 직장을 다니며 월급 이외의 추가 수입을 만들어야 한다.

3) 돈을 위해 일한다

인생은 단 한 번뿐이다. 노예처럼 일만 하다가 가기에는 우리 인생은 너무나 소중하다. 우리는 돈이 아닌 자아실현을 위해 일해야 한다. 자아실현을 하려면 먼저 자신의 꿈이 무엇인지, 바라는 인생이 무엇인지 명확히 알아야 한다. 나의 스승님인 김도사님은 출근하는 직장이 있는 지금 3년 후, 5년 후를 계획하라고 한다. 자신이 좋아하는 일을 하며 남은 인생을 살기 위해 직장에서 나오는 월급을 자기계발 비용으로 써야 한다. 내 몸값을 10배로 높이는 데 시간과 노력을 아껴선 안 된다고 강조한다. 스티브 잡스나 마크 주커버그는 좋아하는 일에 열중한 결과 성공한 사례이다. 부자들의 공통점은 돈이 전부가 아니라고 한다.

4) 지출보다 수입에 더 신경 쓴다

"월급이 쥐꼬리라 부자 되기는 글렀어요."라고 말하기엔 내 월급은 너무나 소중하다. 비록 월급이 적어도 관리하는 사람과 그렇지 않은 사람과는 엄청난 차이가 벌어진다. 연봉이 1억인데 9,000만 원 쓰는 사람과 연봉이 비록 4,000만 원일지라도 절반 이상을 저축과 투자하는 사람은 나중에 비교 불가의 재정상태가 된다. 지출을 통제해야 부자가 된다. 직장인들의 수입은 한정되어 있다. 필요한 지출을 하고, 불필요한 지출을 막으면 생각보다 통장에 돈이 모인다. 주위를 둘러보면 같은 월급을 받고도 나중에 돈을 제법 모은 월급쟁이들이 꽤 있다. 그들의 비결은 하나같이 절약과 저축, 투자이다. 절약이 되지 않으면 저축과 투자로 이어지지 않는다.

5) 부에 대한 죄책감이 있다

많은 사람들은 부자들은 나쁜 일을 해서 부를 축적했을 거라 생각한다. 그래서 속으로는 부자가 되고 싶으면서도 섣불리 말로 표현하지 못한다. 그러나 세상에는 선한 부자도 많다. 12대 400년간 만석꾼 부자 경주 최 부잣집은 일제 강점기에는 독립자금을 많이 희사했고 많은 독립투사를 배출하였다. 스웨덴 국왕이 경주 교동 최 부잣집 고택에 수행원들을 파견하여 비결을 알아보고 오라고 할 정도였다.

경주 최 부잣집의 가훈 몇 가지를 소개한다.

- 나라가 위태로우면 용감하게 나가 싸우고 사업에 실패했을 때는 태연하라.
- 우리 가문에 시집 올 여자는 예물은 은비녀 이상 해오지 말 것.
- 만석 이상의 재물은 모이지 말고 만석 이상 모인 재물은 사회에 환원하라.
- 우리 집 주변 백 리 안에 굶어 죽는 사람이 없게 하라.

6) 지출 통제 능력이 부족하다

많은 부자들이 재테크에 관한 조언을 할 때 새는 돈 관리의 중요성을 언급한다. 직장인들은 돈을 벌고 싶어 하면서 자신의 정확한 소득과 한 달 지출 금액은 잘 모른다. 먼저 가정의 고정 지출과 변동 지출을 구분하고, 지출을 관리해야 한다. 고정 지출을 줄이기 위해서는 편리함과 실속 중 선택해야 한다. 이렇게 정리를 하고 나면 쪼들리지 않고도 종잣돈을 쉽게 마련할 수 있다.

나만의 새는 구멍을 찾아야 한다. "가랑비에 옷 젖는 줄 모른다."라는 속담이 있다. 찾아보면 아무렇지도 않게 쓰는 커피숍 커피, 담배, 술, 1+1 핫딜 등 줄줄 새는 돈이 보인다. 보통 자제력이 결핍된 사람은 돈 씀씀이도 헤프다. 마인드 컨트롤은 지출 통제뿐 아니라 인생을 살아가는 데 필수 요소이다.

7) 행동하지 않는다

백 번 듣는 자보다 한 번 실천하는 자가 되어야 한다. 지금 세상은 내가 필요로 하는 지식과 정보, 노하우를 알려 주는 사람들이 넘쳐난다. 그러나 실천하는 자는 드물다. 실천하지 못하는 이유는 매우 다양하다. '시간이 없어서, 당장은 필요하지 않아서, 의심이 앞서서, 과연 내가 할 수 있을까?' 등 생각만 많다. 성공한 자와 그렇지 못한 자의 차이는 행동력이라고 생각한다. 나의 삶이 만약 제자리라면 아는 것은 많은데 실천하지 않았기 때문이다. 행동하는 자만이 기회를 낚는다.

8) 집이 정리되어 있지 않다

돈 새는 곳이 많아서 매달 적자라면 집안을 둘러보자. 혹시 물건으로 가득 차 있는지? 집 상태가 불결한지? 내가 좋아하는 책 『심플하게 산다』의 저자 도미니크 로로는 이 시대는 지나치게 많은 물건들로 둘러싸여 정작 자신을 돌보는 시간은 부족하다고 한다. 너무 많은 것을 소유하려 하지 말자. 내게 꼭 필요한 물건, 가족과 같이 오래 함께할 물건을 사자.

버리는 일도 노력이 필요하다. 제일 힘든 일은 필요와 불필요 사이의 판단이다. 집을 정리하며 물건을 버리면서 속 시원한 느낌을 가져본 적이 있을 것이다. 물건이 많으면 내가 물건의 주인이 아니라 물건이 오히려 나를 소유한 꼴이 된다. 쓸모없거나 낡은 물건은 버리자. 집은 내가 쉴 수 있는 안락한 공간이 되어야 한다.

A

Frugal

Investment

Techniques

2장

10만 원 버는 것보다
10만 원 아끼는 게 더 쉽다

1

맞벌이 공무원 부부, 3년 만에 1억 모으다

저축만으로도 노후 준비가 가능하다

우리는 주말부부이다. 그래서 아이가 태어나자마자 나는 출산휴가와 육아휴직을 할 수밖에 없었다. 나는 휴직 동안 공무원 남편의 월급에만 의존해서 살았다. 박봉의 외벌이인데, 모아봤자 얼마나 모을까 싶었다. 빚 안 지고 사는 게 어디냐며 저축은 신경도 쓰지 않았다. 물론 나도 내심 돈을 모으고 싶었다. 핑계일지 모르지만 저축 금리가 형편없어서 저축은 싫었다. 이왕이면 주식이나 펀드, 부동산에 투자하고 싶었다. 대전에서 남편과 함께 살았지만 남편은 매우 바빴다.

누가 공무원이 칼퇴근이라 했던가? 남편은 일이 많아서 매일 밤 10시~11시에 퇴근했다. 연고 없는 타지에서 홀로 아이를 키우는 상황이었다.

이런 상황에서 아껴보겠다고 돈 스트레스까지 받고 싶지 않았다.

우리 부부는 주말이 다가오면 싸웠다. 나는 종일 갓난아기 보느라 집에 박혀 있어서 콧바람이 필요했다. 남편은 가정적인 사람이지만 집돌이에다가 돈을 많이 아꼈다. 내가 바람 좀 쐬러 나가자고 하면 도보로 이동 가능한 거리만 다녔다. 남편은 장롱면허였고 나는 그 당시 무면허에 자동차도 없었다. 쏘다니기 좋아하는 나에게 타지에서 나 홀로 초보육아는 감옥살이 같았다. 얼른 아들이 두 돌이 지나서 어린이집 가는 날만을 손꼽았다. 산후 우울증이 무엇인지 알 것 같았다. 다시 돌아가라 해도 나는 그때 저축을 하지 않을 것 같다. 스트레스 관리가 저축이나 투자에 큰 영향을 끼친다는 것을 처음 알았다.

육아휴직을 마치고 2015년 12월, 내 직장이 있는 인천으로 복직했을 때 어쩔 수 없이 집을 샀다. 직장 다니며 평일에 혼자 아이를 봐야 해서 직주 근접성이 중요했다. 전세로 들어가려 했으나 그 당시 이사 가려는 동네의 재개발로 전세난이 심각했다. 이사 갈 동네의 주위 환경을 알아보니 지하철이 아파트 바로 앞이라 집값이 떨어질 것 같지는 않다. 새로 집을 구입 후 들어가는 돈이 쏠쏠했다. 낡은 집이라 화장실과 주방의 리모델링은 필수였다. 장판은 돈을 아낀다고 안 했는데도 목돈이 마구 나갔다. 우리 부부는 결혼 전에 각각 집을 한 채씩 소유하고 있었다. 그래서 두 집에서 나온 전세금과 월세 수입 덕분에 이번 인천 집도 빚 없이 샀다. 인천 구도심이지만 전철이 바로 앞이고 유치원, 초·중·고등학교가 바로 앞인 집이었다. 내 예상대로 현재 집값은 몇천만 원 올랐다.

복직하고 6개월이 지난 2016년. 드디어 월급날이 다가와도 통장에 잔고가 남기 시작했다. 돈에 여유가 생기니 마음에도 여유가 생겼다. 이제 본격적으로 돈 관리를 해야 함을 느꼈다. 나는 어릴 때부터 엄마가 부동산 투자를 하는 것을 보며 자라서 저축은 별 관심이 없었다. 이자 몇 푼 준다고 저축을 하나 싶었다. 그러나 주식이나 부동산은 함부로 시작할 용기도 없었다. 그러다가 『심리계좌』 책을 읽고 충격을 받았다. 이 책에서는 힘들게 투자할 필요가 없다고 했다. 저축만으로도 노후 준비가 가능하다고 했다. 솔깃해서 일단 강제 저축을 해보기로 결정했다. 먼저 수입의 30% 정도를 저축하기로 했다. 비과세 3,000만 원 예·적금 통장과 1년 만기 예금, 6개월 적금 통장을 몇 개 개설했다. 『심리계좌』 책에서 금리도 신경 쓰지 말래서 모두 가까운 은행에 가입했다. 이렇게 저축한 지 3개월 정도 지났을까? 그다지 아끼고 살지도 않았는데 통장에 잔고가 생겼다. 수입은 똑같은데…. 신기했다.

저축하고 돈이 모이는 재미를 경험하라

돈이 모이니 저축이 재미가 있었다. 그래서 신용카드를 없애고 체크카드 위주 생활을 시작했다. 처음엔 수입의 30% 정도만 저축했는데, 통장 잔고가 남아서 점점 늘리다 보니 어느덧 저축률이 50%에 가까워졌다. 그리고 정근 수당과 명절 보너스를 추가 저축하니 1년에 3,500만 원 넘게 저축이 가능했다. 남편과 나는 노후 대비용으로 각각 과학기술인 공제회와 교원 공제회에 30만 원씩 저축도 추가했다. 나는 방학을 이용해 통장 및 카드 리모델링을 정기적으로 했다. 재테크 카페에도 수시로 들어가 공부하다 보니 요즘 유행하는 예·적금과 카드들을 알 수 있었다. 입출금통장임에도 매달 100만 원 정도만 정기적으로 입금만 되어도 각종 수수료 면제에 금리도 꽤 쳐주는 은행도 많았다. 그 중 '웰컴 저축은행 직장인 PLUS' 통장과 'SC제일은행의 두드림' 통장과 두드림 체크카드를 선택했다. 체크카드를 만들며 'SMS 잔고 알리미 서비스'를 신청해서 쓸 때마다 잔고를 파악하니 지출이 통제되었다.

저축이 불어나면서 남편과 돈 애기를 자주하게 되었다.

"이달에는 저축을 50만 원 더 했어."
"우와! 우리 1억 금방 모으겠다."

남편은 맞벌이로 돈이 모이기 시작하니 기뻐했다. 원래 쓰고 남는 돈이란 없는 것이다. 돈은 시간과 유사하다. 누구에게나 하루 24시간이 주어진다. 그러나 우리는 모두 어영부영하면 하루가 금세 가버린다는 것을

0원으로 시작하는 짠순이 재테크 습관

잘 알고 있다. 꼭 해야 할 우선순위를 정하면 일상이 평화롭다. 마찬가지로 돈도 우선순위가 필요하다. 월급을 받으면 저축부터 하니 생활이 안정되어갔다. 돈을 모을수록 자존감도 높아졌다. 주위를 둘러보니 나와 같은 월급이어도 나보다 저축률이 낮았다. 우리는 공무원 맞벌이라 남편이 대기업인 집에 비해 수입이 훨씬 적다. 게다가 대전과 인천 두 지역에서 살림을 하는 상황이었다. 양쪽 집의 관리비만 해도 꽤 컸다. 부모님 용돈도 매달 20만 원씩 드렸다. 그럼에도 대기업 다니는 집에 비해 저축금액이 더 높았다.

나는 동료 교사들로부터 가끔 질문을 받는다.

"어쩜, 휴직을 그리 많이 하고도 생계유지가 돼?" "돈이 좀 있나 봐?" "선생님은 여유 있어서 좋겠다. 난 맨날 대출금 갚느라 바쁜데….."

돈이 모이니 나는 주위 사람들이 돈을 어찌 굴리나 궁금했지만, 내 주위는 대출금 갚기에 바쁜 사람들이나 커피숍에서 수다 떨기 좋아하는 사람들이 많았다. 한참 수입의 반을 저축하던 어느 날 돈 욕심에 저축에서 잠시 외도를 시도했다. 강제 저축의 의미를 잠시 잊고 저축금리가 너무 낮아서 이자 욕심이 생긴 것이다. 'P2P' 투자라는 것을 건너 듣고는 시도하기로 결심했다. 원금이 보장되지는 않지만, 투자치고는 안정적이라는 소문만 듣고 덜컥 해본 것이다. 처음 투자는 성공했지만 두 번째에서는 실패했다. 상환 2개월 남은 시점에서 내가 돈을 빌려준 홈쇼핑업체가 파산하였다. 현재 3년째 연체 중이다. 내 원금 50만 원 정도가 물려 있다. 나는 그 후로 'P2P' 투자는 쳐다보지도 않는다. 돈 50만 원 내고 투자 수업 했다고 생각한다. 그러던 중 2017년 유료재테크 강좌를 공부하기 시작했다. 그때 직장 스트레스가 심해서 우울했다. 퇴근 후 나는 해외 펀드 공부에 빠져들었다. 처음에는 헷지, 언헷지 등 단어부터 어려웠다. 어떤 구성의 펀드를 살지 결정 후 '상품별 자산 운용서'를 출력해서 비교하며 공부했다. 마침 2017년에는 해외펀드를 비과세로 들 수 있는 이벤트를 했다. 단 1년 만의 기회라 나와 아들의 계좌를 만들었다. 그때 시작한 중국 펀드가 지금 25~42%의 수익을 내주고 있다. 또 그때 외화 보통예금 통장도 만들어서 비상금도 넣었다.

나는 처음 저축으로 시작해서 3년 만에 1억 이상을 모았다. 그때 저축으로 모은 종잣돈으로 각종 펀드와 ETF에 투자 중이다. 투자를 하려면 종잣돈 마련이 시급하다. 종잣돈 마련은 강제 저축이 최고라고 생각한다. 일단 저축성 체질로 변화하려면 단기간의 노력은 필요하다. 먼저 6개월 저축부터 시작하자. 명심할 점은 저축은 이자가 목적이 아니다. 돈을 묶어놓는 연습을 하는 것이다. 이 과정에서 스스로에 대한 성실함과 늘어나는 잔고 속에 자존감이 향상된다. 이렇게 종잣돈을 모으며 재테크 공부를 하고 투자한다면 누구나 작은 부자는 될 수 있다.

0원으로 시작하는 짠순이 재테크 습관

2

수입보다 지출을 더 신경 써서 관리하라

줄줄 새는 지출 구멍을 막아라

나는 이토록 간절하게 돈을 쫓아다니는데, 돈은 왜 항상 내게서 멀어지는 걸까? 세상 사람들은 돈, 돈, 돈하며 돈 벌기에 혈안이다. 그런데 부자는커녕 가난을 면치 못한다.

현실적으로 보통 직장인이 부자 되는 방법은 2가지뿐이다. 이직이나 투잡, 쓰리잡으로 수입을 늘리던가 아니면 나가는 돈을 통제해야 한다. 그런데 수입 늘리기는 여간해서는 쉽지 않다. 그렇다면 어떻게 해야 돈을 조금이라도 모을 수 있을까? 연봉이 많건 적건 일반 직장인들의 받는 월급은 한정되어 있다. 그러나 이 월급으로 나갈 돈은 헤아릴 수 없이 많다. 공과금, 자녀교육비, 아파트 관리비, 대출금 상환, 부모님 용돈, 통신비, 카드 대금 등 고정 지출이 항상 있다. 여기에 기분이라도 조금 내다 가는 지출이 걷잡을 수 없이 늘어난다. 돈이 없다는 사람들이 쉽게 간과 하는 것이 있다. 바로 새는 구멍이 있다는 것이다.

내가 아는 친구 A는 직장인이지만 남편은 자영업을 해서 소득이 꽤 높다. A는 평소 외모에 관심이 많고 명품가방을 좋아한다. 남편과 각각 외제 차 한 대씩 소유하고 있다. 그런데 이 친구는 더 좋은 환경으로 이사 가고 싶어 했다.

"나 **동으로 이사 가고 싶어."

"너희 남편 돈 잘 벌잖아?"

"우리 지금 사는 집 대출금도 그대로 남아 있어."

"…."

나는 할 말을 잃었다. 내가 알기에 남편이 고소득자이기 때문이다. 그리고 지금 살고 있는 집에 들어간 지 몇 년은 되었다. 그 몇 년간 대출금을 하나도 안 갚고 명품가방에, 비싼 다이어트 프로그램에, 해외여행에, 차도 외제 차로 바꾼 것이다. 과연 친구 A는 가고 싶어 하는 집값 비싼 동네로 이사 갈 수 있을까? 친구 A는 그 뒤에도 대출금을 갚지 못하고 있다. 아이가 중학생이 되면서 사교육비는 더 늘었기 때문이다. 내가 보기에는 참 답답한 상황이었다. 명품가방 구입과 매년 가는 해외여행을 조

0원으로 시작하는 짠순이 재테크 습관

금만 자제해도 대출금을 갚을 수 있다. 그러나 친구 A는 자신의 힐링인 여행과 명품가방 구입은 필수라고 생각한다.

친구 B는 전업주부이다. 아이들 등교시키고 매일 커피숍에 가서 파니니와 커피 한 잔을 마시는 취미생활을 즐긴다. 그러면서 돈이 부족하다고 고민한다. 친구 B는 커피숍 개근하는 것이 삶의 유일한 낙이라며 절대 포기할 수 없다고 한다.

A와 B 같은 사람은 주위에 꽤 많다. 나는 안타까운 마음에 조언을 해주고 싶어 한다. 그러나 묻지도 않는데 섣불리 해결책을 말해주기도 참어렵다. 이들은 자신의 문제점을 파악하지 못하니 지출을 줄이기는커녕 저축이나 투자에도 관심이 없다.

당신의 소비 중 새는 구멍은 어디인가? 사람마다 새는 구멍이 있는 것이다. 나의 구멍은 옷과 신발이었다. 네이버 카페에 '**지름신'이라는 곳이 있다. 육아휴직을 마치고 복직했을 때 출근복이 필요했다. 좋은 옷을 저렴히 사는 루트를 찾다가 구매대행카페가 있는 것을 알게 되었다. 이 카페에 처음 들어갔을 때 나는 신세계를 만난 듯 너무 놀랐다. 아울렛에서 종일 진을 치고 할인 물건을 구매 대행하는 '구대언니'라는 직업이 있다는 것도 처음 알았다. 이 언니들은 아울렛 이벤트로 파는 상품을 사진을 찍어 올린다. 그 후 사겠다는 고객이 있으면 3가지 가격을 올렸다. 처음에 나는 이게 무슨 가격인지, 무슨 암호인지 알 수 없었다. 나중에 알고 보니 물건값 + 10% 구대 비용 + 택배비였다. 할인율 좋은 물건이 나오면 10% 구대 비용만 받아도 한 달 월급이 엄청났다. 게다가 구대언니들은 반품조차 받지 않았다. 완전 만고 땡 꿀직업이었다.

나는 처음에는 눈팅만 하다가 저렴하고 예쁜 옷과 신발을 보고 몇 번 사게 되었다. 그러나 실물을 보니 사진과는 달랐고, 사이즈도 천차만별이라 실패가 많았다. 사이즈 미스인 새 상품을 이 카페나 중고나라나 다시 팔려고 했더니 내가 산 가격으로는 아무도 사주지 않았다. 내가 산 가격보다 더 내린 가격으로 사이트에 물건을 올리는 데 시간도 꽤 소모되었다. 게다가 포장하고 택배 보낸 시간까지 합하면 나의 시간적·금전적 손해는 이만저만이 아니었다.

이렇게 몇 번의 시행착오 끝에 나는 네이버 카페에 '**지름신'을 탈퇴했다. 그리고 나서야 나의 새는 구멍을 막을 수 있었다.

쓰지 않아야 돈이 모인다

돈 모으기 제일 쉬운 방법은 돈을 안 쓰는 것이다. 10만 원 버는 것보다 10만 원 아끼는 게 더 쉽다. 우리가 직장에 나가서 갖은 고생을 해서 벌어오는 월급이다. 피 같은 돈을 지키려면 지출을 방어해야 한다. 자신의

0원으로 시작하는 짠순이 재테크 습관

소비 습관을 한번 생각해보자. 나도 모르게 낭비하는 부분이 어디인가?

D 씨는 슈퍼 짠돌이이다. '내 지갑에 한 번 들어온 이상 절대 나가게 할 수 없다.'가 인생의 모토다. 15년 된 T셔츠를 그대로 입고 다니고 속옷은 닳아서 사기 전까지는 입는다. 가끔 아들한테 농담도 한다. "아빠 팬티 물려줄까?" 지독한 구두쇠인 D씨는 안 쓰는 것은 물론 나가는 쓰레기도 자체 점검 후 내보낸다. 구멍 난 양말은 겨울철 동파 방지용으로 세탁기 수도꼭지에 씌워서 사용한다. 안 쓰는 수면 양말은 자동차 먼지 제거용으로 사용한다. 늘어난 티셔츠는 아이 수면 조끼 대용으로 입힌다. 외식은 거의 하지 않는다. 남자임에도 냉장고에 있는 재료로 김치찌개와 감자조림 등은 뚝딱 맛있게 잘 해낸다. 이렇게 알뜰히 모은 돈으로 부동산에 투자하여 지금 14억 자산을 모았다.

이렇듯 수입보다 지출에 더 신경을 써야 한다. 직장인들의 수입은 한정되어 있다. 필요한 지출을 하고, 불필요한 지출을 막으면 생각보다 통장에 돈이 모인다. 주위를 둘러보면 같은 월급을 받고도 나중에 부자가 된 월급쟁이들이 꽤 있다. 그들의 비결은 하나같이 절약과 저축, 투자이다. 절약이 되지 않으면 저축과 투자로 이어지지 않는다.

수입은 그대로지만 월 100만 원 벌 수 있는 나만의 꿀팁 6가지를 제시한다.

1. 커피숍에서 돈 쓰지 말자.

나는 외출 시 생수와 커피는 들고 다닌다. 커피숍의 분위기와 맛에 취해 돈을 쓰다 보면 돈은 술술 나가게 되어 있다.

2. 수수료 드는 ATM기는 사용하지 마라.

세상에서 가장 아까운 지출이 수수료이다. 정보가 돈인 세상이다. 조금만 찾아보면 출금 서비스는 타행 ATM기도 무료인 은행이 많다.

3. 충동구매를 줄이자.

사 와서 안 쓰는 물건들이 의외로 많다. 싸다고 비슷한 것을 또 사고, 세일한다고 사고, 이런 소비로 돈을 낭비하게 된다. 내게 필요한 것을 사야 한다.

4. 불필요한 만남을 자제하라.

만나고 돌아서면 남는 게 없는 만남이 있다. 돌아서서 쓸데없는 만남은 나의 시간과 돈을 낭비한다.

5. 월급통장을 관리하라.

나는 용도별 통장을 사용한다. 월급통장, 생활비 통장, 이자 통장, 비상금 통장을 나누어서 일정 금액만 넣어둔다.

6. 대형마트보다 동네마트를 다닌다.

우리 식구는 입이 짧다. 미리 사놓으면 버리는 게 태반이라 그때그때 동네마트에서 장을 본다.

/

버는 것은 바늘 하나로 일하는 것처럼 느리다.
그러나 지출은 모래가 빠져나가는 것처럼 빠르다.

– 중국 속담

3

짠순이는 어떻게 살까?
짠순이 라이프 들여다보기

월세로 나가는 돈을 없애라

나는 어릴 적부터 짠순이었다. 형제들과 똑같이 용돈을 받아도 내 지갑에는 언제나 돈이 있었다. 그래서 내가 부자로 살 것이라고 믿어 의심치 않았다. 그러나 아빠의 사업실패로 공무원이 되어 돈보다는 안정을 택했다. 나는 사업을 했어야 하는 사람인데 말이다.

나는 돈이 좋다. 돈을 사랑한다. 우울할 때 내 통장 잔고와 펀드 수익률, 예·적금 통장들, 집값 상승률을 생각하면 기분이 좋아진다. 그 돈으로 꿈을 꾼다. 나는 올해 가족과 크루즈 여행을 갈 것이다. 그리고 작년에 배우던 우쿠렐레와 수영을 더 배울 것이다. 퇴직 후 1인 창업도 준비 중이다. 나는 자아실현하며 더 큰 부자가 될 예정이므로 자기계발에

0원으로 시작하는 짠순이 재테크 습관

대부분 쓸 것이다. 내 사주는 '가만 있으면 작은 부자, 노력하면 큰 부자'이다. 나는 내 사주를 믿는다. 그래서인지 지금 작은 부자에서 큰 부자로 나아가는 중이다.

2002년 나는 인천지역 임용고시에 패스하여 25세에 교사가 되었다. 처음에는 합격의 기쁨으로 지역은 크게 중요하지 않아 보였다. 그런데 인천과 내가 살던 서울은 지하철로 편도 거의 2시간 통근 거리였다. 어느 날 엄마가 인천에 대중교통을 이용해 오시더니 내 출퇴근 거리에 놀라셨다. 그러나 나는 당시 괜찮았다. 인천에서 서울로 출근하는 사람은 많았지만 반대로 서울에서 인천으로 출근은 별로 없었기 때문이었다. 덕분에 전철에서 앉아서 주구장창 책을 볼 수 있었다.

결국 엄마의 성화에 학교 앞 부평지역에 집을 구했다. 내 직장 바로 앞 다세대 원룸을 보증금 1,000만 원에 월세 25만 원으로 들어갔다. 처음 집은 돈이 없어서 보증금 1,000만 원도 대출받았다. 자취를 시작하며 처음 나는 신났다. 신축빌라라 깨끗하고 베란다도 있었다. 그런데 곧 취약한 주거 현실을 깨닫기 시작했다. 옆방 할머니와 대화도 가능한 방음구조였다. 새벽에 퇴근하는 앞방 아저씨의 큰 TV 소리에 잠을 못 잤다. 대학교 때까지도 천당 밑인 분당 79평 아파트, 그중 제일 큰 방이 내 방이었는데…. 열악한 나의 주거 현실에 기가 막혔다. 주인 할아버지는 내가 세입자라 좋아했다. 꼬박꼬박 월세 내는 우수 납입자에다 집도 깨끗하게 썼으니 그럴 만도 하다. 그러나 나는 그 월세가 너무나 아까웠다. 1년 뒤에 전세로 이사 가야겠다 싶었다. 나는 나락에서 떨어져서 다시 시작하는 느낌이었다. 다시 어렴풋이 천당으로 올라가야겠다고 마음먹었다.

귀한 자식을 인천 월세방에 둔 엄마는 안 되겠다 싶었는지 경매 공부를 시작하셨다. 아빠 사업실패로 대출만 잔뜩이었지만 저렴한 빌라를 경매받고 약간의 수익을 내고 파시며 연습을 하셨다. 그 후 내게 전철에서 도보 10분 거리 빌라를 전세로 추천해주셨다. 이른바 깡통 전세였다. 일부러 융자가 잔뜩 낀 전세를 노리고 들어간 것이다. 나랑 동갑인 집주인은 영업사원이었다. 결혼해서 갓난아기도 있었고, 어울리지 않게 큰 차를 굴렸다. 엄마의 예상이 적중해서 1년 뒤 그 집은 경매로 넘어갔다. 그때 엄마와 인천 법원에 가서 후 순위와 단돈 5천 원 차이로 간신히 그 집을 낙찰받았다. 그 뒤로 학교 근무 만기가 되자 그 집을 팔았다. 엄마 덕분에 2,000만 원의 수익을 얻었다. 그다음 근무지 바로 앞에 대출 4,000만 원을 받아서 당시 7,000만 원인 주공아파트 17평을 샀다. 나는 빚이 너무 싫었다. 그래서 월급 받으면 1순위는 대출금 상환을 목표로 했다. 방학 때도 돈이 아까워서 여행을 못 가고 빚 갚는 데만 열중했다. 지금 생각하면 그때 천천히 빚을 갚더라도 여행을 좀 더 갔더라면 좋았을 텐데 후회도 된다. 아이 엄마가 된 지금 돌아보니 이제는 시간이 없어서 여행을 못 가기 때문이다. 나는 그 집을 몇 년 뒤 5,000만 원의 수익을 보고 팔았다.

나는 첫 사회생활을 대학교 학자금 대출이 있는 마이너스 인생으로 출발했다. 그러나 몇 년 뒤 실거주 부동산을 굴려서 1억 정도의 자산을 갖게 되었다. 나의 비결은 유능한 엄마의 코치를 잘 따른 것이다. 나머지는 나의 알뜰함과 성실함이라고 생각한다. 나는 도서를 대출해도 기한 넘기는 것을 무척 싫어한다. 카드결제일의 연체는 상상도 할 수 없다. 이런 성격이니 대출이 얼마나 싫었겠는가? 아끼고 열심히 빚을 갚은 결과 30대 초반에 1억 정도를 갖게 되었다. 내 집이 있으니 참 든든했다. 이게 바로 안정감이구나 싶었다.

2017년 〈김생민의 영수증〉이라는 프로그램 열풍이 불었다. 그가 말한 명언이 참 많다. '생수 하나라도 집에서 준비해 오라.'는 말이나 '충동구매를 잘하는 사람일수록 꼭 필요한 물건만 메모해두는 습관이 꼭 필요하다, 지금 저축하지 않으면 나중에 하기 싫은 일을 해야 한다.' 등이 있다.
이 말들은 이미 나의 일상생활 속 절약습관이라 대수롭지 않았다. 내가 방송 진행해도 되겠다는 생각마저 들었다. 그러나 '돈은 안 쓰는 것이다, 소화가 안 될 때는 점프를.' 같은 말은 자린고비 같아서 거부반응이 일어났다. 나는 알뜰하지만 쓸 때는 쓰자는 마인드를 갖고 있다. 특히 나에게 주는 보상과 투자는 아끼지 않는다.

몇 년 전 친구네와 놀이동산에 놀러 갔다. 나는 늘 하듯이 미리 음료수와 과자를 준비했다. 놀이동산에 가면 가격이 2배는 뛰기 때문이다. 자유이용권도 제일 싼 루트를 알아봐서 친구네 표도 함께 구입했다. 그리고 각종 블로그에 들어가서 놀이동산에서 가장 가성비 좋은 식당과 최단 거리 이동 루트, 즐길 거리 팁을 공부했다. 이렇게 준비하려면 하루 이틀은 준비가 필요하다. 마지막으로 놀이동산의 앱을 다운받고 출발했다.

"뭐가 이리 많아? 과자 다 사왔네?"
"응. 놀이동산은 너무 비싸서~."

같이 간 친구네는 나와 마실 따뜻한 커피를 건네주었다. 그런데 아이들 간식은 하나도 없었다. 친구네의 소비 스타일을 보니 놀이동산에 가면 맛있는 거 다 사 먹고, 기념품도 꼭 사오는 것이었다. 물론 우리도 놀이동산에 가면 구슬 아이스크림 정도는 사주긴 하지만 나와 다른 소비습관에 놀랐다.

짠순이의 아끼기 꿀팁 6가지를 제시한다.
1) 내 차는 그랜저이다. 그러나 나는 평소 뚜벅이 생활을 즐긴다. 대중

교통을 이용하며 그 시간에 책을 읽는다. 대중교통을 이용하면 걷기 운동도 하게 되어 돈, 시간, 운동까지 다 잡는 1석 3조다.

2) 나갈 때는 항상 생수와 커피, 간식거리를 들고 다닌다. 특히 아이와 나갈 때는 꼭 챙긴다. 나가면 다 돈이다.

3) 돈을 쓰기 전에 항상 자기 검열을 한다. '과연 필요한가?', 혹시 싸다고 사는 건 아닐까?' 등.

4) 필요한 것들은 꼭 메모하고 적어간 것만 사온다.

5) 주기적으로 집안 정리를 한다. 필요 없는 것들은 중고나라에 팔거나 굿윌스토어, 느티나무 도서관 등에 기부한다.

6) 지출 수단도 가급적이면 상품권이나 체크카드를 이용한다.

나는 방학 때마다 주기적으로 셀프 자산 컨설팅을 한다. 카드 리모델링, 저축 이율 비교, 가계 지출 분석, 현재 투자 점검, 새로운 투자 방향 모색 등을 한다. 이것이 내 취미 생활이다. 시간 날 때마다 집을 정리해서 필요 없는 것들을 버리거나 기부한다. 집은 나에게 피로를 풀어주는 휴식의 공간으로 정했기 때문이다. 돈 공부를 하며 선택과 집중의 중요성을 느낀다. 짠순이라고 해서 무작정 아끼기만 하는 것이 아니다. 아껴야 할 곳에 짠순이가 되고 필요한 곳은 투자를 해야 재산이 늘어난다. 나는 푼돈은 아끼고, 시간 나면 재테크 공부를 하고, 집을 정리한다. 이것이 나의 라이프이다. 나는 공부하는 짠순이다.

4

푼돈이 우스운가? 그게 당신이 가난한 이유다

몇 년 전 교육청 주관으로 한 대학교에 파견 연수를 다녀왔다. 전국 각 지에서 온 교사들과 기숙사에서 합숙하며 연수를 받았다. 30명이 5개월 간 같이 지내다 보니 다른 이들의 생활습관이 눈에 들어왔다. 평소에 맛집을 자주 다닌다는 미식가 A씨가 있었다. A씨는 식사 후 조금이라도 짬이 나면 커피숍에 가서 커피를 마신다. 점심시간이 여유로운 날은 차를 끌고 맛집을 찾아다녔다. 가지고 다니는 소품도 모두 귀여운 캐릭터 디자인이거나 외제였다.

"우리, 오늘은 *** 칼국수 먹으러 가자."
"학생식당 안 가고?"

0원으로 시작하는 짠순이 재테크 습관

"여기 학생식당 음식은 먹을 수가 없어. ***칼국수 새로 생겼대!"

"어제 커피숍도 다녀왔으니 오늘은 그냥 학생식당 가자."

"내가 살게! 가자!"

A씨는 매달 월급을 받으면 거의 다 쓴다. 모아봤자 어차피 큰돈 모으기 어려운 월급이니 그냥 쓰고 산다고 한다. A씨 같은 욜로(YOLO)족 경계인 사람들은 우리 주위에서 쉽게 발견할 수 있다. 쿨하고 돈 잘 쓰는 A씨는 푼돈은 '티끌 모아 티끌'이라고 생각한다. 그렇다면 A씨는 목돈을 모았을까? A씨는 아직 투자는커녕 저축도 거의 못 하고 있다.

'시발비용'이란 신조어가 있다. 처음 이 단어를 들었을 때 발음 때문에 엄청 웃었던 기억이 난다. 〈네이버 지식백과〉에 의하면 시발비용이란 비속어인 '시발'과 '비용'을 합친 단어로 '스트레스를 받지 않았으면 발생하지 않았을 비용'을 뜻한다. 이를테면 스트레스를 받아 홧김에 고급 미용실에서 파마한다. 또는 평소 버스나 지하철을 이용하던 길을 택시를 타고 이동하여 지출하게 된 비용 등이 해당된다.

이렇게 스트레스 해소용으로 쓰인 시발 비용은 탕진잼으로 이어지는 경우가 많다. 탕진잼은 다 써서 없애버리는 것을 뜻하는 '탕진'과 재미의 '잼'을 붙여 만든 신조어이다. 저가의 생활용품이나 화장품 구입, 디저트 카페에서 작은 사치 누리기 등을 일컫는다.

내 주위에 흔히 볼 수 있는 시발비용은 명절증후군을 겪는 며느리들이다. 보통 명절이 오기 전과 지난 후에 시발비용으로 마사지숍, 네일아트, 의복 구입 등을 한다. 이거라도 안 쓰면 화병 날 것 같다는 그들의 말은 대한민국 주부라면 쉽게 공감한다. 그러나 가끔은 몰라도 이런 지출이 잦아지면 돈은 모을 수 없다. 돈은 모을 때는 더디지만, 쓸 때는 걷잡을 수 없이 나가기 때문이다. 그래서 사람마다 돈 안 드는 스트레스 관리하는 방법을 고민해볼 필요가 있다. 나의 경우 고맙게도 명절증후군은 없다. 하지만 직장과 독박 육아, 가사노동으로 인한 스트레스가 크다. 나의 시발비용은 책을 사서 읽거나 나를 위한 예·적금을 가입한다. 나는 책에서 위대한 인물을 만나 나의 미래를 설계한다. 또는 나와 같은 힘든 상황에 있는 저자에게 위로도 받는다. 우울할 때면 가입한 예·적금 통장을 바라보며 미래를 꿈꾸며 행복해한다.

너에게 묻는다

안도현

연탄재 함부로 발로 차지 마라
너는 누구에게 한 번이라도
뜨거운 사람이었느냐
– 후략 –

–『외롭고 높고 쓸쓸한』 안도현

0원으로 시작하는 짠순이 재테크 습관

요즘은 연탄을 사용하는 가구가 거의 없다. 그래서 요즘 세대는 공감하기 어려울 수 있다. 나 역시 아파트에서만 살아서 연탄은 잘 모른다. 그러나 초등학교 때 겨울이면 교실에 난로를 설치해서 돌아가며 연탄 당번을 했던 기억이 있다. 안도현 시인의 「너에게 묻는다」 시를 읽으면 어릴 적 학교 난로에서 도시락 데워 먹던 추억이 새록새록 솟아난다. 특히 이 시의 첫 구절이 가슴에 와닿았다. 나는 '연탄재'라는 단어에서 작은 것의 소중함을 느꼈다.

부족한 것 없이 하루하루를 보내는 전 세계의 많은 사람들. 음식점에서는 손만 조금 댄 반찬들이 쓰레기통으로 버려지는 경우가 허다하다. 너무 먹어 살을 빼려고 많은 돈을 쓰는 사람들이 있다. 그런가 하면 지금 이 순간에도 지구촌 어느 곳에서는 밥 한 끼, 빵 한 조각을 먹지 못해 죽어가고 있는 이들도 많다. 연말 자선단체들의 구구절절한 사연을 접하면 내 삶이 너무 사치스러워 미안해진다. 100원이면 아프리카 아이들에게 밥 한 끼를 제공할 수 있다. 10,000원이면 국내 결식아동 3명에게 한 끼 식사를 제공할 수 있다. 또 20,000원이면 아프가니스탄 한 가정을 한 달 지탱해줄 수 있는 돈이다. 이런 소식을 들으면 우리가 낭비하는 얼마 안 되는 푼돈의 소중함이 느껴진다.

'티끌 모아 티끌'이 아니라 '티끌 모아 태산'이다

연말이 다가오면 어려운 이웃들을 돕기 위한 구세군 자선냄비 모금 활동이 활발하다. 기부천사들은 한 푼, 두 푼, 푼돈으로 마음을 전한다. 이 푼돈들이 모여서 불우이웃에게 쌀, 생필품, 의약품, 연탄 등 희망과 사랑을 전달한다.

워런 버핏은 "부자가 되는 방법은 우선 절약해 돈을 모으는 것이다."라고 했다. 그는 사무실로 올라가는 엘리베이터 안에서 1센트짜리 동전을 주웠다. 100달러도 아니고 1달러도 아닌 1센트다. 세계 최고의 부자가 1센트짜리 동전을 줍는 것을 보고 사람들이 깜짝 놀랐다. 그러자 워런 버핏은 이렇게 말했다.

"이것은 또 다른 10억 달러의 시작일 뿐이다."

부자들은 돈을 푼돈, 목돈으로 나누어 생각하지 않는다. 부자들은 돈을 나를 찾아온 '손님' 대하듯 귀하게 여긴다. 푼돈이란 목돈의 주춧돌로 생각한다. 요즘 월급이 적다고 저축을 포기하고 사는 사람들이 많다. 하지만 사회초년생부터 익힌, 돈 모으는 습관이 평생 가게 된다. 강물이 모여 바다가 되듯, 푼돈이 모여 목돈이 된다. 월급이 적을 때 돈을 모으지 못하는 사람은 월급이 많아져도 돈을 모으기 쉽지 않다.

안타깝게도 지금은 초저금리시대이다. 예 · 적금 금리가 1%대까지 떨

0원으로 시작하는 짠순이 재테크 습관

어졌다. 곧 '마이너스 금리'가 될지도 모른다. 이런 경기 흐름을 틈타서 아예 저축을 안 하고 다 써버리는 욜로(YOLO)족이 유행이었다. 그런가 하면 한편에서는 한 푼이라도 더 모으고 조금이라도 덜 쓰는 '짠테크'가 유행이다.

"'강저' 성공 축하드려요!"

"금액에 상관없이 조금이라도 모으다 보면 목돈이 됩니다."

〈농민 신문〉에 나온 한 재테크 카페의 회원들이 나눈 대화 내용이다. 요즘 이런 카페에서는 '강저'(강제 저축), '푼저'(푼돈저금) 같은 말들이 종종 등장한다.

한동안 젊은 세대 사이에서 '티끌 모아 티끌이다.'라는 비관적인 메시지가 유행을 했다. 그러다가 이제는 다시 짠테크 열풍이 불고 있다. 생활 속 저축이 습관화되지 않았다면 강제 저축에 관심을 가져야 한다. 수입이 한정적인 상황에서 종잣돈을 마련하기 위한 가장 현실적인 방법은 강제 저축이다. 금리가 적더라도, 수입이 적더라도 사회초년생부터 평생 사용할 수 있는 '돈 모으는 힘'을 길러야 한다. 겨울철 눈사람을 만들어 본 적이 있는가? 바닥에 쌓인 눈가루를 조금씩 모아서 뭉치고 굴려서 눈사람이 되는 것이다. 돈을 모으고 싶다면 돈에 대한 사고를 전환해야 한다. 모든 목돈은 처음에는 보잘것없는 푼돈이었다. 아직도 푼돈이 우습다면 당신은 가난한 것이다.

/

"내가 성공할 수 있었던 이유는 바로

남들이 하찮게 생각하는 일들을 중요하게 생각했기 때문이다.

자신에게 특별하고 대단한 일이 돌아오지 않는다는 이유로

좌절하지 말고, 작은 일에도 꾸준히 최선을 다하라.

훗날의 성공은 바로

그 하찮아 보이는 일들로 인해 실현될 것이다."

– 존 아치볼드(스탠더드 오일 2대 CEO)

5

오늘 하루도 신나게 YOLO? 절대 하지 마라!

추운 겨울날 '욜로'(YOLO)하는 개미의 삶

2017년 문화계에 '욜로'(YOLO) 열풍이 불었다. '욜로'는 '인생은 한 번뿐이다'를 뜻하는 'You Only Live Once'의 앞글자를 딴 용어이다. 욜로족은 한 번뿐인 인생에서 미래를 위해 자신이 꿈꾸는 삶을 미루지 않는다. 지금 자신이 진짜 원하는 이상과 로망을 실현하며 살기를 원한다. 이렇게 미래를 준비하기보다 현재의 행복을 중시하는 태도는 밀레니엄 세대의 대표적인 특징으로 꼽힌다. 언뜻 보기에 '욜로'(YOLO)는 엄청 멋진 말로 보인다. 하지만 우리 사회에서 '욜로'(YOLO)란 '자신이 꿈꾸는 삶을 지금 당장 실천한다'는 의미보다는 '한 번뿐인 인생 즐기며 살자' 또는 '소확행'(작지만 확실한 행복)의 의미로 더 통용되는 듯하다.

'욜로'(YOLO)라는 단어를 보면 몇 년 전 대학 후배가 떠오른다.

후배는 커피 마니아이자 미식가였다. 후배보다 수입이 더 적은 남편과 월급날이면 맛집 탐방을 다녔다. 커피숍 개근은 물론, 돈 신경 안 쓰고 고가의 외투도 잘 사 입었다. 나는 삶을 즐기는 후배의 모습이 참 멋져 보여서 가끔 부럽기도 했다.

"이번 명절에 가서 조카들한테 보너스 다 쓰고 왔어."

"오~."

"놀이동산 간다길래 같이 가서 입장권 사주고, 간식 및 점심 식사까지 풀 서비스했지."

"조카가 많아?"

"조카뿐 아니라 친정 식구들 거까지 다 샀어. 조카 4명에 언니네랑 사촌이랑 우리까지 해서 총 10명."

"멋진 이모네 그런데 돈 너무 많이 쓴 거 아니야?"

"자주 만나는 게 아니니까 한 번 만나면 통 크게 쏘는 거지."

그 후 후배의 직장이 이전해서 집도 이사하게 되었다는 소식을 들었다. 새 아파트로 이사 가서 좋지만 돈이 없어서 월세로 들어갔다고 했다. 이제 나이도 40대가 되어가는데 월세살이라니…. 내가 내는 것도 아닌데 그 월세 내는 돈이 아까웠다. 후배는 아직도 즐겁게 살고 있다. 거의 매일 커피숍을 다니고, 휴가는 철마다 가고 싶은 나라로 여행도 훌쩍 잘 떠난다. 운동신경이 좋아서 해외 스킨스쿠버 다이빙과 수상스키도 즐기는 멋진 인생을 산다. 그러나 이렇게 살아도 직장이 노후를 책임져줄까?

얼마 전 아들에게 『개미와 베짱이』 동화책을 읽어주었다. 무더운 여름날에도 쉬지 않고 겨울철 식량을 마련하는 개미. 미래에 대한 준비 없이 빈둥거리기만 하다가 겨울철에 개미에게 얹혀살게 되는 베짱이. 요즘은 미련한 개미와 욜로족 베짱이에 대한 재해석도 많다. 더운 여름날 쉬지 않고 미래만을 위해 현재를 포기하는 삶이 나을까? 반면 당장의 행복을 위해 미래는 신경 안 쓰고 사는 것이 나을까? 사실 현실의 삶과 동떨어진 이분법 논리이다. 그러나 나는 하나만 택하라면 개미를 선택하겠다. 하루하루 열심히 먹이를 모아서 추운 겨울날 '욜로'(YOLO)하는 개미의 삶을 지지한다.

보통 직장인의 '욜로'(YOLO)는 뭘까? 나는 현실적으로 가능한 즐길 거리는 여행밖에 떠오르지 않는다.

2002년 H카드 회사에서 광고 카피로 사용했던 '열심히 일한 당신, 떠나라.'를 기억하는가? 과거 산업화 시대는 쉬지 않고 일해야 하는 개미의 시대였다. 이제 창조의 시대에는 즐길 줄 아는 베짱이가 되어야 한다면서 만든 문구이다. 나는 여행을 떠나도록 자극하는 카드회사의 마케팅에 무서움을 느껴졌다. 지금은 연애, 결혼, 출산을 포기한다는 3포 세대, 포기하는 게 무한대로 많아진다는 N포세대가 급증하고 있다.

경기 불황의 그늘 아래 '어차피 너희는 모아봤자 집 한 채 못산다. 그러니 밑 빠진 독에 물 붓지 말고 지금 당장 '욜로(YOLO)하라'는 상업주의 악마의 유혹을 보는 듯하기 때문이다.

미래를 대비하도록 '욜라'하라

고사성어 '조삼모사'(朝三暮四)를 모르는 사람은 거의 없을 것이다.

송나라 저공이란 인물이 원숭이들에게 "도토리를 아침에 3개, 저녁에 4개씩 주겠다."라고 하니 반발이 심했다. "그럼 아침에 4개, 저녁에 3개를 주겠다."라고 하니 원숭이들이 좋아했다고 한다. 이 이야기를 들으면 원숭이들이 참 어리석어 보인다. '역시 원숭이라 지능이 낮아서 그래.', 라는 생각을 할지도 모르겠다. 그러나 우리는 살면서 조삼모사(朝三暮四)의 함정에 나도 모르게 많이 걸려든다.

내 생각에는 추가 수입이 없는 일반 월급쟁이들에게 '욜로'(YOLO)는 조삼모사(朝三暮四) 같다. 직장생활에 지쳐서 '열심히 일한 당신, 떠나라'는 문구가 맞는 말로 보인다. 그리고 사회적 분위기 '욜로'(YOLO) 열풍에 힘입어서 '인생 뭐 있어? 늙으면 즐기지도 못해. 열심히 일했으니 즐기자! 떠나자!' 하며 충동적으로 카드를 긁는다.

0원으로 시작하는 짠순이 재테크 습관

과연 여행을 떠나면 행복한 걸까? 나는 여행이 좋다. 정확히는 가기 전의 설렘이 좋다. 작년에 휴직을 해서 여행을 많이 다녔다. 자유여행은 이거저거 알아보느라 가기 전부터 탈진 상태를 경험했다. 막상 여행 가서는 내 계획대로 놓치지 않고 다니느라 바쁘다. 마치 돈 내고 극기 훈련하는 듯했다. 입맛 까다로운 남편과 아들의 기호까지 충족시키는 식당 찾기도 힘들었다. 그래서 그 다음은 패키지여행을 선택해봤다.

얼마 전 다녀온 친구들과의 해외 패키지여행은 차 한잔 마실 시간도 즐기지 못했다. 가이드 따라 일정을 소화하느라 바빴다. 또 숙소가 멀어서 차량 이동시간에 멀미할 것 같았다. 고등학교 친구들과의 우정 여행이었는데, 우리끼리의 시간은 즐기지도 못했다. 이런 상황에서 같은 패키지의 할아버지 무리와 술자리도 같이하게 돼서 시간이 아까웠다. 무사히 여행이 끝나고 돌아오는 비행기나 차량 안에서는 허탈감과 두려움이 밀려왔다. 친구는 돌아가야 할 직장을 생각하면 우울해진다고 했다. 나는 곧 닥칠 카드 결제일이 무서웠다.

이제는 100세 시대라고 한다. 갈수록 늘어나는 수명을 우리는 마냥 좋아만 할 수는 없다. 소득이 보장되지 않은 수명은 축복이라 볼 수 없기 때문이다. 지금은 의학의 발달로 죽고 싶어도 죽지 못하는 시대이다. 호흡기도 가족들의 연명치료 중단 동의서를 내야만 뗄 수 있다.

'NH투자증권 100세 시대 연구소'는 100세 시대에 노후까지 '욜로' (YOLO)로 살아가기 위한 방법으로 '욜라'(YOLA)해야 한다고 한다.

욜라는

1) 젊어서부터 필요한 연금 가입(Young needs pension)

2) 지속적인 자산관리(Ongoing wealth management)

3) 장기투자(Long-term investment)

4) 균형 잡힌 자산배분(Asset allocation) 에서 앞글자를 딴 것이다.

'미래가 불투명하니 현재라도 즐기자'는 무책임한 '욜로'(YOLO)보다는 미래에 훨씬 더 많은 것을 누릴 수 있도록 '욜라'(YOLA)하자고 설득한다.

비록 증권사의 판매 상품 전략이지만 '욜로'(YOLO)보다는 발상이 건전해서 마음에 든다. 이렇듯 일반 직장인에게 '욜로'(YOLO)는 미래가 아닌 현재만 즐길 수 있을 뿐이다.

행복한 미래를 원하는가? 그렇다면 영화 〈죽은 시인의 사회〉에서 키팅 선생님의 '카르페디엠'(Carpe Diem)을 기억하자. '오늘을 잡아라'(Seize the day)로 직역되는 이 문구는 단순한 쾌락이 아니라 '지금 현실에 충실하라'는 말이다. 한 번뿐인 내 인생을 순간의 쾌락으로 날리지 마라. 멋진 기업광고 마케팅에 낚이지 말자.

내 인생은 그 누구도 책임져주지 않는다. 젊어서 돈 낭비하지 말자. 열

0원으로 시작하는 짠순이 재테크 습관

심히 아낀 돈으로 자기계발을 하고 진정한 자아실현을 하자. 오늘을 충실히 살다 보면 매일매일 꿈에 한 발짝씩 가까워진다. 더 행복 미래, 더 부유한 미래를 원하는가? 그렇다면 오늘 하루도 욜로하지 마라!

자제력이 결핍되어 있는 사람은 많은 실수를 하게 됩니다. 이와 반대로 자신의 마음을 컨트롤할 수 있는 사람은 사람들에게 인정받습니다. 때문에 인생을 살아가는 데는 많은 자제력이 필요합니다. 주위에는 수입보다 지출이 커 빚더미에 앉아 있는 사람들도 참 많습니다. 특히 요즘 뉴스에는 카드 빚 때문에 자살한 사람들의 얘기가 자주 보도됩니다. 참으로 가슴 아픈 일이 아닐 수 없습니다. 자제력만 있었다면 모두 행복하게 살아갈 사람들일 테니까요.

이 모든 것이 마음을 컨트롤할 수 없기에 일어난 일입니다. 꿈이 있는 사람은 자신을 조절할 수 있는 자제력을 길러야 합니다. 모든 힘은 자제력에서 나오기 때문입니다.

－김도사

6

우선 꼬박꼬박 나가는 고정 지출부터 잡아라

소비의 원칙을 세워라

나는 작년에 휴직을 해서 여행을 많이 다녔다. 처음 여행을 떠날 때엔 짐이 한가득이었다. 여행이니 기분을 내야 할 것 같아서 이 옷 저 옷 많이 챙기고, 신발도 추가하고 나면 부피가 점점 커졌다. 그러다 여행을 자주 다니다 보니 가방 싸는 노하우가 생겼다. 지금은 옷 욕심, 신발 욕심 내지 않는다. 간편하고 멋진 옷 한두 벌이면 충분하다. 정작 여행 가면 일정이 바빠 화장할 시간도 아까웠다. 그래서 이제는 화장품도 거의 안 가져간다. 예전보다 짐이 많이 줄어든 여행 가방을 싸며 나는 생각에 잠긴다. 살면서 필요한 물건이 그렇게 많지는 않구나.

법정스님은『무소유』에서 '인간의 소유욕은 무한하여 자신에게 필요한

0원으로 시작하는 짠순이 재테크 습관

것 이상을 원하지만, 이러한 욕심 때문에 괴로움과 번뇌가 생겨나고, 어떤 것을 소유하게 됨으로써 그것에 얽매이고 만다.'라고 하셨다.

많은 사람들이 물질적인 부를 존재의 증거라고 생각한다. 그래서 더 많이 소유할수록 더 안심이 된다. 그러나 우리가 가진 물건들 중 사실 필요 없는 것이 더 많다. 나 역시 어느 순간 소유의 무게에 질식당할 것 같았다. 이제는 필요한 것만 신중히 잘 골라서 오래 쓰고자 노력한다. 미니멀리즘이 정신 건강과 내 자산에 도움이 된다는 것을 알게 되었기 때문이다. 그러다 보니 지출을 할 때 한 번 더 고민하게 된다. 과연 꼭 필요한 지출인지?

어릴 때 엄마가 식탁에서 무언가를 적고 고민하셨다. 가계부였다.

"돈을 줄일 수 있는 곳은 아무리 생각해도 식비뿐이야." 하며 한숨을 쉬셨다. 그 당시 엄마는 전업주부였다. 아빠 혼자 월급으로 우리 형제 셋을 키우니 늘 돈 고민에 빠지셨다. 교육열이 강해서 사교육비는 당연시하셨으니 정말 줄일 곳은 식비뿐이었을 것 같다. 돌이켜보면 학창시절, 스스로 공부를 열심히 안 한 것이 후회된다. 학원이나 과외가 공부에 도움이 안 된다는 걸 알면서도 순진해서 그만하겠다고 말할 생각조차 못했다. 엄마가 학원 다니라고 하면 가고, 그만두라고 하면 그만둔, 나의 수동성에 반성한다. 알뜰한 엄마에게 비싼 학원비, 과외비만 낭비시켜서 죄송하다.

현대인들은 대부분 재테크에 관심이 아주 많다. 그런데 부자가 되고 싶다면서 정작 자신의 정확한 수입을 잘 모르는 경우도 많다. 더 심각한 것은 지출에 별로 신경을 쓰지 않는다는 것이다. 매달 일정 월급을 받아 오는데, 나가는 곳을 정확히 모른다면 절대로 돈을 모을 수 없다. 돈은 열심히 모으는 것도 중요하지만 모은 돈을 잘 지키는 것도 중요하다. 돈에 대한 원칙을 정한 뒤 소비 생활만 현명하게 관리해도 새는 돈이 줄어든다. 워런 버핏도 "작은 지출을 무시하면 안 된다."라고 하였다. 평소 큰돈이 나가는 것에는 큰 신경을 쓴다. 그러나 사소하고 작은 지출들이 반복되어 결국 큰 지출로 이어진다.

우리가 신경 써야 할 지출은 무엇일까? 지출은 고정 지출과 변동 지출로 나뉜다. 고정 지출은 공과금이나 교육비, 보험료, 통신비, 교통비, 대출금 상환 등 매달 고정적으로 지출하는 비용을 뜻한다. 변동 지출은 외식비나 병원비, 여가비, 의류비, 경조사비 등 사용 시기나 금액이 확정되지 않은 생활비를 말한다. 변동 지출은 유동적이라 예측이 불가능하다. 그러나 고정 지출은 예측이 가능하다. 단, 고정 지출은 한 번 선택하면 줄이기가 쉽지 않다. 그러므로 고정 지출은 제대로 고민하고 결정해서 처음부터 적게 시작해야 한다.

몇 년 전, TV에서 한 입담 좋은 강사가 자녀교육에 대해 말하는 내용이

0원으로 시작하는 짠순이 재테크 습관

인상 깊었다.

"어머님들, 자녀가 한의사, 의사 됐으면 하시죠?"

"네…."

"그럼 어머님들이 하세요! 그게 빨라!"

"(웃음) 우리는 나이도 먹었고, 머리도 안 좋고, 이제는 못 해요."

"그럼 자녀는요? 어머님들이 낳았잖아요. 콩 심은 데 콩 나는 거죠. 다르지 않아. (박장대소) 어머님들이 못하는 거면 자녀는 더 못해. (박장대소)"

　우리나라의 사교육비 지출은 엄청나다. 자식이 좋은 대학에 들어가서 나보다 나은 삶을 살기 바라는 게 우리나라의 부모이다. 이를 틈타 사교육비 시장은 '돈 먹는 하마'가 되었다. 나는 교육은 부모의 마인드가 참 중요하다고 생각한다. 그래서 올해 초등학생이 된 아들의 공부 습관을 잡아주기로 결심했다. 내가 관찰해본 결과 특히 영어 과목에서 목돈 지출이 컸다.

　나는 올해 『영어회화 100일의 기적』 책 한 권을 3번 반복 암기하며 영어 공부란 결국 본인의 의지라는 걸 깨달았다. 그래서 아들은 영어 기초 정도만 잡아줄 것이다. 비싼 어학원 수강 대신 방학 때마다 같이 해외에 나가 영어의 중요성을 직접 깨우쳐주기로 했다. 올해도 나와 몇 번 해외에 나가서 내가 얼마나 영어를 두려움 없이 하는지 아들에게 몸소 보여

줬다. 엄마도 매일 공부하는 영어이니 아들도 보고 느끼는 게 있으리라 생각한다. 아들은 매일 아침 '리틀**'로 재미있는 영어 만화를 즐겁게 시청한다. 비싼 유명 어학원 대신 저렴한 '**생 베이직 영어'를 한다. 교재와 오디오 음원 등의 학습 콘텐츠를 격일로 나와 공부한다. 그러고 나서 주 1회 화상 영어 선생님을 만난다. 내가 아들 영어교육비로 쓰는 돈은 한 달에 8만 원도 안 된다.

빚 청산이 제일 빠른 저축이다

나도 모르게 나가는 자동 결제비가 있는지? 어느 날 친정에 갔는데 아빠가 케이블 TV 비용을 3만 원이나 내고 계셨다. 알고 보니 텔레마케팅에 호갱님이 되신 거였다. 아빠는 뒤늦게 비싼 케이블TV 및 사은품을 철회하셨지만 그간 나간 돈이 10만 원은 넘었다. 나 역시 호갱님이 된 경험이 있다. 나는 드라마를 좋아하지만 평일에는 너무 바빠서 거의 시청 불가다. 그래서 방학 때마다 넷플릭스나 티빙, POOQ TV 등을 이용해서 시청한다. 나는 짠순이라 정가 구입 대신 이벤트 상품을 많이 노린다. 한번은 SK 텔레콤의 'POOQ TV 3개월만 100원' 이벤트를 이용했다. 4개월째부터 9,900원씩 자동 결제되는 이벤트였다. 평소 같으면 유료 전환 시기를 달력과 다이어리에 적어놓고 칼같이 철회했을 것이다. 그런데 그당시 너무 바빠서 깜박 잊고 2개월을 방치한 적이 있었다. 나는 그 2개월간 드라마 시청은 하지도 않았다. 아까운 내 돈 2만 원이 그냥 나가버렸

0원으로 시작하는 짠순이 재테크 습관

다. 나와 같은 경험을 해본 적이 한 번씩 있을 것이다. 나도 모르게 자동 결제된다면 얼마나 아깝겠는가? 이런 지출이 있는지 늘 신경 써야 한다. 이외에 고정 지출에는 통신비나 보험료, 관리비, 대출금, 교통비 등이 있다.

대출금은 하루라도 빨리 갚는 게 저축이라고 생각한다. 간혹 대출이 있으면서 저축을 하는 사람이 있는데, 빚 청산이 제일 빠른 저축이다. 통신비와 보험료는 시간이 날 때마다 셀프 리모델링을 통해 더 좋은 조건으로 갈아탄다. 관리비는 상품권을 저렴하게 구입해서 납입하는 방법을 사용한다.

한 번 내 손에 들어온 돈은 다시 새어나가지 않게 한다. 많은 부자들이 재테크에 관한 조언을 할 때 새는 돈 관리의 중요성을 언급한다. 직장인들은 돈을 벌고 싶어 하면서 자신의 정확한 소득과 한 달 지출 금액은 잘 모른다. 먼저 가정의 고정 지출과 변동 지출을 구분하고, 지출을 관리해야 한다. 과연 남들 다 시킨다고 사교육을 시켜야 하는 건지? 당연하듯 다달이 지출하는 돈은 없는지? 고정 지출에 대해 스스로에게 먼저 물어야 한다. 고정 지출을 줄이기 위해서는 편리함과 실속 중 선택이 필요하다. 이렇게 정리를 하고 나면 쪼들리지 않고도 종잣돈을 쉽게 마련할 수 있다. 부자가 되고 싶다면 우선 고정 지출부터 잡아라.

7

절약은 못 쓰는 돈이 아니라 짭짤한 추가 수입이다

푼돈도 모이면 차 한 대 값 된다

재작년 시험문제를 출제하다가 교무실 창가에 수영강습을 가는 중인 행인을 보았다. 정말 너무 부러웠었다. 그래서 작년 3월. 휴직과 동시에 바로 주 4회 수영강습을 등록해서 지금까지 열심히 배우는 중이다. 나는 샤워 후 머리를 말리는 시간조차 아낀다. 중얼거리며 아침에 공부한 영어회화 문장을 반복 암기한다. 그날도 그러던 중 바로 옆에서 초급반 2030 주부들의 대화가 들렸다. 초급반은 젊은 엄마들이 많아서 친목 도모 모임이 잦았다.

"엄마야. 영어 공부 어디까지 했어? 엄마 밥 먹고, 차 마시고 갈 테니까

0원으로 시작하는 짠순이 재테크 습관

공부 열심히 하고 있어."

"우리 오늘 어디로 밥 먹으러 갈까? 애** 어때? 차도 마실 수 있잖아."

"그럴까?"

나는 순간 그들의 삶의 여유가 부러웠다. 나는 무슨 팔자가 이리 세서 주말부부, 독박 육아, 워킹맘인 걸까? 그리고 휴직까지 한 이 마당에도 늦잠은커녕 커피숍 수다 한 번을 못 떠는 걸까? 그런 생각을 하니 드라이하는 시간조차 아끼며, 영어회화 문장을 외우는 나 자신이 피곤해보였다. 그러나 한편으로는 초급반 젊은 주부들이 걱정되었다. 나보다 10년은 젊은데, 남편 월급 하나로 살기에 불안하지 않을까? 무슨 돈으로 브런치 모임을 자주하고 다니는 걸까?

'가랑비에 옷 젖는다.'라는 말이 있다. 점심 식사 후에 으레 습관처럼 찾는 커피 한잔, 오후의 허기를 달래기 위해 사 먹는 간식비, 담배 등이 있다. 이런 것이 소리 소문 없이 빠져나가는 '푼돈'이다. 액수가 크지 않다 보니 경각심을 잃기 쉽지만 이런 푼돈들이 쌓이면 적지 않은 액수가 된다. 만약 하루 평균 커피값으로 나가는 5,000원을 쓰지 않고 한 달 동안 꼬박 모으면 15만 원이 된다. 매달 15만 원을 연 4% 복리로 투자한다고 했을 때 20년 후에는 5천만 원이 넘는 목돈으로 불어난다. 하루 한잔의 커피값만 아끼고 모아도 고급승용차 한 대 값이 떨어지는 셈이다.

내 친구 A는 성격이 유쾌해서 만날 때마다 기분이 좋다. 그런데 가만히 친구 A를 관찰해보니 손이 참 크다. 평소 소품 숍에서 귀여운 캐릭터를 보면 그냥 넘어가는 법이 없다. 아이들이랑 나눠 갖는다며 소품을 몇 개씩 산다. 또는 주위 지인들 나눠준다며 산다. 아무것도 안 사고 무미건조하게 구경만 하는 나를 보고 한 마디를 했다. "독한 것 같으니…." 하며 웃는다. 나도 그 말이 웃겨서 같이 웃었다. 이렇듯 친구 A는 만날 때마다 늘 자잘하게 무언가를 산다. 이건 예뻐서, 저건 귀여워서, 이건 엄마 주려고, 저건 남편 주려고 산다. 여러 개 사면 하나 더 준다고 하면, 지인들 나눠줄 겸 여러 개 산다. 구매 이유도 다양하다. 그런데 친구 A는 늘 저축할 돈이 없다고 했다. 친구 A가 돈을 모을 수 있을까? 친구 A는 아직도 손이 크다.

당신의 소비습관은 어떤가? 나도 사실 과거에는 쇼핑 중독환자였다. 평소 커피숍도 거의 안 가고 돈을 아끼지만, 할인 행사에는 약하다. 아이를 낳고 첫 휴직 때 나의 스트레스 해소법은 핫딜과 1+1행사 때 쟁이는 것이었다. 핫딜 게시판에 매일 들어가서 그날의 핫딜 물건을 샀다. 알람 맞춰놓고 타임 딜을 잡으면 로또 당첨된 양 기뻐했다. 처음에는 필요한 물건만 뜰 때 샀다. 그러나 점점 핫딜 중독증상을 일으키며 당장 필요하지 않아도 샀다. 나중에 쓰면 되니까 하며…. 과연 나중에 잘 썼을까? 아니었다. 나중에는 더 좋은 물건이 나왔다. 지금 생각해보면 나는 참 돈

0원으로 시작하는 짠순이 재테크 습관

쓰느라 지극 정성이었다. 남편이 주말에 분리수거하다가 택배 박스가 평소보다 적으면 놀렸다. "이번 주는 많이 바빴나 봐? 웬일이야?"

이렇게 꼭 필요하지 않은 물건들을 쟁기다 보니 버리는 게 더 많았다. 대표적으로 '올** 핫도그'가 떠오른다. 식품첨가물이 없고 맛도 있는 핫도그. 어느 날 핫딜 게시판에 '오늘만 추가 20% 할인' 행사로 '올** 핫도그'가 올라왔다. 나는 품절될까 봐 급하게 결제해버렸다. 아직 어린 아들이 핫도그를 좋아하지는 않지만, 나랑 남편이 먹으면 되니까 하며 합리화를 했다. 택배는 총알배송이었다. 엄청난 양의 핫도그 박스가 도착했다. 역시나 아들은 먹지 않았다. 군것질 좋아하는 남편도 핫도그는 별로라며 안 먹는다. 나 역시 입이 짧은 사람이다. 결국 억지로 먹다가 남은 핫도그 10개는 유통기간 경과로 버렸다. 만일 정가로 10개 덜 샀으면 내가 결제한 가격보다 더 싸게 샀을 것이고 내 냉장고도 가득 차지 않았을 것이다.

또 어느 날 신발이 필요했다. 남편 따라 낯선 대전에 있던 중이라 어디가 가성비 좋은 신발이 있는 가게인지 정보가 없었다. 인터넷을 들락날락하다 '쇼핑 **신'이란 카페를 알게 되었다. 이 카페에서는 아울렛에서 50~70% 세일 가로 나오는 이월 유명 상품을 판매하고 있었다. 구매대행 판매자에게 약간의 수고비와 택배비만 내면 직접 아울렛에 가지 않아도 판매자가 바로 물건을 발송해주는 시스템이었다. 이 카페를 알게 된 뒤로 나는 그 카페의 죽순이가 되었다. 구경만 하던 어느 날 나는 내가 좋아하는 스타일의 앵글부츠를 발견했다. 심지어 소가죽인데 3만 원대여서 품절될까 봐 바로 찜하고 입금을 했다. 그러나 물건을 받아보고는 너무 실망했다. 소위 사진발이었던 것이다. 신어보니 내 사이즈보다 작고 굽이 너무나 높아서 반품을 하고 싶었다. 그러나 판매자는 반품은 애초에 받지도 않았다. 결국 나는 이 부츠를 중고나라에서 내가 산 가격의 2/3에 택배비까지 부담하면서 간신히 되팔았다. 나는 이 카페에서 시간과 돈을 여러 번 낭비한 후에야 신발이나 외투는 직접 입어봐야 한다는 교훈을 얻었다.

절약이 부자를 만든다

대학원 다닐 때 과제로 톨스토이의 단편집을 읽고 독후감을 쓴 적이 있다. 그중 『사람에게는 얼마나 많은 땅이 필요한가』가 인상 깊었다. 주인공 바흠은 땅 주인에게 일정 금액을 내고 하루 동안 그가 밟은 모든 땅을 주겠다는 약속을 받았다. 그는 많은 땅을 갖겠다는 끝없는 욕심으로 쉬지 않고 질주하다 지쳐 죽게 되었다. 결국 바흠이 차지한 땅은 관이 묻힐 만큼의 땅뿐이었다. 짧은 동화지만 인간의 탐욕에 대해 잘 알려준 좋은 글이었다. 평소 나는 아침에 일어나자마자 '쇼핑 **신'이란 카페와 각종 핫딜 게시판을 두루 섭렵했다. 쇼핑 중독증으로 물건들이 집에 꽉

찼다. 택배 아저씨를 매일 보기도 민망했다. 그렇게 3년을 지낸 후에야 나는 내 소비 생활에 회의감이 들었다. 제발 그만 좀 사자고 스스로에게 말하고 있는 나 자신을 발견하게 되었다. 그러던 어느 날 『심플하게 산다』라는 책을 만나게 되었다.

미니멀리즘을 대표하는 『심플하게 산다』 책은 참 신선한 충격이었다. "물건이 많으면 우리는 물건을 소유하지 못한다. 오히려 물건이 우리를 소유하는 꼴이 된다." "지나치게 많은 물건은 우리 자신을 앗아가고 우리 정신마저 창고처럼 혼잡해진다." "집은 휴식의 장소, 영감의 원천, 치유의 영역이 되어야 한다." 저자의 말들에 나는 금세 매료되었다. 저자는 아껴야 한다는 스트레스를 버리라고 했다. 필요한 것만 사면 된다고 했다. 그렇다. 필요한 것만 사면 되는 것이었다. '1+1' 상품은 끼워 팔기 행사로 재고떨이가 목적이었다. 특히 먹거리 1+1은 유통기간 경과로 거의 쓰레기통으로 향했다. 온라인 쇼핑몰의 3만 원 이상 3천 원 쿠폰행사도 결국 3만 원을 쓰게 만들어서 쓸데없는 소비를 부추기는 것이다.

'투자의 귀재'라 불리는 워런 버핏 회장도 실은 '절약의 귀재'다. 재산이 600억 달러가 넘는 그가 평소 즐겨 먹는 음식은 20달러짜리 스테이크와 맥도날드 햄버거다. 2001년형 링컨 타운카를 8년째 타고 있고 541.6㎡ 크기의 낡은 집에서 벌써 50년째 살고 있다.

절약이 부자를 만든다. 부자들은 필요한 물건을 구입한다. 막연히 싸다고 사지 않는다. 진정한 부자들의 공통점은 모두 불필요한 지출을 하지 않는 '절약가'라는 것이다. 작은 물이 모여 시냇물이 되고, 시냇물이 모여 강이 되고, 강이 모여 바다가 되는 것은 진리이다.

'연말정산은 직장인의 13월의 월급'이란 말이 있다. 그런데 직장인에게 이보다 더 큰 추가 수입이 있다. 바로 절약이다. 절약은 궁상맞게 살라는 말이 아니다. 꼭 필요한 물건을 구입하고, 물건의 가치를 생각하라는 것이다. 물건을 사기 전에 신중해지자. 내 식구가 될 물건이니 꼼꼼하게 따져보아야 한다. 필요 없는 지출을 막으면 '꿩 먹고 알 먹고'의 이중 혜택이 생긴다. 통장에 잔고가 생기고 물건이 적어지는 덕분에 집 공간에 여유가 생기기 때문이다. 절약은 매달 생기는 짭짤한 추가 수입이다.

0원으로 시작하는 짠순이 재테크 습관

8

교묘한 마케팅과 광고의 먹잇감이 되지 마라

무료라는 말에 낚이지 마라

어느 날 예전 학교 동료 교사들과의 단톡방에서 알림이 울렸다.

A: "샘들, 무료 시식회가 있대요. 시간되는 사람들 응모해보세요!"

B: "에잉? 주중이네? 우린 안 되잖아."

C: "주중이라 우린 시간이 안 돼요, 휴직한 정완 샘 응모해봐."

나: "우와!! 고급 정보 감사합니당^^."

'달콤한* 무료 미식회로의 초대'라는 이름의 사이트였다.

검색해보니 집 근처 드**스 뷔페에서 이번 달에 행사가 있다. '선착순'

이란 말에 화들짝 놀라 동네 엄마에게 급하게 연락해서 함께 예약했다.
얼마 후 곧 문자가 도착했다.

"프라임***스 뷔페당첨을 축하드립니다. 회신번호로 기본정보 보내주
세요.

오전 11시까지 입장 (원활한 행사 진행을 위해 행사 시작 이후에 오시면 입장이 제한됩니
다. 늦게 오시면 안 돼요.) 예약 좌석은 완불 NO SHOW."

그로부터 2주일 뒤, 약속한 시간에 맞춰가느라 나는 오전 수영강습도
다 못 마치고 중간에 나왔다. 수영장 멤버들에게 뷔페 먹으러 먼저 나간
다고 자랑도 했다. 서둘러서 동네 엄마와 만나서 오전 11시 전에 뷔페에
도착했다. 도착해 보니 80명 정도 모여 있었다. 임신했을 때, 몇 번 다녀
본 임신육아 박람회 같겠거니 하고 기다렸다. 스텝들이 들어와 문을 잠
그더니 입담 좋은 아저씨 사회자의 '**생명 종신보험' 홍보가 이어졌다.
중간중간 질문을 하고 답을 하면 선물을 남발하며 아줌마들의 호응을 이
끌었다. '이게 뭐야… 나를 뭘로 보는 거야?' 하며 시큰둥하게 앉아 있었
다. 그런데 선물 중에 내가 갖고 싶은 비싼 한방영양제 '*옥고'도 있는 것
이다. 나는 갑자기 목소리가 커졌다. "저요! 저요!" 하며 나도 한번 선물
좀 받아보려고 손을 번쩍 든다. 나는 저축성 보험은 사업비가 엄청나서
가입과 동시에 손해라고 알고 있었다. 그런데 주위에서 너도나도 가입

을 하니 나도 약간 마음이 흔들린다. 그렇게 1시간 30분 동안 갇혀서 '디딤**러스 유니버셜 통합 종신보험' 설명을 들어야 했다. 배가 고픈데 밥을 줄 생각도 안 한다. 설명과 보험 가입고객의 상담이 다 끝나야 뷔페 장소로 이동 가능하다고 했다. 결국 1시가 다 되어서야 뷔페를 먹을 수 있었다. 먹으면서 '이거 얻어먹으려고 수영강습도 다 못 받고 대체 몇 시간을 낭비한 거지?' 기분이 나빴다.

예전에 노인들 상대로 허위 과장 광고로 사기 치는 '떴다방'을 종종 TV에서 본 기억이 떠올랐다. 이들은 옥 매트, 말굽버섯, 정수기, 지압 침대 등을 원가보다 2~10배나 더 올려서 팔았다. '이것만 먹으면 병원 갈 일이 없다'는 광고에 몸 아픈 노인들이 카드를 긁었다. 나중에 환불받으러 가도 시간이 경과해서 철회도 안 된다는 내용이었다. 나는 그때 뉴스를 보며 '누가 저런 데 빠지는 거야?' 하며 비웃었다. 그런데 나 역시 이번 무료 시식회에 낚인 걸 보면서 그때 노인들을 비웃던 나를 반성했다.

많은 사람들이 나와 비슷한 경험이 있을 것이다. 우리는 살면서 알게 모르게 참 많은 광고와 마케팅에 빠진다. 우리는 스스로 소비를 선택한다고 생각하지만 실상은 그렇지 않다. 광고와 마케팅은 이미 일상 속에 아주 자연스레 침투해 있기 때문이다. '*도날드의 해피밀 세트'나 '*데리아의 어린이세트'를 아는가? 햄버거를 먹으러 가서 아이들이 진열대에 놓인 장난감을 산다. 이는 아이들에게 햄버거를 아주 친근하게 받아들이게 하는 전략이다. 이 아이들은 자라면서 점점 햄버거의 충성고객으로 성장하게 된다. 편의점 인기품목에도 이유가 있다. 도시락이나 삼각 김밥 같은 인기 품목들은 사람의 눈높이에 맞춰 진열해서 눈에 가장 잘 띄도록 한다. 방한 마스크나 핫팩 같은 계절 용품들은 계산대 가까이에 배치해 소비자의 구매 욕구를 자극한다.

우리 집은 대형마트는 잘 가지 않는다. 어른들도 잘 포장된 물건들이 가지런히 정리되어 있으면 뭔가 자꾸 사고 싶다. 하물며 어린 아이는 어떻겠는가? 그래도 가끔 아이와 대형마트를 갈 일이 생긴다. 어느 날, 가족과 함께 대형마트를 방문했다. 예전에는 아이들 장난감이 계산대에서 멀리 분류되어 있었다. 그런데 오랜만에 방문한 대형마트에는 장난감 진열대가 계산대 근처로 옮겨져 있었다. 아들은 영락없이 장난감들을 넋을 놓고 구경했다. 그러더니 사달라고 협상을 벌인다. "엄마. 이거 내 생일 선물로 미리 사주면 안 돼?", "크리스마스선물도 있잖아."

마케팅 광고에 걸리지 않는 비법
이렇듯 진열 방식뿐 아니라 다양한 마케팅 기법이 우리의 소비욕구를 자극한다. *몬, 위*프, 쿠* 등 소셜커머스에서 쇼핑을 많이 해봤을 것이다. 얼마 전 *몬에서 생필품을 구입하다가 로딩 메시지에 깜짝 놀란 적

0원으로 시작하는 짠순이 재테크 습관

이 있었다. "월급은 통장을 스칠 뿐.", "지름신 오시는 중.", "싸게 싸게 오세요." 고객들에게 빨리 사라고 주문을 거는 것이다. 다른 사람들은 이 멘트가 재밌다고 했다. 그러나 나는 정신을 차려야겠다는 생각이 들었다. '내 피 같은 월급이 통장을 스쳐 지나가게 놔둘 순 없지….', '지름신이 오면 안 되지…. ' 하며 불쾌해했다.

나만의 마케팅과 광고에 걸리지 않는 비법을 공개하겠다.

1) 'w*o w*o' 어플을 설치한다. 휴대폰에 각종 스팸 광고를 차단해준다. 특히 보이스 피싱을 잘 걸러줘서 마음에 든다.

2) 피치 못하게 영업사원을 만나게 되면 바쁜 척, 전화 받는 척한다. "제가 지금 급하게 처리할 일이 있어서요."라고 정중히 거절한다. 그래도 자꾸 말을 붙이면 "죄송합니다. 지금 근무 중이에요."라고 딱 잘라 말한다. 학교는 신입 보험설계사들의 교육현장이라고 한다. 교사들이 순진하고 친절해서 거절도 잘 못 하고 보험 가입률이 높다고 한다.

3) 우리 집은 TV가 없다. 나는 필요한 방송은 인터넷이나 유튜브를 통해 골라본다. 방송 중 쓸데없는 정보나 광고를 알고 싶지 않다. 내

시간은 금쪽같이 소중하다.

4) 필요한 물건은 미리 메모해서 간다. 다른 물건은 사오지 않는다.

아들이 초등학생이 되고 이제 1년이 됐다. 처음에는 도보 3분 거리인 학교도 내가 직접 데려다주다가 만 7세 생일이 지나자 혼자 통학하게 했다. 어느 날 집에 돌아온 아들이 대성통곡을 했다.

"우리 아들. 왜 울어?"

"혼자 엘리베이터 탔는데, '신*아파트' 광고가 나왔어."

내 아들은 겁이 많다. 우리 집은 TV가 없어서 '신*아파트' 영상을 볼 기회가 없었다. 그런데 작년에 친구 집에 놀러 가서 '신*아파트' 영상을 본 것이다. 그 뒤로 오다가다 신*아파트 광고만 봐도 무서워했다. 대체 아파트 엘리베이터 전광판은 왜 다는 건지? 그리고 왜 광고를 선별하지 않고 마구 틀어대는 건지…. 어디에 민원을 넣어야 하나 생각하며 화가 났다. 동시에 마케팅 및 광고는 엘리베이터를 타는 이 찰나도 사람을 가만히 놔두지 않는구나 싶어서 무서웠다.

소비는 심리이다. 인간은 이성보다 감성이나 감정의 지배를 더 많이 받는다. 소비를 부추기는 유혹은 일상생활 곳곳에 도사리고 있다. 마케

0원으로 시작하는 짠순이 재테크 습관

팅과 광고는 우리가 그 물건이 꼭 필요한지 생각해볼 틈을 주지 않는다. 일단 이성을 마비시킨 후 사게 한다. 만약 나를 유혹하는 물건이 있다면 잠시 생각해볼 필요가 있다. 나에게 어떤 쓸모가 있는지, 얼마나 오래 사용할 수 있는지? 내 인생에 얼마나 가치가 있는지, 판단할 줄 알아야 한다. 소비자들은 물건을 살 때 선택권이 있다고 생각한다. 그러나 가만히 들여다보면 대부분 마케팅과 광고의 먹잇감이 되어 사는 경우가 많다. 마케팅과 광고의 먹잇감이 되지 마라.

/

빚은 노예의 사슬과 같다. 빚이 없으면
우리 삶은 훨씬 더 자유로울 수 있다.
자유로운 삶은 행복의 중요한 전제 조건이다.

– 테리 햄튼

2. 10만 원 버는 것보다 10만 원 아끼는 게 더 쉬운 4가지 이유

1) 취업난 경기불황

지금 한국 경제는 장기 대 불황에 직면해 경기회복 대책이 요구되는 시점에 와 있다. 우리나라는 7년째 OECD 회원국 중 가장 높은 20대 후반 실업률을 유지하고 있다. 극심한 청년실업 문제가 지속되는 가운데 20대의 10명 중 6명이 '나만 뒤쳐진다'는 취업 스트레스를 가지고 있는 것으로 드러났다.

– 〈이데일리〉, 2020년 2월 2일

취업난이 심해지면서 대학교 졸업자의 하향 취업률이 30%를 웃도는 것으로 나타났다. 노동시장 수급 불균형으로 인해 고졸 이하 학력을 요구하는 일자리에 대졸자들이 몰리고 있으며, 한편으로는 필요 이상의 고학력화가 만연했다는 의미다. 하향 취업할 경우 적정 취업에 비해 임금이 36% 낮으며 한번 눈을 낮춰 취업하면 10명 중 8명 이상은 1년 후에도 해당 일자리를 벗어나지 못하는 것으로 확인됐다.

– 〈서울경제〉, 2019년 12월 23일

이와 같이 취업은 갈수록 어렵다.

2) 수입을 늘리기는 여간해서는 쉽지 않다.

직장인들은 월급날을 바라보며 하루하루 버틴다. 보통 직장인이 부자 되는 방법은 2가지뿐이다. 이직이나 투잡, 쓰리잡으로 수입을 늘리던가 아니면 나가는 돈을 통제해야 한다. 그런데 수입 늘리기는 여간해서는 쉽지 않다. 승진을 위해 퇴근 후 시험을 준비하는 것도 쉽지 않다. 돈 모으기 제일 쉬운 방법은 돈을 쓰지 않는 것이다. 10만 원 버는 것보다 10만 원 아끼는 게 더 쉽다. 우리가 직장에 나가서 갖은 고생을 해서 벌어오는 월급이다. 내 피 같은 돈을 지키려면 지출을 방어해야 한다.

3) 소비는 습관이다.

많은 부자들이 재테크에 관한 조언을 할 때 새는 돈 관리의 중요성을 언급한다. 직장인들은 돈을 벌고 싶어 하면서 자신의 정확한 소득과 한 달 지출 금액은 잘 모른다. 먼저 가정의 고정 지출과 변동 지출을 구분하고, 지출을 관리해야 한다.

절약이 부자를 만든다. 부자들은 필요한 물건을 구입한다. 막연히 싸다고 사지 않는다. 작은 물이 모여 시냇물이 되고, 시냇물이 모여 강이 되고, 강이 모여 바다가 되는 것은 진리이다.

4) 신용카드는 빚이다.

신용카드는 장점이 많다. 우선 카드 한 장만 들고 다니면 되니 편리하고, 잘만 사용하면 무이자 할부, 할인과 적립 등의 혜택이 크다. 그러나 신용카드는 지출을 통제하지 못하면 헤어나지 못하는 악마의 늪처럼 과소비로 가기 십상이다. 자신의 지불 능력을 초과하여 사용하게 되면 연체는 물론, 현금서비스 또는 카드론 등으로 이어질 가능성이 높다. 이렇게 되면 결국 본인의 신용등급에 직접적인 타격을 맞을 수 있다. 인생은 그 누구도 책임져주지 않는다.

A

Frugal

Investment

Techniques

3장

평범한 사람에서
작은 부자가 된 사람들의
8가지 공통점

1

푼돈은 아끼고, 큰돈은 팍팍 쓴다

푼돈은 아끼고, 오히려 큰돈을 팍팍 쓴다

워런 버핏과 그의 친구 빌 게이츠는 세계적인 부자이다. 이들이 점심 시간에 맥도날드를 방문한 일화는 전설처럼 전해 내려온다. 두 사람은 줄을 서서 주문을 하고 결제만 앞두고 있었다. 빌 게이츠가 자신의 지갑을 꺼내려 하자 워런 버핏은 "됐어. 이건 내가 낼게"라며 손사래를 쳤다. 그리고 그는 오마하에서 가져온 쿠폰 더미를 주머니에서 꺼내 당당히 결제했다고 한다.

세계적인 부자도 돈을 절대로 낭비하지 않는다. 아낄 수 있을 데는 최대한 아끼고 투자할 곳에는 과감히 목돈을 투자한다.

보통 사람들도 평소 일상생활 속에서 절약을 하려고 애쓴다. 한 푼 두 푼 모은 돈으로 저축을 하고 투자를 하며 꿈을 키운다. 얼마 전 구정 설 날이 다가와서 가족과 함께 시장에서 장을 보았다. 우리 집은 평소 간단하게 상을 차린다. 우리 남편은 외아들이고 멀리 사는 시형님들이 직장 다니는 나를 배려해주시기 때문이다.

우리는 평소 고기는 믿을 수 있고 품질 좋은 대형마트에서 사 먹는다. 이번 명절에도 산적이나 전 부칠 고기, 무거운 바나나, 귤 박스 등은 이 미 대형마트에서 배달로 받았다. 주말에 시장에 땅콩, 술, 식혜, 포, 과일 몇 개만 사러 갔다. 남편이 한 과일가게에서 사야 할 목록 메모지를 들고 배 최고급 1개, 사과 최고급 3개를 고르고 있었다.

"알뜰하네~."
"네~."

시장아주머니가 낱개로 과일을 고르는 남편을 보고 한마디하신다. 더 사지 않고 꼴랑 그거 몇 개 사느냐는 비야냥이 섞인 말인 것도 같았지만, 우린 이미 상차림 과일을 대부분 사놨으니 필요한 것만 산다. 집에 와서 산적도 만들고 동그랑땡도 만들고 사온 과일을 씻어서 상을 차렸다. 평 소 같으면 비싸서 망설였을 좋은 고기로 산적을 만들어서 상에 올렸다.

문득 지난달 아빠의 첫 제사상이 생각났다. 아빠 제사 때 엄마는 한우를 사고, 제수용 생선도 고급으로 사서 30만 원을 쓰셨다고 했다. 평소에는 안 쓰고 안 입고 돈을 절약하는 엄마지만, 제사상을 화려하게 차리는 이유는 무엇일까? 나는 돌아가신 조상님께 자손을 굽어 살펴달라는 기복신앙의 의미라고 생각한다. 사람들은 신에게 선물할 때에는 돈을 생각하지 않고 마음을 보이려 한다. 일종의 투자의 개념이 아닐까 싶다.

재작년 췌장암 말기인 아빠가 더 이상 항암치료로 진전이 없자 유전자검사를 하셨다. 의사선생님은 유전자검사에서 양성반응이 나오면 치료약이 있다고 했다. 확률은 50%였다. 아빠의 검사 결과 날 우리 3남매가 모두 아산병원에 모이니 아빠는 기뻐하셨다. 평일임에도 모두 직장에 휴가를 내고 달려온 것이다. 그러나 유전자검사에서 음성반응이 나와서 아빠는 실망하셨다.

이제는 틀렸구나 싶었는데, 착한 친정 언니가 '후*이단'이라는 일본 면역항암치료제를 알아내서 직구로 아빠께 사드렸다. 처음에는 언니가 얼마나 많은 돈을 내고 있는지 잘 몰랐다. 은행원인 언니는 나와 달리 계산적이지 않다. 나중에 돈이 많이 든다는 것을 알고, 나는 남편과 상의해서 두 달치 약값 600만 원을 드렸다. 아빠는 '후*이단'에 희망을 걸고 계셔서 너무 좋아하셨다. 얼마 전 동생 네도 전화 와서 약값을 대겠다고 했는데, 나도 전화 왔다며 효자 자식들을 두었다며 행복해하셨다.

이날 나는 돈을 모아야만 하는 이유를 알았다. 사람이 푼돈을 모으는 이유는 목돈을 만들어 의미 있는 일을 할 수 있기 때문이다. 내 돈이 편찮으신 아빠에게 기쁨이 될 수 있다는 사실이 참 행복했다. 이제 아빠는 돌아가셨지만, 난 그때 아빠께 행복을 드린 내 돈과 선뜻 동의해준 착한 남편이 참 고맙다.

2020년 1월 7일 방송된 MBC 에브리원 〈비디오스타〉에선 션이 게스트로 출연했다. 션은 연예계 대표 기부천사이다. 그는 정혜영과 결혼 후 15년간 총 55억을 기부한 데 대해 "처음 시작은 대단한 게 아니었다. 결혼한 날 너무 행복해서 이 행복을 나누자고 정혜영에게 제안했다. 그렇게 하루 만 원씩 그 해에 365만 원을 기부했다."라고 밝혔다. 그는 "그러다 도움이 필요한 곳을 찾으면 정혜영과 상의해 다시 돕게 됐다. 계획했던 건 아니다."라며 겸손하게 말했다.

1월 22일에는 LG디스플레이가 구미지역 임직원이 모은 성금을 경북도 내 복지 사각지대 아동의 치료·교육비로 기부했다. 구미지역 '전자기부함' 모금액 1억 원을 초록우산어린이재단 경북지역본부에 전했다고 밝혔다. 김상철 담당은 "지난 1년간 임직원들의 자발적인 참여를 통해 모금된 금액이라 그 의미가 더 크다"며 "복지 사각지대에 놓여 있는 어려운 아동들에게 실질적인 도움을 줄 수 있는 계기가 되길 바란다."라고 말했다.

경기가 불황이라 모두들 힘들다는 때임에도 세상에는 나눔을 실천하는 훌륭한 사람과 기업도 많다. 이런 소식을 신문이나 뉴스에서 전해 들으면 가슴이 훈훈해진다.

세속적으로 본다면 연예인이나 기업은 선한 이미지를 얻으면 더 큰 부를 얻으니 투자의 개념일 수도 있다고 생각한다. 그러나 사람 욕심은 끝도 없다는데 이들이라고 돈이 아깝지 않겠는가? 더 큰 가치를 위해 돈을 선뜻 내놓는 것을 보면 참 존경스럽다. 결국 우주의 풍요의 법칙을 실행하며 나누니 기쁨이 배가 되어 돌아오는 것이다.

가장 가치 있는 일에 투자하라

평범한 직장인인 우리는 한푼 두푼 모아 목돈을 만들어서 가장 가치 있는 일에 투자를 해야 한다. 직장인에게 가장 큰 투자는 무엇일까? 나는 자기계발이라고 생각한다.

나는 작년 휴직을 하고 매일 도서관과 서점으로 출근을 했다. 휴직 초반에는 아들과 다닐 여행지를 공부하느라 책을 봤다. 몇몇 나라를 여행하다 보니 경제적 자유를 얻어서 전 세계를 다니고 싶다는 생각이 많이 들었다. 아들에게 더 넓은 세상을 많이 보여주고 싶었다. 그런 생각에 미치자 현대판 공노비라는 사슬을 끊고 경제적 자유를 얻어야겠다고 결심했다. 그래서 작년 여름쯤, 무급휴직이라 한동안 손 놓고 있던 재테크 공부를 다시 시작했다.

여러 재테크 책을 읽다가 『주식투자 이렇게 쉬웠어?』를 읽고 ETF 투자의 매력에 빠져서 김이슬 작가에게 연락을 했다. 그리고 1:1 ETF 코칭 수업을 받았다. 수업을 받다가 김이슬 작가의 추천으로 '한책협'을 만나게 되었고 맨날 책만 읽던 외롭던 독자인 내가 드디어 작가의 길에 들어섰다. 나는 '한책협' 김도사의 '책쓰기 7주 과정' 수업을 듣고 작가가 되었다. 그는 찢어지게 힘든 가난의 굴레에서 책쓰기로 자수성가하여 현재 120억 자산가가 된 인물이다. 나는 김도사를 만나 내 인생의 2막을 준비 중이다. 그는 나의 은인이시다.

그는 23년 동안 무려 책을 205권이나 낸 전 세계 책쓰기의 1인자이다. 그런 만큼 코칭 비용은 당연히 비쌌다. 짠순이인 나는 주저 없이 바로 비용을 결제하고 작가가 되기로 결심했다. 나는 누구보다 돈을 아낀다. 돈 100원을 쓰는 순간에도 내 머릿속에는 자동 계산기가 나타난다. 그러나 나는 자기계발에는 돈을 아끼지 않는다.

싱글 때도 상담심리를 공부하고자 전국에서 가장 비싼 고려대학교 대학원 등록금과 수업료를 선뜻 냈고 석사학위와 전문상담사 자격증을 땄다. 이런 나이니 김도사의 책쓰기 일일특강을 듣고 망설임 없이 바로 수강등록을 했다. 나는 이날 내가 휴직을 대비해서 저축해놓은 것에 너무 감사했다. 7주 간의 책쓰기 과정이 끝나고 매일 일정 분량은 죽어도 쓰겠다는 결심을 실천하여 나는 공동저서 『버킷리스트22』와 개인 저서 2권의 저자가 되었다. 마법과 같은 일이 벌어진 것이다.

    나는 푼돈을 아낀다. 그렇게 만든 목돈으로 의미 있는 일을 했다. 하나는 아빠의 약값이고 다른 하나는 나를 위한 투자를 했다. 푼돈을 모아 투자로하여 돈을 눈덩이로 굴리듯, 나는 푼돈을 모아 만든 목돈으로 아빠에게 효도를 했고, 내 가치를 한층 업그레이드시키는 자기계발에 돈을 투자한 것이다. 이 경험으로 나는 푼돈의 소중함을 다시 한 번 깨달았다. 당신에게 가치 있는 일이 있는가? 혹시 배우고 싶은 게 있다면 돈을 신경 쓰지 말고 바로 시작하라. 이왕이면 최고에게 1:1 코칭으로 배워라. 그러면 단시간에 노하우를 전수받아서 더 큰 성공을 이룰 것이다. 부자들은 푼돈은 아끼고 큰돈은 팍팍 쓴다.

2

단, 1년 만이라도 돈 모으는 재미에 빠져라

숨은 빚의 정체를 정확하게 간파하라

새해가 다가오면 많은 사람들이 다이어트와 금연, 금주, 저축, 투자 등을 신년 목표로 잡는다. 하지만 결심도 잠시, 며칠 가지 않아 다시 술잔을 돌리고, 담배를 피운다. 새해 초 헬스장은 여느 클럽보다도 북적인다. 인기 있는 운동기구를 써보려면 줄을 서야 하는 헬스장도 며칠만 지나면 언제 그랬냐는 듯 텅텅 빈다. 매달 저축도 하기로 결심했지만 이번 달까지만 소비하고, 다음 달부터 저축하자면서 자꾸 미룬다. 매년 '작심삼일'에 좌절하는 사람들이 많다. 각종 핑계도 문제지만 그것이 단지 의지 부족일까?

0원으로 시작하는 짠순이 재테크 습관

우리 사회는 재미있는 게 넘쳐난다. 재미를 추구하려면 돈이 필수이다. 그런데 돈을 쓰기가 너무 쉽게 되어 있다. 『빚을 권하는 사회』라는 책을 보면 우리 사회 곳곳에 빚이 아닌 척 다가오는 '숨은 빚'의 정체를 정확하게 간파하라고 한다. 각종 서비스를 제공하는 신용카드의 (할인, 포인트 적립, 무이자 할부, 리볼빙 서비스), 대출보다 위험한 마이너스 통장, 휴대폰 소액결제, 각종 페이 결제방식, 연 6% 이자인 스마트폰 약정 할부 등이 편리라는 이름으로 우리의 돈을 갈취해간다. 그동안 별로 의식하지 않았던 빚의 실체이다. 많은 사람들이 10~30년 만기 주택담보대출, 여러 장의 신용카드, 마이너스통장, 자동차 할부이자, 스마트폰 약정할부 그리고 여러 개의 보험 상품까지 많은 빚을 갖고 있다. 『빚을 권하는 사회』에서 내 빚을 통제하고 관리하는 일은 노후를 지키기 위해 마땅히 해야 할 준비라고 한다.

"월급님이 로그인하셨습니다."

XX카드 : 퍼가요~.

○○카드: 퍼가요~.

국민연금: 퍼가요~.

자동차 할부: 퍼가요~.

의료보험: 퍼가요~.

"월급님이 로그아웃하셨습니다."

한참 인터넷에 돌아다닌 이 예시를 본 적이 있을 것이다. 나도 이 글을 처음 봤을 때 공감하며 웃었다. 그러나 월급이 통장을 스치기만 하는 무서운 현실의 반영이었다. 알게 모르게 빚과 소비를 권하는 사회에서 월급을 사수하려면 철학이 필요하다.

내 친구 A는 마음이 참 따뜻하다. 친구들 모임이 있을 때마다 바리바리 선물을 싸 들고 온다.

"이게 뭐야? 이번엔 뭘 또 사온겨?"
"응~ 명절 기념으로 하나씩 준비했어."
"또? 아이구, 고마워!"

친구 A는 지난번엔 무릎담요를 하나씩 돌리더니 이번에는 수면 양말을 돌렸다. 착한 내 친구 A는 우리 모임에서 가장 가난한 친구이다. 나는 이 친구가 우리에게 무얼 바라고 선물을 돌리는 게 아니란 걸 잘 안다. 그래서 더 안쓰럽다. 타고난 천성이 베풀기를 좋아하는, 마음이 부자인 친구이다. 나는 친구 A가 우리에게 선물 안 주고, 그 돈으로 저축을 늘려서 더 잘 살기를 진심으로 바란다.

대학교 때 아동발달 심리학을 공부하다가 흥미 있는 내용을 발견했다.

신생아 때 보이는 반응 행동은 '쾌와 불쾌'라는 정서에 의한 것이며, 이후 나타나는 대부분의 행동은 기쁨, 불안, 두려움 등의 정서적 작용에 의해 일어난다고 모든 인간은 불쾌라는 감정을 타고났다는 것에 깜짝 놀랐다. 마치 언어발달도 아무도 가르쳐주지 않았는데, 욕부터 배우는 거와 너무나 유사했다. 돈도 마찬가지라고 생각한다. 돈 만 원 버는 게 쉬울까? 돈 만 원 아끼는 게 쉬울까? 낭비는 누가 가르쳐주지 않아도 쉽게 배운다. 그러나 저축은 인내와 절제가 필요한 노력의 산물이다.

저축으로 성취감과 절제를 배운다

무언가를 이루려면 우선 목표를 정해야 한다.

헤르만 헤세는 "새는 알 속에서 빠져나오려고 싸운다. 알은 세계이다. 태어나기를 원하는 자는 하나의 세계를 파괴하지 않으면 안 된다."라고 했다. 사람은 목표를 정하고 이를 위해 매진한다. 목표를 달성하려면 노력이 필수이다. 이 과정에서 많은 시련과 역경에 부딪힌다. 돈이 필요한가? 그렇다면 일단 1년 만이라도 돈을 모으는 습관을 들여야 한다. 나의 경우, 종잣돈을 모으기 위해서 6개월 적금과 1년 만기 예금과 적금을 동시에 가입했다. 달력에 매달 납입 날짜를 미리 적으면서 '이 많은 예·적금을 내가 과연 잘 납입할 수 있을까?' 의심도 들었다. 그러나 한 달 한 달 지나고 자꾸 은행 잔고를 조회해보며 돈 모으는 재미에 빠져들었다. 드디어 6개월 적금 만기예정일이 다가왔다. 마치 산타할아버지에게 크리스마스 선물을 받는 양 아이처럼 이날만을 기다렸다.

"해약해주세요."

"고객님 만기가 되셨네요. 축하드립니다! 만기금을 예치할 예금은 알아보셨나요?"

"네, 여기는 이자가 어떻게 돼요?"

"우리는 예금 이자가 연 2.3%에요."

이자는 얼마 안 됐지만, 6개월간 꾸준히 매달 50만 원을 납입한 나 자신이 참 기특했다. 나는 미리 알아본 대로 길 건너 신협에 만기금을 1년 만기 예금에 바로 넣었다. 그리고 집에 와서 다음 만기되는 통장을 바라봤다. 밥을 안 먹어도 배부른 느낌, 행복했다. 이렇듯 저축은 성취감과 절제를 가르쳐준다. 통장 잔고를 보며 나는 1년 후, 2년 후의 미래를 꿈꾼다. '이 돈을 잘 굴려서 무엇을 할까?'

예전에 같이 근무한 선배 교사가 있었다. 몇 년 전 이사했다고 들은 적이 있었다. 하루는 교사모임에서 그분이 격양된 목소리로 말했다.

"지난번 전셋집 주인이 전세금을 하도 안 줘서 달라고 했더니 돈이 없다는 거야."

"어머나, 그런 게 어딨어요?"

0원으로 시작하는 짠순이 재테크 습관

"주인이 돈 없다며 50만 원, 100만 원 매달 이렇게 입금해서 미치겠어."

결국 그 선배 선생님은 목돈이었던 전세금을 푼돈으로 받아서 그때그때 다 써버렸다고 억울해하셨다. 푼돈은 써버리기 쉽다. 그래서 우리는 푼돈을 모아 목돈을 만들어서 굴려야 한다.

누구나 부자가 되고 싶어 하지만 돈 벌기는 여간해선 쉽지 않다. 청년들은 스펙을 쌓느라 대학졸업을 늦춘다. 유학을 떠나 큰돈을 쓰고 외국대학 학위를 받아오기도 한다. 어렵게 취업을 해도 연봉은 몇천만 원뿐이다. 더군다나 퇴직까지 실제 돈을 버는 시간조차 얼마 없다. 길어야 20년뿐이다. 20년 동안 앞으로 100세까지 평생 쓸 돈을 다 벌어야 한다. 그래서 직장인에게 재테크는 필수이다. 재테크를 하려면 일단 종잣돈이 필요하다. 일반 직장인이 빠르게 종잣돈을 모으려면 강제 저축만한 것이 없다. 부자로 살고 싶은가? 그렇다면 단, 1년 만이라도 돈을 모아봐야 한다. 강제 저축을 통해 지출을 통제하고, 투자의 필수 준비물인 절제와 인내를 얻을 수 있다. 단, 1년만이라도 돈 모으는 재미에 빠져보자.

/

무지개를 보려면 비를 참고 견뎌야 한다.

– 돌리 파튼

3

절약은 돈을 가장 현명하게 소비하는 방법이다

커피가 먹고 싶으면 그 브랜드 커피 주식을 사라

중학교 친구 A는 인생에 굴곡이 많은 친구이다. 부모님이 일찍 이혼 후 엄마가 식당일을 하며 힘들게 돈을 버셨다. 친구는 돈 때문에 대학도 다니다가 그만두고, 머리핀과 비즈 목걸이를 만들어서 장사를 했다. 식당일, 자동차 세차, 음식배달, 대리운전 등 안 해본 아르바이트가 없을 정도로 워낙 고생을 많이 해서 꼭 성공했으면 하는 친구이다. 어느 날 친구 A에게 전화가 왔다.

"정완아, 대구에 남편이 들어갈 수 있는 공무원 자리가 생겼다는데, 소개비를 달라고 한대."

"그런 게 어딨어? 요즘 세상에? 공무원은 다 시험으로 뽑는 거야."

"원래 그런데, 이건 별정직이래. 4,000만 원 주면 8급 공무원 자리 마련해준대."

"그냥 공부해서 시험 쳐서 들어가. 돈 주지 마. 그런 거 이제 없어."

친구 A는 시댁에서 잘 아는 사람이 소개했다며, 시어머니가 아주 철석같이 믿는 분이라 솔깃하다고 했다. 내가 공무원 시험은 그런 거 이제 없다면서 만류했더니 내가 그런 뒷문의 세계를 잘 모르는 거라고 했다. 오히려 나를 세상 물정 모르는 사람처럼 얘기해서 친구 A가 사기에 거의 넘어갔구나 싶었다. 나의 반대에 친구 A는 잘 알아보겠다고 하고 전화는 끊었지만, 걱정이 되었다. 몇 개월 뒤 친구 A는 사기를 당했다며 분해했다. 4,000만 원을 대출해서 줬는데, 이제 어찌 갚아나갈지 막막하다면서 울었다. 그 당시에 시어머니가 너무나 호언장담을 해서 넘어간 거라며 시댁 원망을 했다. 게다가 시어머니는 그 4,000만 원에 대해 나 몰라라 한다며 속상해했다. 그러나 과연 시댁만의 문제일까?

사람들은 모두 돈을 벌고 싶어 한다. 어느 누구도 돈이 새어나가길 바라는 사람은 하나도 없다. 그런데 그 소중한 돈이 나의 어리석음으로 사라지기도 한다. 요즘은 보이스 피싱 등 각종 사기 수법이 워낙 지능화되어서 눈 뜨고도 코 베이는 세상이다. 그래서 절약보다 더 중요한 것은 돈을 지키는 능력이다. 워런 버핏의 투자법칙 중 제일 중요하게 강조한 것도 잃지 않는 투자다. 예를 들어, 100만 원을 투자해서 50% 손실이 나면 50만 원이다. 50만 원이 다시 50% 이익이 나면 100만 원이 아니라 75만 원이 된다. 다시 100만 원이 되기 위해선 100% 이익이 나야 한다. 손실을 만회하기 위해선 2배의 노력이 필요하다. 내리막은 빠르지만 오르막은 느리다는 뜻이다. '−50+100' 법칙으로 불리기도 한다.

이렇듯 돈을 지키는 능력도 중요하지만 소비 습관을 제대로 갖는 것도 중요하다. 우리는 살면서 알게 모르게 매일매일 소비 생활을 한다. 소비 생활은 자본주의 사회에서 필수이다. 아침에 출근하려면 대중교통이나 자동차를 이용해야 하고, 우리가 입는 옷도 신발도 모두 사 입는다. 아이가 자라면서 교육비는 또 얼마나 많이 들어가는가? 점심값을 아끼려 도시락을 싸와 식재료를 사와야 한다. 그래서 쓸 데는 쓰고, 아낄 데는 아끼는 소비 습관이 중요하다.

아껴야 한다고 하면 떠오르는 것이 있는가? 내가 보기에 보통의 직장인들은 커피와 담배에서 돈이 엄청 새어 나가는 거 같다. 하루 담배 한 갑씩 핀다면 한 달이면 135,000원, 하루 4,000원짜리 커피를 한잔씩 매일 커피숍에서 마신다면 한 달이면 120,000원이다. 이런 지출은 가랑비에 옷 젖듯이 별것 아니게 우리 생활에 침투한다. 한번 이런 소비 습관이 잡히면 바꾸기가 절대 쉽지 않다.

0원으로 시작하는 짠순이 재테크 습관

메리츠 자산운용의 존 리 대표는 "사교육비를 줄이고 자동차를 사는 대신 주식을 사세요. 사교육에 허비하지 말고, 남에게 보이는 소비를 줄여 미래가치를 사는 일에 투자하세요."라고 말했다. 한국은 대중교통이 워낙 발달해 자동차가 필요없다며 소비를 줄이라고 했다. 커피가 먹고 싶으면 그 브랜드 커피 주식을 사고, 담배가 피고 싶으면 담배회사 주식을 사라고 한다. 우리나라처럼 부지런한 민족이 노후 빈곤층이 많은 이유는 아이에게 돈을 안 가르치기 때문이란다. 아직도 공부를 잘하면 부자가 된다는 착각에 사교육비 지출이 많아서라고 한다. 더 이상 공부가 우리를 부자로 만들어주지 않는다. 돈을 공부해야 한다. 전문가들은 월급의 10%는 나의 노후를 위해 투자해야 한다고 말한다.

B는 나의 직장동료이다. 아이가 어려 복직을 하면서 친정엄마가 아이를 봐주신다. 그런데 아이돌보미도 같이 고용해서 한 명의 아이를 친정엄마와 아이 돌보미 둘이 본다고 했다.

"아이돌보미만 쓰면 되지 않아?"
"친정엄마가 아이를 봐주고 싶어 하시는데, 허리가 안 좋으셔서."
"그렇다고 2명의 비용을 다 내는 거야?"
"직장인이라 아이돌보미 비용 별로 안 비싸. 나도 엄마가 있는 게 마음 편하고."

최대한 아껴서 쓸 데 써야 한다

나는 처음에는 이해가 안 되었다. 아이돌보미만 쓰면 되지 친정엄마까지 동원하여 돈과 친정엄마의 시간까지 낭비하는 이유가 처음에는 이해가 안 되었다. 시간이 지나서야 나는 내가 아이가 우선이 아니라 돈만 아끼는 사고를 했다는 사실을 깨달았다. 아이에게는 정서적 안정이 필요하다. 그래서 외할머니가 안정감을 주고, 우유 주기나 기저귀 갈기 등 노동은 아주머니가 해주면 최상의 조합이라는 것을 나중에 깨달았다.

나는 복직해서 혼자 2년 동안 아이를 케어하며 집안일과 직장 일까지 다 해냈다. 내가 아낀 아이 등하원 도우미비에 가사 노동비, 아이 목욕, 아이 과외선생님 비용 등을 돈으로 치자면 월 300만 원은 될 것이다. 나는 어리석게도 혼자 다 해내는 슈퍼우먼이라며 스스로 기특해했다. 내 시간을 팔아 저축을 늘린 것이다. 그러다 2017년 말 직장 스트레스로 '이명'이 생겨버렸다. 비록 식기세척기, 로봇청소기, 걸레 로봇청소기, 건조기 등이 나의 가사노동을 줄여주었지만 직장 다니며 혼자서는 모든 것이 역부족이었다. 아끼면 부자가 될 줄 알다가 내 건강을 해친 것이다. 내가 이런 슈퍼우먼 사고를 하게 된 것은 친정엄마의 영향도 크다. 몇 년 전 친정엄마가 1년간 평일 우리 집에 상주하시며 아들과 살림을 봐주신 덕분에 복직 후 직장생활에만 전념할 수 있었다. 어느 날 야근하고 집에 돌아오니 엄마는 내게 이런저런 불평을 하셨다.

0원으로 시작하는 짠순이 재테크 습관

"냉장고에 반찬 해놨고, 베란다 청소했어."

"엄마, 집 청소 너무 열심히 안 해도 돼요. 힘든데…."

"너는 여자가 살림을 좀 알아야지, 직장생활만 한다고 살림을 그렇게 몰라서 되겠냐?"

일하고 늦게 들어와서 엄마의 핀잔을 들으니 기분이 안 좋았다. 엄마는 평생을 전업주부로 살다가 아빠 사업 실패 후 직장을 다니게 되셨다. 평소 여자는 살림을 잘해야 하고, 돈은 무조건 아껴야 한다는 주의셨다. 나는 직장을 다니는 사람인데 살림까지 강요하는 엄마에게 서운했다.

절약은 재산을 모으는 초석이다. 그러나 무조건 아끼는 절약의 노예가 되어서는 안 된다. 부자들은 쓸 데는 쓰고 아낄 때는 최대한 아낀다. 게다가 성공하는 사람들은 절대 모든 일을 혼자서 하려고 하지 않는다. 내가 못하는 일은 비용을 주고 전문가에게 맡기는 것이 현명하다. 나는 그 사실을 내가 아프고 나서야 깨달았다. 부자들은 돈보다 시간을 더 소중히 여긴다. 남의 시간을 돈을 주고 사서라도 내가 잘하는 일에 집중하는 것이 최고의 절약이다. 그 시간에 재테크와 자기계발에 집중하다 보면 더 큰돈을 벌 수 있는 기회가 생긴다. 절약이란, 가진 돈을 가장 현명하게 소비하는 것이다.

4

재테크는 노하우가 아니라 습관이다

습관이 인생을 지배한다

보통의 직장인들은 부자가 되고자 한다. 그렇다면 부자가 되는 비결을 알려준다면 누구나 부자가 될 수 있을까? 세계의 부자 빌 게이츠와 워런 버핏이 말하는 부자 되는 법은 매우 간단하다.

"자기가 하고 싶은 일을 열심히 하라."

빌 게이츠는 12세에 컴퓨터를 처음 접하고 컴퓨터의 매력 속으로 빠져들었다. 컴퓨터가 너무 좋아서 프로그래머가 되었고 소프트웨어 만드는 회사를 차렸다. 세계를 석권한 지금도 마이크로소프트의 최고 프로그래머로 활동 중이다. 또 워런 버핏은 11세에 주식 투자를 시작했으며 평생 투자 인생을 살아가고 있다. 그는 투자가 세상에서 가장 재미있으며 자신에게 가장 맞는 일이라고 말한다. 그래서 자신은 아주 행복하다고 주저 없이 말한다. 그들은 정말 자신들이 가장 하고 싶은 일을 열심히 했고 그 결과 부를 손에 쥐게 되었다.

다음은 워런 버핏이 알려주는 부자 되는 비결 18계명 중 9가지다.

1) 작은 돈을 아껴야 큰돈을 번다.

2) 조기 경제교육이 평생의 부를 결정한다.

3) 우리 집은 가난하다고 변명하지 마라.

4) 책과 신문 속에 부가 있다.

5) 본받고 싶은 부자 모델을 찾아라.

6) 시간을 아끼는 사람이 진짜 부자다.

7) 고기를 잡으려면 물에 들어가야 한다.

8) 많이 버는 것보다 잘 쓰는 것이 더 중요하다.

9) 자신의 일을 즐기면 부는 따라온다.

이제 비결을 알았으니 우리는 따라 하기만 하면 된다. 그런데 과연 할 수 있을까? 대부분의 사람은 부자가 되고 싶다며 재테크의 노하우를 알기를 바란다. 그러나 애써 노하우를 알게 되어도 잘 실천하지 못한다. 왜

일까? 매일 커피 한잔은 꼭 사 먹어야 하고, 우리 집이 가난해서 이번 생은 부자 되기 글렀다고 하거나 바빠서 책 읽을 시간이 없다 등 각종 핑계를 댄다.

내 대학원 후배 A는 평소 담배 골초에 야식의 달인이다. 요즘 살이 너무 찌고 자꾸 피곤하다고 건강 걱정을 한다.

"담배 좀 그만 피워."
"이거 그래도 좀 줄인 거야. 담배 하루 한 갑에서 반 갑으로 줄이기 얼마나 힘든지 모르지? 내가 이 어려운 걸 해냈다고."
"칭찬해달라는 건 아니지? 그만 줄이고, 담배 끊어."
"…"
"운동을 좀 해보면 어때?"
"운동할 시간이 어딨어? 내가 얼마나 바쁜데?"

우리는 대부분 잘 알고 있다. 건강하고 부유하게 잘사는 방법을. 그러나 실천을 하지 못한다. 많은 나쁜 습관들에 치여서 바로 행동하지 못하는 것이다. 우리의 인생은 습관들로 모여 있다. 습관이란 처음에는 별거아닌 거처럼 보이지만 하루하루 쌓이면 내 인생을 지배하게 된다.

0원으로 시작하는 짠순이 재테크 습관

어느 날 전업주부인 친구 B를 만났다. 친구 B는 최근 이사를 했다.

"집 사서 이사 간 거야?"

"아니…. 돈이 어딨어? 전세지. 집값 너무 비싸."

"재테크는 하고 있어?"

"재테크? 우리 엄마도, 시어머니도 그런 거 안 하던데?"

"해외펀드 요즘 괜찮아. 내가 몇 년 전에 시작했는데, 앞으로 1~2년은 괜찮을 것 같아."

나는 열심히 내가 당시 하고 있던 펀드 얘기를 했지만, 친구의 반응은 시큰둥했다. 그런 거 잘못하다가 원금 날린다는 것이 친구의 결론이었다. 내가 듣기에는 엄마나 시어머니나 재테크 안 하고 남편 외벌이로 지금껏 잘 살고 있으니 나도 그렇게 살 예정이란 말 같았다.

공부하고 실천하면 돈은 따라 온다

"생각대로 살지 않으면, 사는 대로 생각하게 된다." 나는 친구와 얘기하며 이 문장이 뇌리에 떠올랐다. 의식하며 노력해서 살지 않으면 습관대로 그냥 살아가게 되는 것이다. 외벌이에 전셋값은 점점 더 오를 텐데 불안하지 않을까 싶었다. 나도 친구네 재정상태는 잘 모르지만, 친구는 저축 말고 따로 투자할 성격이 아니다. 게다가 문화생활비와 여행을 중시해서 매년 씀씀이도 꽤 커 보였다. 언제 잘릴지 모르는 월급쟁이 직장인에게 재테크는 필수이다. 그러나 재테크를 실제로 하는 사람은 생각보다 많지 않다.

나는 남들이 보면 꽤 안정된 삶을 살고 있다. 잘릴 염려 없는 부부공무원에 집값 상승 중인 집을 2채 갖고 있고 예·적금, 펀드도 꽤 있다. 그러나 나는 시간만 나면 내 돈을 어찌 굴릴지 셀프 자산 리모델링을 한다. 재테크는 나에게 취미이자 습관이다. 매달 월급을 받으면 나는 1시간 정도 바빠진다. 내 월급통장에서 신용카드 대금을 선결제하고 부모님 용돈 보내고, 남은 돈은 투자통장으로 이체시키느라 바쁘다. 그리고 틈틈이 올해의 투자전략을 고민한다.

인터넷으로 매일 경제 신문을 본다. 팟빵 '신과 함께' 어플을 들으며 요즘의 경제 흐름을 공부한다. 유료 경제 강좌를 한 강좌라도 더 공부하려고 노력한다. 그리고 달력에 매달 정해진 날짜에 이번 달 투자할 금액과 예·적금 자동이체 날짜를 적는다. 가계부에서 지난달 카드 값과 이번 달 카드 값을 비교하며 어디에서 지출이 컸는지 파악한다. 나는 내 돈을 굴리려고 갖은 용을 다 쓴다. 그러다 보니 실패한 적도 있다. '피*펀드'라는 P2P 중 '홈쇼핑 4호' 상품에 투자원금 100만 원을 넣었다가 50만 원이 묶여버렸다. 10년 동안 분할 상환해준다고 한다. 하지만 다시는 '묻지마

0원으로 시작하는 짠순이 재테크 습관

투자'는 하지 않기로 결심했다. 제대로 알아보지도 않고 금리 욕심에 돈을 날린 50만 원짜리 투자수업이었다. 그러나 투자 안 한 것보다는 투자해본 것이 낫다고 생각한다. 안 해봤다면 P2P에 대한 환상이 아직도 있었을 것 같다.

나는 실행력이 강하다. 작년에 『미라클모닝 밀리어네어』라는 책을 읽고 부자들만 아는 6가지 기적의 아침 습관을 따라 하고 있다. '명상, 확언, 시각화, 독서, 감사 일기'가 그것이다. 또 '한책협'의 김도사를 만나 '책쓰기 7주 과정'을 다니며 작가가 되었다. 나는 김도사님께 우주의 법칙과 의식 확장도 함께 배우고 실천 중이다. 유튜브 '김도사TV'도 매일 보며 의식 확장을 하고 부자의 습관을 따라 하는 중이다.

행복이란 행을 해야 복이 온다는 말이란다. 먼저 재테크 공부를 하자. 한 달에 1권 이상 재테크 독서를 하자. 경제 뉴스를 듣고 각종 블로그와 유튜브, 카페에서 부자들의 투자를 알아보자. 무료 말고 제대로 된 유료 재테크 강좌를 추천한다. 그리고 매월 저축할 금액, 투자할 금액을 정하자. 소액이라도 상관없다. 백날 노하우를 듣기만 하면 부자 될까? 고기를 잡으려면 물에 들어가야 한다. 가장 중요한 습관은 오직 행동이다. 행동만이 성공을 가져다 준다. 재테크는 노하우가 아니라 습관이다.

5

부자들의 첫 번째 취미는 독서이다

부자는 독서광

대부분의 사람은 부자들을 곱지 않은 시선으로 바라본다. 그러면서 그들은 부자가 되기까지 얼마나 피눈물 나는 노력을 했는지에 대해서는 관심이 없다. 금수저이거나 운이 좋아서일 뿐이라고 지레짐작한다.

"나도 부자 부모 만났으면 잘 살았어."
"조상이 무덤 자리만 잘 썼어도 나는 부자가 될 수 있었어."

과연 그럴까? 우리는 대부분 돈만 생기면 쭉 부자로 살 수 있을 거라 생각하지만, 돈벼락을 맞아도 지킬 능력이 없으면 더 가난해진다. 로또 1

등 당첨자들 대부분은 얼마 못 가 도박이나 유흥비로 돈을 다 날린다. 그리고 예전보다 더 가난하게 살게 되었다는 일화는 매년 뉴스에 잊지 않고 등장한다. 모든 부자가 집안 배경과 운이 좋아서 부자가 된 것은 아니다. 부자들 역시 숱한 역경과 시련을 겪었다. 그러나 그들에게는 성공의 철학이 있다. 그중 첫 번째로 꼽는 것이 독서이다.

『부자 되는 습관』(Rich Habits)의 저자 '토마스 C. 콜리'는 223명의 부자와 128명의 가난한 사람을 대상으로 각자의 습관을 설문 조사했다. 조사 결과 부자와 가난한 사람의 독서 습관은 천지 차이였다. 부자의 경우 매일 30분 이상 책을 읽는 사람이 88%였던 반면, 가난한 사람은 단 2%만이 이런 습관을 갖고 있었다. 또 부자의 64%가 출퇴근 시 차 안에서 오디오북을 들었으나 가난한 사람 중에는 5%만 들었다.

마이크로소프트 설립자이자 세계적인 슈퍼 리치인 '빌 게이츠'는 어린 시절부터 독서광으로 유명했다. 책을 읽은 뒤 소감을 항상 책 귀퉁이에 메모하고 이를 정리해 지인들과 함께 나누는 습관을 갖고 있다고 한다. 또 '오마하의 현인'이라는 별칭을 가진 투자의 귀재 '워런 버핏'은 하루에 5~6시간을 신문과 책 읽기에 몰두한다. 또 하나 놀라운 사실은 그의 고향 오마하 도서관의 책을 모두 읽었다고 하니 진정한 독서광이 아닐 수 없다.

물론 책을 많이 읽는다고 부자가 되는 것은 아니고, 부자들이라고 해서 모두 다독가는 아니다. 하지만, 일정 수준 이상의 부를 이루고 오랫동안 지켜낸 사람들은 대부분 독서를 좋아했고 습관화했다.

작년 11월, 고교동창들과 상해 여행을 다녀왔다. 여행 가이드가 상해 항주의 인물 '마윈'에 대해 자랑을 했다. 그는 흙수저에 대학도 3수 끝에 간신히 진학 후 영어교사와 관광가이드로 돈을 벌기 시작했다고 한다. 관광가이드하며 만난 호주인 덕분에 호주로 유학을 가서 공부 후 성공했다고 설명했다. 나는 스마트 폰으로 '마윈'에 대해 바로 검색해보았다. 그가 남긴 명언 중 '가난한 사람'이라는 명언이 마음에 와닿았다.

요약해보자면 '세상에서 가장 같이 일하기 힘든 사람들은 가난한 사람들이다. 이들은 각종 핑계로 기회를 버린다. 당신의 심장이 빨리 뛰는 대신 행동을 더 빨리하고 그것에 대해서 생각해보는 대신 무언가를 그냥 하라. 가난한 사람들의 인생은 기다리다가 끝이 난다. 그렇다면 현재 자신에게 물어봐라. 당신은 가난한 사람인가?' 나는 마윈이 나와 같은 교사였다는 말에 더 친근감이 들었다. 그는 시가 총액 548조 원에 직원 수 10만 명에 달하는 중국 최대 전자상거래 업체 '알리바바'의 회장이다. 개인 재산만 47조 원 중국 최대 부호로 꼽히는 그는 "똑똑한 사람들은 그들을 이끌어줄 바보가 필요하다."라며 자신을 낮췄다. 자신의 밑천은 소설 영웅문의 작가 진융의 상상력이라고 말할 정도로 소문난 독서광이다.

0원으로 시작하는 짠순이 재테크 습관

나의 롤모델 오프라 윈프리 역시 독서광이다. 사생아로 태어나 아홉 살에 사촌오빠에게 성폭행당하고 14살에 미혼모가 되었다. 그러나 미숙아로 태어난 그녀의 아들은 2주 후에 죽었다. 세상 불행은 혼자 다 끌어안은 듯한 가난하고 뚱뚱한 흑인 여성 '오프라 윈프리'. 그녀는 토크쇼에서 자신의 불행한 과거를 다 드러내고 특유의 입담과 솔직함으로 성공했다. 세계 500대 부자이며 자산은 4조 5,000억 원이 넘는다. 어려운 환경에도 불구하고 그녀가 성공할 수 있었던 비결은 뭘까? 그녀는 항상 자신의 인생을 바꿔준 것은 독서였다고 주저 없이 말한다. 그녀는 일주일에 한 권씩 의무적으로 책을 읽고 그 책에 대한 보고서를 작성하는 습관이 있다고 한다.

책으로 부자가 된다

내 취미 역시 독서이다. 나는 작년 휴직하며, 책 속에 길이 있다는 것을 체험한 한 해를 보냈다. 단순히 책을 많이 읽는 데서 끝난 게 아니다. 좋은 책을 읽고 책에서 하라는 대로 바로 실천하였다. 그 결과 작년 한 해 나는 많은 것을 얻었다. 『마녀체력』이란 책을 통해 주 4회 이상 수영강습을 근 1년째 받고 있다. 그 덕분에 '나는 마음먹은 것은 반드시 해낸다'는 자신감과 자존감이 향상되었다. 또 마녀체력 같은 건강을 선물로 받았다. 『영어책 한 권 외워 봤니?』라는 책을 읽고 『영어회화 100일의 기적』이란 회화책을 3번 반복 암기했다. 그 덕분에 영어 회화에 자신감이 한층 올라갔고, 내 아들의 영어 공부에 방향을 잡았다. 『초등 6년 자녀교육이 전부다』라는 책을 읽고 초등학생인 아들의 교육철학을 정했다. 『심플하게 산다』라는 책을 읽고는 안 보는 책을 10박스 이상 중고로 판매하고 안 쓰는 물건을 6박스 이상 기부했다.

나는 재테크에 관심이 많다. 그래서 내가 읽은 책들 중 재테크 관련 책이 많다. 그중 『환율과 금리로 보는 앞으로 3년 경제전쟁의 미래』, 『미라클모닝 밀리어네어』, 『2020 부의 지각변동』, 『주식투자 이렇게 쉬웠어?』, 『주식투자는 마음의 사업이다』, 『돈 되는 주식투자 ETF가 답이다』, 『ETF 투자의 신』 등이 있다. 『미라클모닝 밀리어네어』 책을 읽고 새벽 기상, 명상, 감사 일기, 다짐 등을 시작해서 내 인생이 훨씬 풍요로워졌다. 『환율과 금리로 보는 앞으로 3년 경제전쟁의 미래』를 통해 세계 경제의 흐름을 쉽게 이해했다.

추가로 읽은 『2020년 부의 지각변동』을 읽고 미국 금리 인상에 따른 한국경제의 다양한 파장을 공부했다. 『주식투자 이렇게 쉬웠어?』와 『ETF 투자의 신』을 읽고 직장인에게 ETF만큼 안정된 수익을 주는 것은 없다는 판단 아래 현재 ETF를 투자 중이다. 사실 나의 첫 저축도 『심리계좌』와 『당신이 속고 있는 28가지 재테크의 비밀』 책을 읽고 그대로 따라 한 것이다.

나는 작년에 책을 통해 많은 것을 이루었다. 모두 독서 덕분이지만, 여기서 나아가 실행을 했으니까 얻은 것들이다. 너무 기쁜 나머지 친구들에게 카톡으로 알렸다.

"책 속에 길이 정말 있었어!!"

"그래?"

"나 영어회화도 『영어회화 100일의 기적』 반복 암기했고, 『주식투자 이렇게 쉬웠어?』 보고 작가 만나서 ETF 코칭도 예약했어. 『마녀체력』 보고 수영강습도 했구!"

"결국 실행력 없으면 독서도 다 물거품인데, 정완이 실행력 정말 짱이다."

"고마워!"

착한 내 친구들은 내 칭찬으로 대화가 마무리되었다. '어? 이게 아닌데…' 나는 너무 기뻐서 같이 실행해보자고 하고 싶었다. 하지만 실행력이 없으면 다 물거품이라는 친구들의 말에 공감했다.

중국 『고문진보』에 이런 문장이 실려 있다.

"가난한 사람은 책으로 인해 부자가 되고, 부자는 책으로 인해 존귀하게 된다."

독서는 고작 몇만 원의 최소 비용으로 세계 최고의 전문가를 만나게 해준다. 그들의 삶의 지혜와 인생의 교훈이 담겨 있는 보물창고이다. 워런 버핏처럼 되고 싶다면 워런 버핏의 저서를 읽고, 오프라 윈프리가 되고 싶다면 그녀의 저서를 보면 될 것이다. 그러나 내가 깨달은 점이 하나 있다. 수동적인 독서가 아니라 능동적인 독서를 해야 한다는 것이다. 대부분의 사람은 독서를 하고 그냥 책을 덮고 만다. 그리고 돌아서면 남는 것이 없다. 독서를 하되, 메모를 하며 읽고, 그 후엔 바로 실천으로 옮겨야 그 책이 온전히 나의 것이 된다. '구슬이 서 말이라도 꿰어야 보배.'라는 말이 있다. 부자들의 첫 번째 취미는 독서이다. 그러나 그들은 그냥 독서가 아닌 실천 독서를 하고 있다.

0원으로 시작하는 짠순이 재테크 습관

6

부자들은 흘러가는 경제를 공부한다

경제를 공부하면 돈의 흐름이 보인다

1997년 IMF 외환 위기를 기억하는가? 내가 대학교 3학년 때였다. 우리 집은 IMF 외환위기 무렵, 아빠의 사업실패로 가난의 나락으로 떨어졌다. 당시 TV에서는 기업의 연쇄 부도, 대출금리 고공행진, 달러 폭등, 근로자들의 실업으로 인한 자살 등 험악한 뉴스뿐이었다. 그러나 주위는 아무리 둘러봐도 IMF로 가난의 구렁텅이로 빠진 건 우리 집뿐이었다. 우리 집 빼고는 세상이 고요해 보였다. 우리 집은 중산층이었다. 엄마는 알뜰하셨고, 재테크 공부를 항상 하셔서 우리 3남매가 중·고등학교 입학 무렵에는 분당에서 제일 큰 79평 아파트로 이사했다. 아빠 골프회원권, 콘도도 몇 개, 강남에 오피스텔, 지방에 땅도 있었다. 돈과 명예를 중시하시던 부모님은 우리가 대학에 들어가면 최고로 누리며 살게 해준다며 평소 근검절약하셨다.

아빠는 동아건설에서 대만 수출 담당으로 상무이사까지 하며 승승장구하셨다. 1992년 우리나라와 대만의 수교단절로 아빠의 전문분야가 없어지자 '동아건설'에서 퇴사하시고 '㈜FINE국제운송'회사를 설립하셨다. 아빠는 사업은 잘하셨다. 그러나 중동 '두바이'에서 받아야 할 돈을 못 받아서 자금 사정 악화로 부도가 났다. 부모님은 집 빼고 이거저거 다 팔아 빚을 막았지만, 역부족이었다. 마지막 남은 집을 제값을 받고 팔아야만 했다. 그러나 그때는 부동산 폭락 시기라 큰 평수 아파트는 아예 팔리지 않았다. 결국 대출이자를 버텨내지 못하고 마지막 남은 큰 재산인 집을 급매 떨이로 팔아버렸다.

나는 'IMF'라는 단어를 들으면 아빠의 사업실패가 연상되어 가슴이 아프다. 평온했던 우리 집이 지옥처럼 아수라장이 됐던 그때. 엄마는 날마다 우셨고, 아빠는 어쩔 줄 몰라 하셨다. 늘 따뜻했던 집안 분위기는 냉랭해졌다. 엄마는 며칠을 고민하시더니 보험설계사가 되어 빚을 갚아나가셨다. 그러나 명예를 중시하던 부잣집 사모님이 갑자기 영업사원이 되니 수치스러워하며 신세를 한탄하셨다. 부자였던 지라 주위에 부자 친구들이 있었다. 덕분에 보험을 해도 큰 건을 잘해내셔서 빚을 많이 갚았다.

0원으로 시작하는 짠순이 재테크 습관

그 힘든 시절을 지나온 엄마에게 도움이 못 되어 죄송하고 감사하다고 말씀드리고 싶다.

2015년 말 주말부부, 독박 육아로 복직하게 된 나를 위해 엄마가 도와 주셨다. 평일 우리 집에 오셔서 1년간 유치원생인 아들과 살림을 봐주셨다. 우리 엄마는 보통 할머니와 아주 다르다. 엄마는 나이 70세가 다 되도록 늘 경제 공부를 하신다. 그날도 한참 이어폰으로 경제 강좌를 듣다가 뜬금없이 옛날 얘기를 하셨다.

"IMF 때 엄마 친구 **이 아줌마는 오파상을 했었거든. 월급을 달러로 받아서 부자가 됐어. 엄마도 그때 빨리 달러를 사서 쟁였어야 했는데, 무식해서 은행이자를 매달 몇백만 원씩 냈다. 아니면 분당 집 팔고 분당 작은 평수로라도 이사 갔어야 했는데…. 사업실패하고 자존심이 상해서 아무도 만나기 싫더라. 그래서 예전에 살던 서울 **동으로 이사 간 거지…. 그러면 안 되는 거였는데…. 그게 다 경제 공부를 안 해서 그런 거야. 그때가 바로 10년 주기 '주글러 파동'이었는데 말야. 너도 얼른 경제 공부 좀 해!"

야근 후 퇴근해서 피곤한 나에게 경제 공부하라고 잔소리를 하신다. 나는 점점 상대방 상태는 생각 안 하고, 불쑥불쑥 잔소리하는 엄마에게 짜증이 났다. 하지만 엄마 말이 맞다는 것은 잘 알고 있다. 부자들은 늘 경제 공부를 한다. 세계적인 억만장자부터 젊은 CEO까지, 부자들의 공통점은 돈 공부 습관이 몸에 배어 있다. 세계적인 거부 워런 버핏은 널리 알려진 대로 하루에 5~6시간을 신문과 책 읽기에 몰두한다. 투자 정보 관련 책과 신문, 잡지, 주식 및 채권 시장에 대한 뉴스 레터 등 자신의 전공 분야인 투자와 관련된 자료를 집중적으로 읽는다고 한다. 워런 버핏은 7세에 경제 관련 서적을 읽고, 11세에 주식투자를 시작했다고 한다. 워런 버핏의 40년 지기 친구이자 사업 파트너인 찰리 멍거 부회장도 자신의 성공비법은 '끊임없는 학습과 독서'를 꼽는다. 그는 평생에 걸쳐 돈에 대해 학습하지 않았다면, 지금처럼 어마어마한 부를 쌓지 못했다고 하였다.

부자들은 늘 경제를 공부한다

우리 집이 급 빈곤층이 된 1998년, 대학교 과방에서 후배 A가 잔뜩 멋을 부리고 앉아 있었다. 우리 학교는 지방 유지의 딸들이 많이 입학했다. 후배 A는 은행장의 딸이었다. 후배 A는 아직 대학 3학년인데 다른 과 4학년 복학생 선배랑 결혼 얘기가 오가고 있었다.

"티셔츠 완전 고급스러운데?"
"엄마가 혼수 준비한다고 백화점 가서 캐시미어 티셔츠 사 왔어. 어때?

부드럽지? 이건 혼수 사러 가서 그냥 사온 거고, 금으로 된 혼수 그릇 세트를 사서 옷장 위에 숨겨놨어. 아빠 보면 안 된다고."

"행복하구나."

"요즘 금리가 엄청 좋잖아. 엄마 통장에 몇억이 있는데, 매달 이자만 몇백이라 우리 엄마 요즘 백화점쇼핑이 취미야."

"우와~ 좋겠다."

부잣집 딸인 후배 A는 묻지도 않았는데 돈자랑을 했다. 씁쓸했다. 통장에 몇억이라…. 우리 엄마도 몇 년 전까지 우리 3남매 통장에 1억씩은 넣어뒀다고 했는데…. 나는 마냥 부러웠다. 사업실패 후 집에서 담배만 피우는 아빠를 생각하니 속상했다. 그것보다 후배 A의 엄마는 비싼 예금금리 받고 돈 쓰고 다니는데, 우리 엄마는 엄청난 대출금리 갚느라 오늘도 보험 팔러 다닌다는 생각에 가슴이 아팠다.

인기 드라마 〈응답하라 1998〉년을 보면 당시 저축금리가 10~15%씩이나 되었으니 월급 받으면 저축만 해도 부자였다. 과거에는 학교 공부만 잘해서 좋은 대학에 들어가고 대기업을 들어가면 정년이 보장되었다. 퇴사 후에도 낙하산으로 일자리를 받을 수 있어서 평생 잘 살 수 있었다. 너도나도 공부 잘해서 좋은 대학 들어가고 대기업 입사가 인생 최대의 목표였다. 월급을 저축만 해도 부자가 되다니…. 돌이켜보면 참 경기 호황이던 호시절이다. 지금은 어떤가? 실업률이 급증해서 오히려 스펙을 숨기고 하향지원을 해서 취업하는 시대이다. 힘들게 직장에 들어가도 45세 정년이라는 '사오정', 56세까지 직장 다니면 도둑놈이라는 '오륙도'라는 말처럼 언제 잘릴 지 알 수 없는 불안한 시대이다. 그래서 직장인이라면 직장에 다니는 지금, 재테크 공부를 해야 한다.

나는 엄마에게 고분고분한 딸은 아니지만 내심 말은 잘 듣는다. 엄마의 소개로 유료 재테크 강좌를 수강하기 시작했다. 시장환율과 재정환율, 기축통화와 준 기축통화, 환율과 달러로 환산한 총 통화량과의 관계, 환율과 부동산과의 관계, 유가와 금리의 관계, 금투자, 달러투자, 주식, 해외펀드, 부동산 투자 등을 시간 날 때마다 공부했다. 처음에는 무슨 소린지 몰랐는데, 갈수록 재미가 있었다. 특히 할아버지 강사가 IMF 때 달러와 금 투자로 재산이 10배, 20배씩 증가한 강남 부자들이 많다는 말에 경제 공부의 중요성을 깨달았다.

부자들은 위기를 기회로 만들 줄 아는 사람들이다. 그리고 기회를 잡기 위해 경제 공부를 꾸준히 해서 안목을 기른다. 뉴스나 신문에서 철 지난 정보를 흘릴 때 귓등으로 듣고, 자신의 공부를 통한 선견지명대로 투자한다. 주식이든 부동산이든 모두가 헐값에 팔아버릴 때 조용히 주워 담는다. 그리고 개미들이 뒤늦게 꼭대기에서 사려고 할 때 최고가에 판다.

0원으로 시작하는 짠순이 재테크 습관

사실 직장을 다니며 경제 공부까지 해야 하는 현실이 참 힘들게 느껴질 때가 많다. 특히 나는 잘릴 염려 없는 공무원인데 억울했다. 노후를 보장해주는 공무원연금만 믿고 박봉임에도 공무원이 된 사람이 많다. 그러나 박근혜 정부 때 공무원연금은 국민연금보다 못한 수준으로 내려앉고 말았다.

사람들은 공무원연금을 뭔가 혜택이 많은 듯 착각을 한다. 공무원연금에는 퇴직금이 포함되어 있다는 사실은 쉽게 간과한다. 태반의 50대 이하 교사들은 공무원연금 납입을 싫어한다. 내 돈은 퇴직 교사 연금으로 들어갈 뿐 정작 나는 나중에 마이너스로 받기 때문이다. 혹자는 '취업사기'라며 분개한다. 그렇다 하더라도 우리는 힘없는 공노비일 뿐이다. 나는 이제 직장을 믿지 않는다. 안정된 직장이란 이제 없다는 것을 알았다. 부자가 되려면 경제 공부를 하라. 직장은 절대 우리의 노후를 책임져주지 않는다. 부자들은 늘 경제를 공부한다.

7

다 제쳐두고 일단 종잣돈부터 만든다

종잣돈은 생명이고, 내일을 위한 대비이다!

얼마 전, 아이와 미술학원에 가는 길이었다. 학교 앞에서 솜사탕 아저씨가 솜사탕을 만들고 있었다. 설탕 가루 몇 수저 넣고 크게 휘두르니 뭉게뭉게 구름처럼 솜사탕이 만들어지는 모습이 신기했다. 어릴 적 놀이공원에서 사 먹던 생각도 났다. 내가 솜사탕을 바라보니 아들은 여지없이 들이댄다.

"엄마. 솜사탕 사줘!"

"안돼. 저거 다 설탕이야. 너 충치 많아서 안 돼."

"치!"

0원으로 시작하는 짠순이 재테크 습관

재료는 설탕 조금인데, 달콤한 솜사탕이 만들어진다. 요술 지팡이로 솜사탕을 만들어내는 거 같다. 푼돈을 넣어서 저렇게 커지면 얼마나 좋을까? 그 돈으로 나는 강남에 집을 사고 싶다. 모두 갖고 싶어 하는 목돈. 자동차 왕 헨리포드는 10센트 동전도 소중히 여겼다. "이 하나의 동전이 모여 오늘날의 재산이 되었다."라고 했다. 목돈도 푼돈이 쌓여서 만들어지는 것이다. 이런 생각에 미치자 하루하루의 소중함, 푼돈의 소중함이 느껴졌다.

예전에 농부들은 "아무리 배가 고파도 종자는 먹지 않는 법이다. 종자를 잘 간수해야 이듬해 농사를 지을 수 있다. 종자는 생명이고, 내일을 위한 대비"라고 했다. 너무 작아서 쓰려고 하면 순식간인 푼돈. 하지만 푼돈이 없으면 우리는 절대 부자로 살 수 없다. 요즘은 경제 불황과 청년 실업난이 심각해져서 미래에 대한 불안감이 급증하고 있다. '개천에서 용난다'는 말이 이제는 '개천의 용은 다시 개천으로 간다'는 말로 바뀌어버렸다. 그래서 신세대들 사이에서는 오늘 하루를 즐기자는 '노세 노세 젊어 노세.'라는 사고의 '탕진잼', '소확행', '욜로' 등의 단어가 등장했다. 방탄소년단의 '고민보다 go'라는 가사를 보자.

DOLLAR DOLLAR
하루아침에 전부 탕진

달려 달려 내가 벌어 내가 사치

달려 달려 달려 달려

달려 달려

난 원해 cruisin' on the bay

원해 cruisin' like NEMO

돈은 없지만 떠나고 싶어 멀리로

난 돈은 없지만서도 풀고 싶어 피로

돈 없지만 먹고 싶어 오노 지로

열일 해서 번 나의 pay

전부 다 내 배에

티끌 모아 티끌 탕진잼 다 지불해

내버려둬 과소비해버려도

내일 아침 내가 미친놈처럼

내 적금을 깨버려도

WOO 내일은 없어

내 미랜 벌써 저당 잡혔어

WOO 내 돈을 더 써

친구들 wussup

Do you want some?

– 후략 –

요즘 세태를 반영하는 가사이다. 아무리 청년 취업난에 경기침체기라지만 미래에 대한 희망마저 버리는 느낌이다. 현대 故정주영 회장은 가난한 농부의 아들로 태어나 소를 판돈 70만 원으로 굴지의 기업을 일궈낸 사업가이다. 정주영 회장에게 만약 70만 원이라는 종잣돈이 없었더라면 오늘날의 '현대'가 있었겠는가? 나는 종잣돈이 작은 불씨 같다는 생각이 든다. 전기가 없던 시절 불씨는 아주 소중했다. 그래서 옛말이지만 "불씨 꺼뜨린 여자는 집안을 망친다."라고까지 했다. 인간과 동물이 다른 이유가 불의 발견이라고 한다. 불은 인류문명의 엄청난 진화와 혜택을 주었다. 과거 딸을 시집보내는 어머니는 작은 주머니에 조연제(약해진 불을 살리는 가루)를 넣어주었다고 한다. 불씨가 있어야 아궁이에서 음식을 익히고 방에서 따뜻하게 지낼 수 있었기 때문이다.

종잣돈의 중요성을 알면 돈을 잘 모을 수 있을까? 나는 돈을 모으고 싶은데 방법을 몰라서 한동안 재테크 까페를 많이 가입해서 따라 해본 적이 있다. '월급쟁이재테크 연구', '짠돌이 부자되기', '거북이마을', '부동산 스터디' 등이 그것이다. 거기에서 앱테크와 푼돈 모으는 방법이 있다는 것을 알게 되었다. 캐쉬워크, 머니트리, sk스토아 두둠포인트, 동원몰 쿠폰, 각종 이벤트응모, ok캐쉬백 경유 쇼핑 등이 내가 해본 것이다. GS샵의 경우 주기적으로 2,000원 이벤트 적립금을 주었다. 그러면 이 2,000원을 어찌 쓸지 궁리를 해야 한다. '뽐뿌사이트'에 들어가면 친절하게 'GS샵 2,000원 무배 상품들'이란 제목으로 해당 상품 리스트가 쫙 뜬다. 그러면 하나하나 들어가서 나에게 필요한 상품인지 알아보는데 시간이 걸렸다. 그 2,000원 적립금은 미끼였다. 사다 보면 2,000원보다 좋은 상품을 사게 된다. 결국 추가 돈을 내며 필요 없는 물건을 사는 데 공을 들이게 되었다. 게다가 종일 휴대폰만 끼고 살아서 중독이 되었다. 어느 주말 아침 늦잠을 자는데 아들이 다가왔다.

"엄마. 엄마. 일어나봐!" 껌딱지 아들은 주말에는 평일보다 더 일찍 일어나서 나만 찾는다.
"…"

내가 아무 대꾸도 안 하고 눈을 안 뜨자 아들은 나가서 내 휴대폰을 찾아서는 내 손에 꼭 쥐어 주었다.

"엄마. 휴대폰이야. 자, 이제 일어나."

0원으로 시작하는 짠순이 재테크 습관

나는 이날 충격을 받았다. 푼돈 부업이고 모고 이건 아니란 생각이 들었다. 내가 종잣돈을 모으는 이유는 더 큰 도약을 위해서이다. 그러나 푼돈에 집착하는 것과는 다르다. 차라리 필요 없는 지출을 막는 절약이 돈 모으기가 더 쉽고 현명하다. 이런 소소한 돈을 모으려 애쓸 시간에 절약과 재테크 공부하는 것이 낫다는 결론을 내렸다. 그래서 나만의 종잣돈 만들기 전략을 정했다.

나만의 종잣돈 만들기 전략 7가지를 제시한다.

1) 월급의 50% 이상을 저축하라

신협이나 새마을금고는 3천만 원까지 비과세 혜택이 있다. 이 통장을 적극 활용하여 저축하자.

2) 체크카드를 사용하라

체크카드 잔고 알리미를 이용하자. 유료라도 알리미 서비스를 사용하는 것이 절약에 도움이 된다.

3) 카드 Card SMS 어플을 사용하라

이 어플은 카드를 쓰기만 하면 카드별 자동으로 금액이 입력된다. 누적합산도 알 수 있어서 매달 카드 실적 맞추기에 딱 좋다.

4) 소액이라도 투자를 하라

투자는 습관이다. 매달 소액이라도 투자해보자. 종잣돈을 모으는 이유는 투자를 위해서이다. 연습이 되어야 투자로 성공할 수 있다.

5) 비교는 금물. 마이웨이로 하라

남의 인생과 비교하는 것은 불행을 자초하는 것이다. 사람마다 자금 사정은 다 다르다. 내 인생에만 집중하자.

6) 안 쓰는 물건은 팔거나 기부하라

주기적으로 안 쓰는 책이나, 플라스틱 통, 안 입는 옷 등은 팔거나 기부하자. 나는 작년에 기부금으로 52만 원을 기부했다.

7) 세테크에 신경 쓰자

나는 올해 연말정산에는 실패했다. 무급휴직이라 남편에게 인적공제를 받으려고 내 카드를 썼고, 내 이름으로 현금영수증을 받았다. 무급휴직이지만 1, 2월에 보너스가 나온다는 사실을 간과해버렸다. 그 결과 기부금을 52만 원이나 해놓고 공제받지 못했다. 세금을 신경 써야 한다.

우리 인생에서 여유 있는 때란 지금도 없고 앞으로도 영원히 없을 것이다. 일부러 만들어서 재테크를 해야 한다. 사람들은 삶에 순응하며 산다. "인생 뭐 있어?" 하면서 퇴근 후 술 한잔하며, 주말에는 쇼핑몰에서 외식과 쇼핑을 하며 카드를 긁는다. 늘 월급날이면 카드값 갚고 나면 잔고가 거의 없다. "천 리 길도 한 걸음부터."라는 말이 있다. 당장 오늘부터 필요한 곳만 지출하고 남은 돈으로는 저축을 시작하자. 종잣돈 만들기가 부의 첫걸음이다. 우리도 부자가 될 수 있다.

8

목돈이 모이면 그때부터 투자한다

돈이 자동으로 들어오는 파이프라인을 만들어라

"잠자는 동안에도 돈이 들어오는 방법을 찾아내지 못한다면 당신은 죽을 때까지 일을 해야만 할 것이다." 워런 버핏이 한 말이다.

우리는 살면서 취업을 위해 엄청난 공부를 하며 무수히 많은 시간과 돈을 썼다. 초등학교 6년, 중학교 3년, 고등학교 3년, 대학교 4년, 대학원 석사 2년, 대학원 박사 과정 2~3년, 유학 등 기본 학사까지는 16년+알파의 세월이다.

예전에 들은 이야기가 있다. 아는 분이 아들이 3명인데 모두 공부를 잘해서 입만 열면 기승전 아들 자랑이었다. 아들들은 국내외 우수한 대학에서 공부하고, 유학도 갔다. 그런데 어느 날 그분은 침울한 표정으로 심정을 고백했다.

"내 막내아들이 40살인데 아직도 공부 중이야. 결혼은커녕 대체 언제 취직을 해서 돈을 벌는지…."

늘 자랑만 하던 그 분의 한숨이 참 애처로워 보였다. 우리나라는 교육열이 매우 강하다. 그럴 수밖에 없는 것이 자원이라고는 인적자원뿐이기 때문이다. 우리나라가 이만큼 잘 사는 것도 모두 교육열 덕분이라 해도 과언이 아니다. 그런데 교육열이 점점 실생활과는 상관없는 대학입시로 빠져들면서 부모들은 자식이 명문대에 들어가기만을 학수고대한다. 예전에는 명문대에 들어가면 대기업 취업으로 이어졌고, 한 번 입사하면 정년도 거의 보장받았다. 경제 호황으로 받은 월급을 저축만 해도 이율이 꽤 높았고, 큰 투자지식이 없어도 개발 붐으로 집이나 땅이나 어디를 사도 수익이 났던 호시절이었다.

그런데 IMF 이후로 더 이상 평생직장이 없다는 사실을 전 국민이 자각하기 시작했다. 유학까지 다녀와도 취업 자체가 힘든 현실이다. 다행히 전 국민이 바라는 대기업과 공무원, 공기업에 취업을 한다 쳐도 돈을 벌수 있는 시간은 한정되어 있다. '100세 시대'라는 지금, 수입 없는 수명연장은 축복이 아닌 불행의 연속이다.

이제는 직장에만 의존해서는 평생 먹고살 수 없다. 직장에 다니는 동안 수입의 파이프라인을 만들어야만 한다. 우리 아들에게 자기 전에 읽어주던 책『푸돌이 발명 대작전』을 소개하겠다.

옛날 깊은 산속에 용들이 모여 사는 마을이 있었다. 마을에는 전등도 가스레인지도 없었지만 용들이 불을 내뿜는 덕에 그럭저럭 살 만했다. 꼬마 용 '푸후'는 아무리 애를 써도 남들에 비해 아주 작은 불만 내뿜을 수 있어서 친구들의 놀림을 받았다. '푸후'는 아빠에게도 물어보고, 마을 최고 어른 용에게도 가서 물어보았다.

"할아버지, 어떻게 하면 뜨겁고 센 불을 만들 수 있나요?"
"공기를 힘껏 들이마시고 불을 확 뿜으렴."

'푸후'는 공기의 원리를 배우고 집으로 돌아와 크고 센 불을 만들 수 있는 기계의 설계도를 그렸다. '푸돌이 1호'를 완성시켰다. 마침 직접 불을 뿜으며 커다란 돼지를 굽고 있는 친구들에게 다가가자 친구들은 또 놀렸다.

"한가한 푸후 왔니?"
"애들아, 잠깐만 물러나볼래?"

0원으로 시작하는 짠순이 재테크 습관

'푸돌이 1호'에 바람을 넣자 화르르르 커다란 불이 뿜어져 나왔다. 푸후는 마을에서 가장 인기 있는 용이 되었다. '푸돌이 1호'만 있으면 직접 불을 뿜는 수고 없이 다들 편하게 불도 켜고 요리도 하게 되었다.

나는 이 동화책을 보고 감동받았다. 남들과 같이 평범한 파이프라인도 없던 열등한 '푸후'가 그 분야 최고의 스승을 찾아가서 방법을 배웠다. '푸후'는 배움에서 그치지 않고, 발명을 해서 더 큰 파이프라인을 만들었다. 남들처럼 힘들게 노동으로 불을 뿜는 것이 아니라 기계의 힘을 이용하여 더 큰불을 만들어냈다. '푸후'는 잠자는 동안에도 돈이 들어오는 방법을 찾아낸 진정한 성공가가 된 것이다. 남들처럼 보통의 재능도 없던 푸후는 자신만의 달란트를 찾았다. 나도 이 책을 통해 열심히 배우고 나만의 달란트를 찾기로 결심했다.

나는 작년 3월부터 수영을 배워서 1년 정도 열심히 수영강습을 받고 있다. 매주 월요일은 '오리발 데이'이다. 처음 중급반에 올라가서 오리발 강습을 배운 게 엊그제 같은데 이제는 아주 노련한 수영강습생이 되었다. 나의 오리발은 하얀색이다. 회원 모두 제각각 마음에 드는 컬러의 오리발을 준비해서 월요일마다 오리발을 이용해서 수영을 한다. 오리발은 마치 전기 모터 같다. 그냥 발차기로 수영해서 나가는 속도보다 긴 오리발을 신고 발차기를 한 번 하면 쭉쭉 날아간다. 이 오리발이 빛을 발하는 영법은 바로 '접영'이다. 접영에서 오리발을 신고 발차기를 하는 순간 나는 돌고래가 된 듯, 가오리가 된 듯 빠르고 힘차게 물속을 가른다. 그 기분은 말로 표현할 수 없이 좋다. 오리발로 접영을 하며 나는 투자를 해서 더 큰 부자가 되는 꿈을 꾼다. 나의 목돈이 투자의 오리발이 되어줄 것이다. 더 높은 지렛대가 되어 투자수익을 극대화시켜줄 것이다.

다양한 투자 연습으로 적성에 맞는 투자 방법을 찾아라

우리가 종잣돈을 모으는 이유는 바로 투자를 하기 위해서이다. 만약 당신이 직장에서 월급만 버는 데 모든 시간을 보낸다면 부자가 될 확률은 0이다. 가난한 사람들은 성실성만을 중시한다. 남이 만든 회사를 다니며 충성을 다해도 월급은 고정되어 있다. 올라봤자 큰 기대는 하기 어렵다. 게다가 언제 쫓겨날지 알 수도 없다. 직장이 당신을 평생 고용해줄 것이라고 생각하는가? 혼자만의 김칫국물 마시기이다. 직장은 그럴 생각이 없다. 나는 공무원이지만 내 직장을 믿지 않는다. 나와 같은 생각을 하는 사람들이 점점 늘고 있다. 그래서 요즘 서점에 가면 각종 재테크 서적이 점점 늘고 있다.

그런데 목돈을 모아서 투자를 하라고 하면 대개 비슷한 말을 듣는다.

"주식하다 망한 사람이 어디 한둘이야?"

0원으로 시작하는 짠순이 재테크 습관

"먹고살 돈도 없는 데 무슨 투자야?"

"지금은 하루하루 너무 바빠서 시간이 없어."

"방법을 모르겠어. 어려워."

투자를 하지 않는 사람들은 게으른 사람이다. 먼저 책으로 공부를 하고, 블로그, 유튜브를 통해 부자들의 투자를 공부하자. 소액이라도 매달 일정 금액으로 다양한 투자 연습을 해봐야 한다. 조금 손해를 본다 해도 경험을 샀다고 생각하라. 다양한 투자는 마치 자신의 적성을 찾는 것과 유사하다. 부동산, 주식, 펀드, 외화예금, 금투자 등 항상 재테크에 눈과 귀를 열어야 한다. 한 살이라도 젊었을 때 다양한 투자를 배워놓는 것이 유리하다. 직장에 다니는 동안 돈 버는 기술을 배워놓아야 한다. 직장 다니는 것만도 벅차서 여력이 없는가? 직장인은 모두 마찬가지이다. 누구나 퇴근 후 친구들과 술 한잔, 커피 한잔하며 수다로 피로를 풀고 싶다. 그러나 피곤하고 쉬고 싶음에도 출근 전, 퇴근 후 지독히 공부하고 실행하는 자만이 다양한 부의 파이프라인을 가질 수 있다.

사람들은 부자가 되어 경제적 자유를 꿈꾼다. 그러나 '나는 흙수저라 안 돼, 경제가 안 좋으니 아무것도 하면 안 돼.'등 다양한 핑계를 대며 실천은 하지 않고 꿈만 꾼다. 그 결과 영원히 경제적 자유는 꿈으로만 남는다. 목돈을 모았다면 투자를 해야 한다. 목돈을 은행에만 넣으면 안전할까? 남편을 비롯한 사람들은 저축이 안전하다고 착각을 한다. 그러나 이제 마이너스 금리 시대로 진입 중이고, 세월의 흐름에 따라 물가 상승으로 돈의 가치는 떨어진다. 결국 은행에만 넣어두면 내 돈이 사라지게 된다. 직장을 다니며 매달 소액투자로 투자의 흐름을 공부 후 목돈이 모였을 때 투자해야 한다. 목돈이 있으면 재테크의 속도가 빨라진다. 가성비 큰 투자는 큰 수익을 가져다주기 때문이다. 목돈이 모이면 투자하라. 이 것이 바로 경제적 자유를 얻는 지름길이다.

0원으로 시작하는 짠순이 재테크 습관

3. 작은 부자들의 8가지 비밀

1) 푼돈 무서운 줄 안다

워런 버핏은 "눈앞의 100달러보다 호주머니에 있는 1달러를 아껴라."
라고 말했다.

흔히 말하는 부자들의 공통점 중 하나가 바로 '푼돈을 아낀다'라는 것
이다. 부자들은 밥 한 끼 잘 사지 않는 편이지만 오히려 큰돈을 쓰는 편
이다. 부자들은 돈을 푼돈, 목돈으로 나누어 생각하지 않는다.

부자들은 돈을 나를 찾아온 '손님' 대하듯 귀하게 여긴다. 푼돈이란 목
돈의 주춧돌로 생각한다. 에베레스트 산을 오를 때 단 한 번에 오를 수
있는 사람은 없다. 평소 동네 뒷산 오르기부터 연습하는 것이다. '티끌
모아 태산이고 푼돈 모아 목돈이 된다'는 말은 진리이다.

2) 지출을 막아라

수입보다 지출을 줄이는 것은 재테크의 기본이다. '밑 빠진 독에 물 붓기'라는 속담처럼 지출이 크면 물을 아무리 열심히 부어봤자 허사이다. 지금 우리 가정에서 나가는 고정 지출을 점검하라. 그리고 자신의 소비 습관을 예의주시하여 헛돈을 쓰는 일을 막아야 한다.

한 번뿐인 내 인생을 순간의 쾌락으로 날리지 말고 멋진 기업광고 마케팅에 낚이지 말자. 내 인생은 그 누구도 책임지지 않는다. 젊어서 돈 낭비하지 말자. 열심히 아낀 돈으로 자기계발을 하고 진정한 자아실현을 하자. 오늘을 충실히 살다 보면 매일매일 나의 꿈에 한 발짝씩 가까워진다.

3) 수입의 반 이상 저축한다

직장인들의 새해 소망은 부자가 되고 싶다고 한다. 왜 모두 부자가 되고 싶은 걸까?

아마도 경제적 자유가 가장 큰 목적일 것이다. 한동안 종잣돈 1억 만들기가 열풍이었다. 불경기와 실업난 등으로 전 국민이 돈 모으기에 세대를 불문하고 집중 중이다. 1억을 만들려면 어떻게 해야 할까? 일단 100만 원, 1,000만 원의 종잣돈부터 만들어야 한다. 부자가 되기 위한 첫걸음은 잃지 않는 재테크인 강제 저축이다. 리스크 없이 정해진 기한 내에 계획대로 종잣돈이나 목표자금을 얻을 수 있는 유일한 방법인 것이다. 시작이 반이다. 1년 만기 적금을 가입하고 만기까지 성공해본 적이 있는가? 이런 자제력과 인내, 성실한 경험은 앞으로 돈을 모으는 데 큰 자산이 된다. 지금 바로 강제 저축을 실천하자.

4) 경제를 공부한다

부자들은 늘 경제 공부를 한다. 세계적인 억만장자부터 젊은 CEO까지, 부자들의 공통점은 돈 공부 습관이 몸에 배어 있다. 세계적인 거부 워런 버핏은 널리 알려진 대로 하루에 5~6시간을 신문과 책 읽기에 몰두한다. 투자 정보 관련 책과 신문, 잡지, 주식 및 채권 시장에 대한 뉴스레터 등 자신의 전공 분야인 투자와 관련된 자료를 집중적으로 읽는다고 한다. 워런 버핏은 7세에 경제 관련 서적을 읽고, 11세에 주식투자를 시작했다고 한다.

부자가 되려면 경제공부를 하라. 직장은 절대 우리의 노후를 책임지지 않는다. 부자들은 늘 경제를 공부한다.

5) 다양한 재테크 방법을 공부한다

직장에 다니는 동안 돈 버는 기술을 배워놓아야 한다. 부자들은 위기를 기회로 만들 줄 아는 사람들이다. 그리고 기회를 잡기 위해 경제와 다양한 재테크 공부를 꾸준히 해서 안목을 기른다. 그러나 기회를 알아도 재테크 방법을 모르거나 서툴다면 투자는 실패한다. 한 곳을 가더라도 다양한 교통수단과 다양한 길을 아는 사람은 선택의 폭이 훨씬 넓고, 최적화 루트로 도달할 수 있다.

6) 소액이라도 투자한다

투자를 하지 않는 사람들은 게으른 사람이다. 먼저 책으로 공부를 하고, 블로그, 유튜브를 통해 부자들의 투자를 공부하자. 소액이라도 매달 일정 금액으로 다양한 투자 연습을 해봐야 한다. 조금 손해를 보더라도 경험을 샀다고 생각하라. 다양한 투자는 마치 자신의 적성을 찾는 것과 유사하다. 부동산, 주식, 펀드, 외화예금, 금투자 등 항상 재테크에 눈과 귀를 열어야 한다. 한 살이라도 젊었을 때 다양한 투자를 배워놓는 것이 유리하다. 백날 노하우를 듣기만 하면 부자될까? 고기를 잡으려면 물에 들어가야 한다. 가장 중요한 습관은 오직 행동이다. 행동만이 성공을 가져다준다.

7) 종잣돈을 만든다

많은 경쟁을 물리치고 취업을 해도 퇴직까지 돈을 벌 수 있는 시간은 길어야 20년 정도가 고작이다. 그 기간에 100세시대까지 평생 쓸 돈을 다 벌어야 한다는 말이다. 그래서 직장인에게 재테크는 필수이다. 재테크를 하려면 일단 종잣돈이 필요하다. 일반 직장인이 빠르게 종잣돈을

0원으로 시작하는 짠순이 재테크 습관

모으려면 강제 저축만 한 것이 없다. 부자로 살고 싶은가? 그렇다면 단, 1년 만이라도 돈을 모아봐야 한다. 강제 저축을 통해 지출을 통제하면, 투자의 필수 준비물인 절제와 인내를 얻을 수 있다. '천 리 길도 한 걸음부터'라는 말이 있다. 당장 오늘부터 필요한 곳만 지출하고 남은 돈은 저축을 시작하자. 종잣돈 만들기가 부의 첫걸음이다.

8) 근면 성실하다

근면 성실은 모든 일의 기본기이다. 성공한 사람치고 근면 성실하지 않은 사람은 없다. 만일 노력 없이 성공했다면 그 성공은 오래 가지 못한다. 나도 천성이 꾀가 많아서 늘 의식적으로 근면 성실한 사람이 되고자 노력한다. 나와의 약속을 지키지 못하는 자는 아무 일도 해낼 수 없다. 나는 세상에서 나 자신이 가장 무섭지만, 스스로에게 인정받았을 때 최고의 희열을 느낀다. 자존감이 향상되는 것이다. 부자가 되는 방법을 알려줘도 근면 성실하지 못하면 절대 따라 할 수 없다. 따라할 엄두조차 내지 못한다. 만일 지금 성실함이 부족하다고 생각한다면, 지금부터 목표를 세우고 차근차근 매일 한걸음씩 나아가보자. 시작이 반이다.

A
Frugal
Investment
Techniques

4장

누구나 푼돈으로
월 100만 원 모으는 비법

1

고금리 예·적금 통장 만들기

강제 저축은 재테크의 필수다

3년의 육아휴직을 마치고 복직 후 6개월쯤 지나자 통장에 잔고가 쌓이기 시작했다. 행복한 고민이 시작된 것이다. 처음 저축은 지출통제 연습차 시작하는 것이어서 근거리 은행에만 저축하자고 다짐을 했다. 그러다 재테크에 관한 책들을 읽다 보니 금융기관별로 저축 금리가 다름을 알게되었다. 책들을 읽기 전까지는 저축에 대한 세금이 농특세와 이자소득세가 있다는 정도만 알고 있었다. 공부를 해보니 은행은 저축은행과 신협/새마을금고로 나뉘었다. 세전 금리와 세후 금리의 차이, 세금 우대, 비과세 등을 공부하고 나서 집 근처 신협과 새마을금고에 비과세로 저축하기로 결정했다.

새마을금고에 정기적금을 2개로 나눠 넣었다. 6개월 만기와 1년 만기로 개설했다. 저금리 시대라 금리가 참 초라했지만 강제 저축을 처음 시작하는 거라 열심히 부었다. 한편 월급통장도 관리하고 싶었다. '월급쟁이 재테크 연구' 카페와 '짠돌이 부자되기', '거북이 마을', '스마트 컨슈머' 카페 등을 열심히 들락날락하며 입출금 자유통장으로 적합한 것을 알아보았다. 월급통장은 입출금자유통장임에도 약간의 조건만 충족하면 금리가 괜찮았다.

그래서 만든 통장이 SC '내지갑통장'과 웰컴저축은행 '직장인사랑보통통장'이다.

SC '내지갑 통장'은 매달 70만 원을 '급여'라는 이름으로 입금하면 50만 원 초과 200만 원까지 연 2.8%였다. 우대 조건은 체크카드 실적 매달 30만 원과 자동이체 3건 이상, 통신/전화요금 이체 1건 이상 중 하나를 선택하면 되었다. 미리 알아봐두었던 SC '리워드 360' 체크카드를 선택해서 같이 이용했다. SC 11 신용카드와 함께 사용하니 매달 리워드 포인트도 3만 점이상 잘 쌓여서 카드 대금 선결제를 했다.

웰컴저축은행 '직장인사랑보통통장'은 매달 자동이체 1건과 100만 원을 급여라는 이름으로 입금하면 500만 원까지 연 2.5%였다. 웰컴저축은

0원으로 시작하는 짠순이 재테크 습관

행은 모두 비대면으로 계좌개설이 가능해서 편리했다.

나는 월 200만 원까지는 SC '내지갑 통장'에 넣어두고, 초과분은 웰컴저축은행 '직장인보통 통장'에 돈을 넣었다. 월급통장을 금리가 좋은 곳에 넣어놓으니 기분이 좋았다.

방학이 되면 고금리 예적금 특판을 알아보느라 시간을 많이 투자했다. 재테크 카페에도 많이 들어가고 인터넷 검색도 많이 했다. 강제 저축으로 시작했는데 어느덧 이왕이면 금리 높은 은행에다 돈을 넣고 싶은 욕심이 생겼다. 금리가 높은 곳을 알아보고자 처음에는 모네타 사이트에만 의존했는데 모네타는 정보가 많지 않았다. 모네타보다 요즘은 전국의 예ㆍ적금 금리를 비교해놓은 어플이 많아져서 이것을 이용했다.

엄청나게 덥고 습한 여름방학 어느 날, 알뜰하고 저축 정보가 많은 동료 A가 카톡이 왔다.

"쌤, 이번 주까지 **신협에서 1년 예금 2.8% 특판 있대요."
"오잉? 지난주에 집 앞 신협에서 1년 2.2%로 예금 넣었는데… 해지해야겠어요. 고마워요!"

지나가다 본 전단지에서 우리 동네 근처 신협에서 예금 특판행사를 한다는 정보를 보고 연락해준 것이다. A는 참 고마운 동료이다.

마침 일주일 전에 3,000만 원 비과세 한도를 꽉 채워서 집 앞 신협에 넣은 상태였다. 고마운 동료 A의 정보 덕분에 바로 해지하고, **신협에 가서 2.8%로 가입했다. 그날은 8월! 폭염이었다. 단 5일간의 특판 기간이라 덥지만 도보 15분 거리인 **신협에 갔다.

사람들은 금리가 조금만 높으면 차 타고 가서 예·적금을 든다. 그런데 이것은 대단히 어리석은 일이다. 시간과 차비가 더 들기 때문이다. 그러나 나같이 근거리라면 금리를 조금이라도 더 주는 곳으로 가입하는 게 이득이다. 원금이 적다면 1~2% 이자는 큰 영향력이 없다. 원금이 100만 원이면 연 3% 이자는 3만 원이다. 여기에 1% 더 준다면 4만 원인 것이다.

오래전 같이 근무했던 동료 B가 있었다. 평소 운동을 너무 싫어했는데, 운동의 필요성을 느껴서 새해 기념으로 헬스장에 등록했다고 했다. 새해가 시작된 지 얼마 안 된 어느 날, 친목 모임이 있었다. 한참 수다 삼매경에 빠져 있는데, 동료 B가 갑자기 짐을 챙겨 일어섰다.

"왜? 무슨 일이야?"
"나 헬스장 가야 돼!"
"왜 그래? 오늘만 빠져요."

0원으로 시작하는 짠순이 재테크 습관

"안 돼. 새해의 결심을 며칠 만에 무너뜨릴 순 없어."

동료는 바로 나갔다. 그런데 커피숍 전면 유리창으로 바라보니 택시를 타는 것이었다.

"뭐야? B샘. 지금 헬스장 간다고 택시 탄 거야?"
"헬스장 간다고 택시를 탔다고?"

박장대소가 이어졌다. B샘 덕분에 모임은 한층 더 흥이 올랐다. 운동하러 가는 길을 택시를 타다니…. 지금 생각해도 웃긴다. 마찬가지로 금리 1~2% 차이의 은행을 가기 위해 직장에서 조퇴 쓰고 교통비 들이는 것은 어리석은 일이다.

예적금통장으로 종잣돈 모으기를 시작하라
나만의 고금리 예 · 적금 통장 만들기 비법을 7가지 알려주겠다.

1) 금리가 비슷하다면, 신협이나 새마을금고의 비과세를 이용하라
일반 저축은행은 이자소득세가 15.4%이다. 그러니 신협과 새마을금고는 농특세 1.4%만 납부한다. 한도는 3,000만 원까지이다.

2) 비과세를 다 사용했다면 일반 은행의 세금 우대를 신경 써라

일반 은행은 이자소득세 15.4%가 원칙이지만, 1인당 1,000만 원까지 9.5%의 세금만 납부하는 세금 우대를 받을 수 있다.

3) 저축 금리 비교는 '파인, 마이뱅크, SB 톡톡플러스' 어플 등을 사용하라

전국 단위로 예 · 적금과 납입 기간 등까지 자세히 명시되어 있다.

4) 세후금리를 신경 써라

세전금리와 세후금리의 차이를 알아야 한다. 우리가 받는 실질 이자는 세후금리이다. 이는 '모네타 금융 계산기'를 이용하면 바로 알 수 있다.

5) 금리가 많이 높다면 저축은행도 고려할 만하다

예금자 보호가 은행별로 5,000만 원까지 된다.

6) 예 · 적금 특판행사에 신경 쓰자

지금은 저금리 시대이다. 이벤트나 동네 은행의 특판을 신경 쓰자. 최근 나의 경우 Syrup 어플에 응모해서 수협이 진행하는 20만 원짜리 단기 적금을 가입했다. 세전 1.6%+추가혜택으로 오케이 캐쉬백 5.2% 조건이었다.

0원으로 시작하는 짠순이 재테크 습관

7) 나만의 풍차돌리기

나는 공제회 목돈 급여를 이용한다. 매달 100만 원씩 예금을 가입했다. 금리는 시중 은행과 비슷했지만 연복리이다. 또 다른 장점은 6개월만 지나도 약정 이자의 90%를 준다는 것이다.

시대에 따라 재테크의 전략은 달라져야 한다. 지금은 저금리 시대이므로 재테크를 예 · 적금으로 하는 것은 추천하지 않는다. 다만 월급통장 또는 잠시 묻어놓는 용도나 강제 저축을 습관화하는 중이라면 예 · 적금을 강력 추천한다. 가까운 거리라면 0.1%라도 금리가 높은 은행을 이용하는 것이 맞다. 그러나 교통비가 발생하는 거리라면 금리에 집착하다가 교통비와 시간을 날리는 우를 범하지 않길 바란다. 대개 금리를 더 준다고 하는 은행은 카드 실적을 요하거나 기타 조건이 붙는다. 저축 금리를 위해 카드를 일부러 쓰는 것은 어리석은 일이다. 잘 알아보고 가입하도록 하자. 예 · 적금 통장을 사용한다면 나만의 고금리 예 · 적금 통장 만들기 비법 7가지를 활용하여 고금리 예 · 적금 통장을 만들자.

2

OK캐쉬백으로 돈 벌기

앱테크하라

몇 년 전 친한 동료 모임에서 그 당시 이슈였던 공무원연금에 대한 수다를 떤 적이 있다.

"공무원 연금 박살나서 우리 이제 퇴직해도 연금으로는 용돈도 모자라겠어."

"맞아. 일찍 들어온 선생님들 부럽다. 앞으로 몇 년 안에 퇴직하는 게 제일 이득이야. 그다음부터는 차라리 국민연금이 나아. 우린 제일 경쟁 심할 때 시험 쳐서 들어와서 연금이 이게 뭐야…."

"맞아. 취업 사기야. 미래에 물가상승률을 감안하면 우리 폐지 주워야

0원으로 시작하는 짠순이 재테크 습관

할지도 몰라."

"폐지?" (박장대소)

"우리 폐지 주울 구역 나누자! 겹치면 싸우잖아."

슬픈 현실을 웃음으로 승화시키는 내 친구들이 참 재미있었다. 그런데 돌아보니 나는 이미 폐지를 줍고 있었다. '온라인 폐지 줍기', 즉 앱테크였다.

우리 학교에서는 교무실별로 매달 1인당 1~2만 원의 회비를 걷어서 커피 및 각종 차와 간식거리를 구입한다. 일반 직장인 친구에게 우리는 간식비 내고 직접 사 먹는다고 말했더니 야박하다며 깜짝 놀랐다. 그러나 내 돈 내고 먹는 게 속 편하긴 하다. 어느 날, 교무실에서 믹스커피를 한 잔 타 먹다가 맥심모카 골드커피믹스 박스에 OK캐쉬백 쿠폰이 있는 것을 발견했다. 무려 200점! '나중에 아무도 없을 때 뜯어야지.' 생각을 하고 업무에 바빠 까먹고 있었다. 그런데 퇴근할 무렵 맥심커피 박스를 확인해보니 개봉구에 쿠폰이 사라졌다. 다른 선생님이 이미 뜯어간 것이다. OK캐쉬백 모으려는 내가 알뜰하다고 생각했는데, 이미 실천 중인 사람도 많다니…. '뛰는 놈 위에 나는 놈 있다'는 말을 실감한 하루였다.

이렇게 스마트폰으로 소소하게 돈을 버는 것을 앱테크라고 한다. 애플리케이션과 재테크의 합성어로, 스마트폰에 어플리케이션을 설치하고 앱에서 요구하는 과제를 수행하여 포인트를 받는 것이다. 여러 앱을 돌면서 포인트를 모으거나 쿠폰을 받는 것이 '인터넷 공병 줍기' 혹은 '온라인 폐지 수집'이라는 농담이 있다. 앱테크의 종류는 참 많다. 일단 첫 화면을 해제하기만 해도 현금을 쌓아주는 '캐시슬라이드' 앱이 있다. 영수증을 촬영해서 리워드를 신청하면 장당 30~50원이 적립되는 '캐시카우'라는 앱도 있다. 청정원과 종가집 직영 쇼핑몰 '정원e샵'은 룰렛돌리기, 무료배송쿠폰 등이 짭짤해서 알뜰 쇼핑을 할 수 있다. 걷기만 해도 캐시를 주는 만보기 앱 '캐시워크'도 인기이다.

몇 년 전 화제를 모은 드라마 '응답하라 1988'이 있었다. 천재 바둑소년 택이가 우승 상금으로 받은 5,000만 원을 두고 이웃끼리 대화를 나누는 장면이 있었다. 은행 직원으로 나오는 성동일이 "은행 금리가 쪼까 내려가지고 15%여. 그래도 목돈은 은행에 넣어놓고 이자 따박따박 받는 게 최고지라." 하자 한 이웃이 "은행에 뭐 하러 돈을 넣어. 금리가 15%밖에 안 되는데."라며 대화했다. 15%'밖에'라니 지금의 금리를 생각하면 정말 대박이다. 실제로 한국은 1970년대부터 외환위기 직전까지 10~20% 정도의 고금리를 유지했다. 은행에 넣어놓기만 해도 돈이 금방 불어났다. 1980~90년대 가계저축률이 연 평균 18%에 달할 정도로 높은 수준을 유지한 건 바로 은행 금리 덕이었다. 그러나 2011년 3.25%였던 기준금리는 이후 꾸준히 하락해 1.25%까지 내려왔다. 역사에 없던 초장기, 초저금리다. 지금은 시중 은행에서 3%대 예·적금을 찾기조차 어렵다. 은행 예·적금 금리는 바닥을 모르고, 이미 하늘로 치솟은 부동산은 서민들에게 언감생심이다. '이미 이번 생은 망했다, 나는 어차피 흙수저라 앞으로도 희망이 없다.'는 무기력증이 20~30대를 휩감고 있는 것이 이해가 되기도 한다. 하지만 반대의 움직임도 나타났다. 이럴 때일수록 더 아끼고, 살뜰히 모아야 한다는 거다. 이런 분위기를 타고 앱테크가 유행하게 되었다.

나는 앱테크 중 머니트리와 SK스토아, 정원e샵, 캐쉬워크, OK캐쉬백 어플, GS샵 이벤트 등을 해보았다. 어느 날 머니트리에서 간혹 롯데백화점 상품권을 할인해서 판매하는 기간이 있다는 것을 알게 되었다. 그 당시까지만 해도 롯데백화점 상품권을 L포인트로 전환해서 세금 납입 및 카드결제대금 납입용으로 모으고 있었다.

드디어 머니트리에서 롯데백화점 상품권 할인 판매기간이 되자 내가 상품권을 사고 싶은 만큼의 돈을 머니트리로 전환했다. 그런데 상품권 구매 한도가 있는 것이었다. 잘 알아보지도 않고 욕심만 앞서서 많은 돈을 머니트리로 교환하는 바람에 낭패를 봤다. 다음 롯데백화점 상품권 할인 행사 때까지 한 달 반 동안 머니트리에 돈이 묶여버렸다. 고객센터에 전화해 사정해도 소용없었다. 안타깝지만 현금 환불은 불가하다고 했다.

물론 나의 부주의가 컸지만, 한 달 반을 머니트리에서 동동거린 후로는 푼돈을 모으고자 시간 낭비를 하지 말자고 다짐했다. 푼돈에 집착하면서 스마트폰 중독증상과 시간이 낭비되며 삶의 질이 떨어졌다. 차라리 덜 쓰고, 대형 마트보다 시장을 다니자고 마음먹었다. 하지만 OK캐쉬백은 일반 앱테크와 달리 하기 쉬운 편이고 바로 현금화가 가능해서 애용하고 있다.

캐쉬백으로 돈 버는 법

내가 OK캐쉬백으로 돈 버는 방법을 소개한다.

1) 맥심커피믹스 대용량 박스 OK캐쉬백 쿠폰

OK캐쉬백 어플이나 온라인 사이트에서 상품 쿠폰을 클릭 후 쿠폰 번호를 입력한다.

2) OK캐쉬백 사이트 경유

나는 바쁜 워킹맘이라 온라인 쇼핑을 주로 한다. 그런데 사이트를 경유만 해도 OK캐쉬백이 적립된다. 방법은 OK캐쉬백 사이트에서 메뉴의 '쇼핑적립'을 누른 후 해당 쇼핑몰로 들어가서 결제한다. 그렇게 물건을 구매하면 금액의 1.5~5% 정도 적립이 된다. 이때 주의 사항은 옥션은 구매 결정 시 적립되고, G마켓은 결제할 때 OK캐쉬백 번호입력 창이 뜬다.

11번가는 11Pay로 결제 시에만 적립된다. 그런데 일부 카테고리의 상품은 적립되지 않는 것도 있다. 그래서 나는 시간 있을 때만 OK캐쉬백 경유로 구매한다.

3) OK캐쉬백 O퀴즈

OK캐쉬백 앱에 들어가서 정해진 시간에 퀴즈를 풀면 1문제당 100P를 받는다. 100P는 백 원이다. 5분 안에 마감된다. 퀴즈 진행 업체는 홍보용 퀴즈의 정답을 포털 검색을 통해 찾을 수 있도록 해서 이용자들의 포털 검색을 유도한다. 입력한 검색어가 포털 실검판을 장악해 광고효과를 극대화하는 원리다.

4) OK캐쉬백 출석 룰렛 이벤트가 있다

퀴즈나 게임에 참여하고 광고를 클릭하면 최대 1만 포인트를 지급한다.

5) OK캐쉬백 오락 어플

잠금화면을 설정하고 해제할 때마다 2P씩 적립된다.

6) CGV 온라인 예매

당일만 영수증의 번호 입력하면 OK캐쉬백 적립이 된다.

7) OK캐쉬백 현금화

OK캐쉬백은 OK캐쉬백 어플에서도 바로 현금 환급 신청이 가능하나 5만 P 이상부터 가능하다. 또 환급되는데 3~4일 시간이 필요하다. 나는 하나머니를 이용해 조금만 쌓이면 바로 현금화시킨다. OK캐쉬백은 하나 멤버스 어플의 하나머니로 1:1의 비율로 바로 전환된다. 이 하나머니는 바로 하나은행 통장에 현금으로 입금된다.

이제 재테크도 스마트폰으로 할 수 있다. 바로 앱테크가 있다. 그러나 앱테크를 아무리 열심히 한다고 큰돈을 모을 수 있는 것은 아니다. 한 달 모아서 커피 한잔 값 정도 모은다고 생각하면 된다. 나는 앱테크란 이왕 하는 소비를 조금 더 알뜰히 할 수 있고, 돈을 소중히 여기는 습관을 배울 수 있는 정도면 된다고 생각한다. 직장인들은 근무시간에 열심히 일을 해야 한다. 또 짜투리 시간에 자기계발을 하는 것이 장기적인 안목에서 큰돈을 모을 수 있다. 앱테크에 빠져 자칫 푼돈에 집착하게 되면 주객이 전도되며 삶의 질이 떨어진다. 그러나 어차피 하는 쇼핑이라면 경유를 통해 1~2% 돈을 벌고, 시간이 날 때 가끔 앱테크를 통해 푼돈을 모을 수 있다. 자신에게 맞는 앱테크를 1~2개 찾아보자. 내가 주로 하는 앱테크는 현금 같은 OK캐쉬백 모으기이다.

0원으로 시작하는 짠순이 재테크 습관

3

안 쓰는 아이 용품 팔기

중고매장을 활용하라

2012년 11월 12일 오후 2시 나는 아이 엄마가 되었다. 보통 엄마들은 몇 달 전부터 출산 가방에 준비물을 다 넣어둔다는데, 나는 출산 일주일 전에야 출산 준비를 마쳤다. 나의 임신과 출산 시기는 보통 사람이 들으면 정말 놀랄 만큼 바쁨 그 자체였다. 나는 당시 대학교에 5개월간 파견 연수를 받으러 다녔다. 아침 9시부터 저녁 6시~9시 반까지 매일 엄청난 양의 수업과 시험, 과제를 해내야 했다. 그리고 대학원 논문 학기여서 일주일에 한 번은 고려대학교에 가야 했다. 그렇게 바쁜 3월에 임신을 한 것이다. 공부도 힘들었지만, 하루 이동 거리만도 엄청났다. 매일 대전에서 공주로 통학했고, 주 1회 서울에 대학원을 다녔다. 대학원 가는 날에는 하루에 4개 도시를 찍었다. 대전에서 공주 가서 파견 연수 수업을 마치고, 저녁 늦게 서울 가서 논문지도 받고 한밤중에 대전으로 내려오는 생활을 매주 반복했다. 다행히 입덧이 없었고 아들은 배 속에서는 순했다. 많은 공부를 하느라 스트레스가 많았던 터라 아이가 걱정되었다. 걱정과 달리 건강하게 태어나 준 아들에게 감사한다.

　나는 출산 준비를 할 시간도 없었다. 8월에 파견 연수가 끝나자 본격적으로 논문을 쓰기 시작했다. 10월쯤부터 틈틈이 출산 준비물을 공부했다. 그런데 출산 및 육아용품 가격이 천차만별인 것에 깜짝 놀랐다. 우유병도 '더*하트' 메이커를 쓸 것인지, 저렴이 메이커를 쓸 것인지? 젖병소독기는 '*팡'을 쓸 것인지 '레이*'을 쓸 것인지? 치발기 메이커는 뭘로 할 것인지? 아이가 물고 빠다니 장난감도 이왕이면 원목이 좋다고 한다.

　초산이니 꼭 필요한 물건이 뭔지도 모르겠고 혼란스러웠다. 매일 "맘스** 베이비" 카페에서 키워드를 검색해서 노트에 적은 후 가격 검색을 했다. '유기농'이란 단어만 들어가면 뭐든 가격이 2배는 뛰었다. 유모차 메이커와 가격은 왜 이리 다양한지 매일매일 검색하느라 하루가 다 갔다. 아이를 낳기 전부터 매일 선택의 연속이라 소비의 철학이 필요함을 느꼈다. 어느 날 남편과 대형마트에 갔다가 분유 코너를 보게 되었다. '우리 정도면 돈이 없지 않으니 젖을 떼고 나면 외아들에게는 제일 좋은 분

　　　　　0원으로 시작하는 판순이 재테크 습관

유를 사줘야지.' 하는 마음에 둘러보았다.

"산*분유가 뭐야? 한 통에 5만 원?"

"세상에… 분유가 한 통에 5만 원이라고?"

그날 나는 왜 사람들이 아이를 많이 낳을 수 없는지 조금 알 것 같았다. 우리는 결국 일반분유보다 소화 흡수가 잘된다고 광고하는 산*분유는 한 번도 못 먹였다. 가성비 좋은 '파스퇴르 위**' 분유를 인터넷 공동구매로 사서 먹였다. 유모차를 고르면서도 몇 날 며칠을 고민하다가 가성비 좋은 '호크 맨**' 유모차를 백화점 할인할 때 구입했다. 남들은 100만 원이 넘는 스토* 유모차도 잘 사주던데, 상대적 박탈감을 느꼈다. 그러나 아이용품 하나하나 사며 메이커와 실속 사이에서 언제나 실속을 선택했다.

처음 '중고나라'를 이용하게 된 것은 '팸*스 베이비 드라이 기저귀' 때문이었다. 기저귀 고를 때도 너무 힘들었다. 마음 같아서는 비싼 하*스를 사주고 싶었지만, 아무리 봐도 너무 비쌌다. 그래서 또 열심히 "맘스** 베이비" 카페를 검색했다. 아기 엉덩이 상태에 따라 낮에는 싼 거 쓰고, 밤에만 좋은 걸로 해도 좋다는 정보가 있었다. 요즘 아이는 인터넷 정보로 키운다더니 정말인 거 같았다. 덕분에 낮에는 저렴한 나*잠 기저귀를 해주고, 밤에만 좋은 기저귀를 해주기로 결정했다. 그 후 밤 기저귀로 어떤 게 좋을지 열심히 검색했다. 독일산 '팸*스 베이비 드라이 기저귀'로 결정 후 세일할 때 대량으로 구매했다. 몇 달 뒤 엄청난 핫딜 세일이 있어서 30박스를 미리 구입했다. 다시 없는 특가여서 잘 사긴 했는데, 아이가 기저귀를 떼고 나서도 5박스가 남았다.

박스 당 4만 정도로 산 지라 처분이 필요했다. 처음 '중고나라'에 팔려고 했더니 남편이 반대했다. 개인정보 노출이 되고, 이상한 사람이 연락 오면 어떻게 하느냐는 걱정이었다. 연락처는 판매 후 바로 지우면 된다고 남편을 설득했다. 그 후 '중고나라'에 이미 올려 있는 판매 글 중 마음에 드는 글을 보고 따라 했다.

"직거래 시 박스 당 45,000원(직거래는 주말에만 가능),
택배 시 박스 당 4,000원 택배비가 있습니다.
미개봉 새 박스이고 사진을 위해 한 박스만 테이핑 부분 살짝 뗐습니다."

"010 이육50I 구6구3으로 연락주세요.
★반품 및 에누리, 예민, 까칠 맘은 사양합니다."

남편은 처음에는 판매를 반대했지만, 내가 기저귀 박스 사진을 찍어달라고 했더니 열심히 멋지게 찍어서 올렸다. '중고나라'에 올린 지 5분도 안 돼서 문자가 쇄도했다. 그럴 수밖에 없는 것이 평상시 '팸*스 베이비 드라이 기저귀'는 한 박스에 6만 원 정도였다. 나는 '팸*스 베이비 드라이' 기저귀를 4만원에 미리 사서 5천 원을 더 붙여서 팔았지만 그래도 평상시 가격보다 15,000원이나 싼 것이었다. 이날 나는 장사를 처음 배웠다. 재밌었다.

그 후로 아이가 자라면서 안 쓰게 되는 물건이 있으면 주말에 날을 잡아서 '중고나라'에 올렸다. 먼저 '중고나라'에서 팔고자 하는 물건명을 검색 후 시세를 조회한다. 그러고 나서 내 물건의 상태를 보고 가격을 책정한다. 남편이 사진을 찍는 동안, 나는 '중고나라'에 판매 글을 올렸다. 남편은 점점 사진과 포장에 달인이 되어갔다. 포장을 단단하게 잘해서 보내니 고객의 대부분은 이렇게 답 문자를 보내왔다. "잘 받았습니다. 감사합니다." 남편은 보람을 느끼는지 물건을 보내고 나면 꼭 물어봤다. "아무 소식 없어? 이번 포장도 엄청 신경 썼는데 말이야." 하며 장인 정신마저 보이더니 나중에는 수익을 탐냈다.

"얼마 남아? 내가 포장을 확실하게 하니 고객들이 감동을 하는 거야. 수고비 5,000원이라도 좀 주지."

처음에는 개인정보 걱정하며 그렇게 반대하더니 이제 사진과 포장은 알아서 착착 잘한다.

지출을 통제하고 살림을 비워라

기저귀 판매 후로 아이존 아기체*관 장난감. 피셔**이스 디럭스 부스터, 아이** 힙스트, 피셔프라이스 러*홈, 다이나**리 운동화, 에*볼, 딸랑이 세트와 헝겊책, 기탄 놀배북, 돌잡이 수학, 돌잡이 한글, 블루*빗 전집, 이탈*라이카 라코사 롤*카, 호크 맨** 유모차, 그랜**덤 미끄럼틀, 삼성 보들북세트, 튼튼영어 싱**, 아기띠, 아이챌린지 호*세트, *팡 소독기, 해열시트, 보리세밀화 전집, 부릉부릉 자동차 전집, 차일드*플 창작동화 전집, 공룡유** 세트, 까이유 영어 보드북, 블루*빗 세트, 안녕마*아 전집 등 아이가 자라면서 안 쓰게 되는 물건은 모두 팔았다.

판매 이력이 많아지고 깨끗한 물건을 저렴하게 내놨더니 고객들이 나를 믿어서 바로바로 잘 팔렸다. 그러다 책은 중고 책 전문매장 "개*이네"에 판매자로 등록해서 팔아보았다. "개*이네"는 중간에 판매자와 구매자의 신원을 보장해주어 서로 믿을 수 있는 사이트다. 대신 판매수수료가 나가고 입금이 느리다는 단점이 있지만, 물건만 좋으면 중고나라보다 더 비싼 가격에 팔 수 있었다. "개*이네"로 전집을 판매 후 수익은 더 늘어났다.

나는 아이의 물건을 팔고 들어온 수입으로 다음 필요한 것들을 샀다. 필요 없는 것을 팔고, 다음 단계 물건을 들이니 집에 물건이 쌓이지 않아서 좋았다. 그리고 보통 물건을 살 때도 기다렸다가 저렴할 때 구입하고, 깨끗하게 쓴 후 되팔았다. 어떤 물건은 내가 산 가격보다 5,000원~만 원을 더 붙여 팔아도 잘 팔렸다. 이렇게 수시로 팔았더니 아이 키우는 데 드는 돈이 소모품이나 식비 빼고는 별로 들지 않았다.

나처럼 외동아이를 두었다면 중고장터에 안 쓰는 물건을 되파는 것은 필수라고 생각한다. 그래야 또 새로 다음 필요한 것들을 살 수 있다. 쓰다가 버리는 것이 아니고 팔아야 하니 물건도 아껴 쓰는 교육도 되었다. 돈만 잘 번다고 부자 될까? 연봉 1억이 넘어도 흥청망청 써대면 파산하기도 한다. 수입보다 지출을 통제하고 살림을 비우기만 해도 소비가 줄어든다. 정리 정돈을 하며 돈도 버는 중고거래는 아이를 키우는 부모라면 누구나 알아야 하는 필수 방법이라고 생각한다. 안 쓰는 아이용품 팔기는 돈도 벌 수 있고, 집안 정리도 되는 일석이조의 방법이다.

4

지금부터 강제 저축 실천하기

노력 없는 목돈 없다

직장인들의 새해 소망은 부자가 되고 싶다고 한다. 왜 모두 부자가 되고 싶은 걸까?

아마도 경제적 자유가 가장 큰 목적일 것이다. 나 역시 그렇다. 나는 경제적 자유를 얻어서 나의 버킷리스트를 하나하나 이룰 것이다. 나의 공저『버킷리스트 22』에도 내 버킷리스트를 썼다.

나의 버킷리스트는 다음과 같다.

1) 베스트셀러 작가가 되어 대형서점에서 사인회하기

2) 2년 안에 100억 부자되기

0원으로 시작하는 짠순이 재테크 습관

3) 전 세계로 강연 다니며 희망 전달하기

4) 우리 가족 3개월 내로 모여 살기

5) 1년에 한 번 이상 우리 가족과 크루즈 여행하기

이 목표를 향해 내가 지금 당장 할 수 있는 일은 무엇일까? 나는 책을 썼고, 크루즈여행은 이미 준비 중이다. 남은 것은 경제적 자유를 얻는 것뿐이다. 우리 월급쟁이들이 어떻게 경제적 자유를 얻을 수 있을까? 가상화폐? 주식? 일단 종잣돈 마련이 제일 시급하다. 종잣돈 마련은 다양한 방법이 있지만 내 생각에는 강제 저축이 가장 안전하고 빠른 지름길이다. 노력 없이 목돈을 만드는 방법은 로또나 유산 상속뿐이다. 나는 로또나 가상화폐는 '밑 빠진 독에 물 붓기'라고 생각한다. 될 확률이 거의 없다. 혹자는 로또는 토요일 밤 당첨 발표시간까지 '내가 당첨될지도 모른다'는 희망을 사는 것이라고도 한다.

나는 처음에 금리가 너무 낮아서 저축이 싫었다. 그러나 종잣돈 마련에서는 이자 몇 푼이 아니라 일단 돈을 묶는 연습이 필요하다. 은행이자보다 저축액을 늘려서 종잣돈을 마련하는 것이 현명하다. 지출을 통제하고 저축하는 습관부터 길러야 한다. 기아 상태인 아이를 살리려면 밥부터 주면 안 된다. 일단 죽부터 먹여서 허기진 속을 달랜 후 차차 건강식으로 나아가야 한다. 마찬가지로 돈에 관해서도 일단 저축 체질로 개선

해야 한다. 나 역시 처음부터 저축을 잘하게 된 것은 아니었다. 어릴 적 우리 엄마는 항상 저축보다는 투자를 하셨다. 1980년대는 3저(금리, 유가, 원화의 시세가 낮음) 호황으로 경기가 좋았다. 개발 붐으로 투자의 기회가 많았고, 투자하면 거의 수익으로 이어졌다. 엄마는 부동산 분양에 당첨도 잘 되셨다.

"저축 그거 해서 이자 몇 푼이나 받는다고…. 주식이나 펀드, 부동산에 투자해야 돈이 되지."라고 자주 말씀하셨다. 그러나 25살에 직장인이 된 나는 주식이나 펀드, 부동산에는 문외한이었다. 그러면서 저축은 해봤자 돈도 안 된다는 고정관념만 강해서 저축은 하나도 하지 않았다. 그 결과 직장을 다니며 돈을 거의 모으지 못했다. 학자금 대출상환, 신용카드 결제, 보험, 부모님 용돈을 드리고 나면 월급은 통장을 스치기만 했다. 그러다가 재테크 서적을 읽으며 변화가 시작되었다. 역시 책 속에 길이 있었다. 단, 나처럼 실천하는 자에게만 길이 있다는 것을 요즘 새삼 깨닫는다. 먼저 120만 원씩 연 2.25%의 1년 정기적금, 하나는 10만 원 이상 자유 납입식 연 2% 정기적금을 만들었다. 신협에도 30만 원씩 연 2%의 6개월 만기적금을 부었다. 이렇게 1년 만기 예·적금을 몇 번 만기 성공한 뒤에야 비로소 나는 저축 체질로 개선되었다.

한참 수입의 50%를 저축하던 어느 날 돈 욕심에 저축에서 잠시 외도를

　　　　　　　0원으로 시작하는 짠순이 재테크 습관

시도했다. 저축은 이미 습관화되어 있어서 강제 저축의 의미를 잠시 잊었다. 저축금리가 너무 낮아서 이자 욕심이 생긴 것이다. 'P2P' 투자라는 것을 건너 듣고는 시도해보기로 결심했다.

P2P는 'Peer To Peer'의 줄임말로, 대출자와 투자자를 연결해주는 금융직거래 서비스다. 즉, 대출을 받을 때 은행을 거치지 않고 온라인 플랫폼을 통해 투자자로부터 직접 돈을 조달받는 형태이다. 쉽게 말해서 내가 합법적인 은행이 되는 것이다. 내 딴에는 초보투자라 유명한 P2P업체인 '피*펀드'를 이용했다. 원금이 보장되지 않아서 처음에는 이자가 낮고 단기간 상환되는 상품을 가입했다. '개인채권 트*치A' 라는 상품에 200만 원을 투자했다. 3개월간 연 9%로 P2P치고는 금리가 상대적으로 낮은 상품이었다. 3개월 뒤 25,842원의 이자를 받았다. 만일 200만 원을 연 6%인 은행에 3개월 맡기면 세후 25,380원을 이자로 준다. P2P는 말이 연 9%이지 세금과 수수료를 떼니 은행 연 6% 이자와 같은 수준이었다. 세금과 수수료가 엄청났다.

나는 거기서 멈췄어야 했다. 그러나 한번 상환이 잘되는 것을 확인하니 욕심이 생겼다. 이번에는 좀 더 이자가 높은 상품을 선택했다. '홈쇼핑 4호'라는 상품에 100만 원을 투자했다. 5개월에 연 15% 상품이었다. 잘 알아보지도 않고 상환기간과 이율만 보고 투자한 것이었다. 처음 3개월까지는 꼬박꼬박 상환되었다. 그러나 2개월 남은 시점에서 그 홈쇼핑

업체가 파산하였다. 현재 내 원금 50만 원이 3년째 연체 중이다. 앞으로 10년 동안 분할 상환 예정이란다. 피*펀드는 처음에는 홈페이지에 상품별로 상환 완료, 상환 중, 단기연체, 장기연체로 나누어 게시했다. 처음 나는 피*펀드가 연체가 별로 없는 것을 확인하고 믿음이 가서 투자했다. 그러나 점점 연체가 많아지자 홈페이지에 아예 모든 상품의 상환 현황을 게시하지 않았다 나는 이후로 'P2P' 투자는 처다보지도 않는다. 돈 50만 원 내고 투자 수업했다고 생각한다.

종잣돈 1억 만들기

어설픈 투자 실패 후 저축으로 돌아왔다. 투자의 결과는 100% 나의 책임이다. 나는 투자에 대한 공부가 될 때까지 얌전히 강제 저축만 하기로 다짐했다. 내 월급날 17일이 되면, 남편 월급날 25일까지 꼭 써야 할 돈을 제외하고 강제 저축을 했다. 남편 월급날에는 목표한 저축을 마저 하고 남은 돈으로 한 달을 살았다. 그랬더니 불필요한 지출이 통제되고 통장에 돈이 모이면서 내 행복지수도 같이 올라갔다. 저축만으로도 1년에 3,500만 원은 모였다. 3년에 1억 이상을 모은 것이다.

강제 저축을 잘 실천할 수 있는 나만의 팁을 제시한다.

1) 선 저축 후 지출을 하라.

쓰고 남는 돈이란 없다. 일단 저축부터 하고 남은 돈으로 생활한다.

2) 시작이 반이다.

만기까지 유지만 하면 목돈이 생긴다.

3) 고정 지출을 통제하라.

줄일 수 있는 통신비나 보험료 등 고정 지출을 살펴보고 리모델링을
한다.

4) 소비를 미룬다.

뭔가 사고 싶다면 온라인 쇼핑 장바구니에 담아 놓고 일주일 뒤에 결
제한다. 소비 욕구가 많이 사라진다.

5) 미니멀 라이프를 즐겨라.

소비에 대한 철학을 정립한다. 꼭 필요한 것인지? 기분으로 또는 싸다
고 사는 것은 아닌지 살펴보고 지출하라. 필요 없는 물건을 집에 들이지
마라. 주기적인 집안 정리를 통해 넓어진 집을 가족의 쉼터로 바꿔보라.
집에 불필요한 물건 군살이 빠지고 저축액은 늘어나는 마법을 느껴보자.

한동안 종잣돈 1억 만들기가 열풍이었다. 불경기와 실업난 등으로 전

국민이 돈 모으기에 세대를 불문하고 집중 중이다. 1억을 만들려면 어떻게 해야 할까? 일단 100만 원, 1,000만 원의 종잣돈부터 만들어야 한다. 부자가 되기 위한 첫걸음은 잃지 않는 재테크인 강제 저축이다. 리스크 없이 정해진 기한 내에 계획대로 종잣돈이나 목표자금을 얻을 수 있는 유일한 방법인 것이다. 시작이 반이다. 1년 만기 적금을 가입하고 만기까지 성공해본 적이 있는가? 이런 자제력과 인내, 성실한 경험은 앞으로 돈을 모으는 데 큰 자산이 된다. 지금 바로 강제 저축을 실천하자.

/

산을 움직이려 하는 이는
작은 돌을 들어내는 일로 시작하느니라.

– 공자

0원으로 시작하는 짠순이 재테크 습관

5

신용카드 2개, 체크카드 1개를 사용하기

카드는 빚이다

어느 날 모임에서 친구들이 카드를 발급받은 후 카드사 아주머니가 주신 사은품을 자랑했다.

나 : "루이비통 페이보릿이잖아?"

A : "응. 맞춰봐, 어떤 게 진품 같아?"

나 : "이거 아냐?"

B : "땡! 이게 진품이고, 이게 사은품이야. 대박이지?"

A : "돈 아까워 죽겠다. 이거 200만 원 주고 샀는데 사은품이 더 진품처럼 보인다."

B : "대박이야. 이 바느질 좀 봐."

친구 B는 진품보다 더 진품처럼 만든 짝퉁 루이비통 크로스백의 바느질을 보여주며 감탄했다.

B : "맘에 들어? 이게 카드 아줌마 명함이야. 생각 있으면 연락해 봐."
나 : "사은품은 루이비통 짝퉁만 있어?"
B : "카드 실적 조건에 따라 사은품이 달라. 기본 30만 원 실적이면 3만 원 상당의 사은품을 줘. 만능 직화 오븐구이 냄비, 휴대용청소기, 여행용 캐리어 등 많아."
나 : "오, 직화 오븐구이 냄비 끌린다!"
A : "정완이도 걸려들었군. (웃음)"

친구 B는 사은품이 비싼 거라 매달 50만 원씩 6개월 쓰는 조건이라며, 카드 아주머니 전화번호를 주었다. 직화 오븐구이 냄비에 꽂힌 나는 카드 아주머니와 시간 약속을 하고 카드를 만들었다. 예전에는 이렇게 카드영업 사원들이 직접 나와 연회비 면제는 물론 각종 사은품으로 고객을 유인했다. 이제는 사은품으로 현금 캐쉬백이 인기이다. 나는 신용카드가 필요할 때엔 '뽐뿌' 사이트에서 카드 상담을 요청한다. 요즘은 카드만 만들어도 3개월에 30만원 정도 사용 조건으로 8만 원 이상은 받을 수 있다.

0원으로 시작하는 짠순이 재테크 습관

남편은 인터넷에서 만난 영업사원에게 개인정보를 알려주면 남용된다며 카드를 절대 못 만들게 했다. 은행에 가서 직원에게 발급받으라고 했다. 그러나 나는 이미 우리의 정보는 중국에서 모두 다 갖고 있다고 생각한다. 그래서 필요할 때 가끔 만들고 1년 뒤 해지한다. 그런데 카드를 만들면 영업사원에게 얼마나 떨어지길래 이렇게 많은 사은품과 지원금 공세일까? 또 신용카드사는 얼마나 남는 장사이길래 고객을 유치하려고 이렇게 많은 공을 들이는 걸까?

이런 생각만 해봐도 고객이 신용카드를 만드는 자체가 카드사 측에서는 이미 이긴 게임이라는 것을 알 수 있다. 신용카드는 장점이 많다. 우선 카드 한 장만 들고 다니면 되니 편리하고, 잘만 사용하면 무이자 할부, 할인과 적립 등의 혜택이 크다. 그러나 신용카드는 지출을 통제하지 못하면 헤어나지 못하는 악마의 늪처럼 과소비로 가기 십상이다. 자신의 지불 능력을 초과하여 사용하게 되면 연체는 물론, 현금서비스 또는 카드론 등으로 이어질 가능성이 높다. 이렇게 되면 결국 본인의 신용등급에 직접적인 타격을 맞을 수 있다.

2019년 한국일보에는 '카드빚 돌려막기'에 대한 기사가 있다.
"카드가 대출의 시발점이 되는 이유는 진입장벽이 낮기 때문이기도 하다. 카드 대금을 갚을 돈이 없는 상황에서 카드를 사용하면 사실상 대출을 한 것이지만, 다른 대출처럼 상환 능력을 파악하는 과정을 거치지 않는다. 이렇게 '빌린' 돈을 현금서비스나 리볼빙(결제 대금의 일부만 갚고 나머지는 다음 달로 연기하는 것)으로 돌려막기를 하면 다음 결제일에 이자가 포함된 원금에 다시 이자가 붙는 복리 효과가 발생한다.

연방준비제도(FR)에 따르면 미국 성인 44%가 이 같은 신용카드 돌려막기로 인해 신용카드 빚을 안고 있으며, 평균 6,600달러라는 신용카드 빚을 가지고 있는 것으로 나타났다.

뱅크레이트 닷컴의 조사를 보면 미국 성인의 30% 정도가 비상금으로 보유하고 있는 저축액보다 신용카드 빚이 훨씬 더 많은 불안정한 재정 상황에 놓여 있다."

나는 2002년 교육청 신규 임용자 연수를 받을 때 단체로 농협신용카드를 만들었다. 농협에서 나와 '공무원복지카드'는 어차피 다 만들어야 한다는 과장된 광고에 넘어간 것이다. 그래도 내가 처음 직장인이 되어 발급받은 신용카드라 자랑스러웠다. 게다가 공무원이라는 안정된 신분으로 카드는 원하기만 하면 바로 만들 수 있었다. 그 당시에는 당연히 연회비 면제와 3개월 무이자 혜택은 기본이었다. 사은품과 각종 할인 혜택이 매력적이라서 한동안 카드 만들기에 꽂혀서 신나게 만들었다. 나는 스스로 '체리피커'라고 생각했다.

0원으로 시작하는 짠순이 재테크 습관

'체리피커'란 판매자가 고객을 낚아 이익을 얻으려 하듯, 소비자 역시 경우에 따라서는 케이크 위의 체리만 골라 먹는 것이다. 즉 카드사의 혜택만 쏙쏙 빼먹고 빠지는 얌체족인 것이다. 그러나 소비자는 절대 카드사의 고객 심리마케팅을 이길 수가 없다는 것을 차츰 알게 되었다. 처음에는 실적 조건만 충족하고 그에 해당하는 혜택을 노렸다. 그런데 그 실적이란 것이 자칫 잘못하면 과소비로 이어졌다. '이번 달 롯데카드 30만 원 실적, 신한카드 30만 원 실적, 하나카드 30만 원 실적…' 이런 식으로 실적을 채우려고 했더니 점점 소비가 늘어났다. 실적의 노예가 된 것이다. 월급날은 신용카드 대금을 갚고 나면 잔고가 거의 없었다. 마치 빚쟁이에게 빚을 지고 사는 기분이었다. 특히 무이자 할부의 함정이 무서웠다. 홈쇼핑에서 선전하는 '12개월 무이자' 매달 할부금 조금만 내면 된다는 쇼호스트의 유혹에 몇 번 당했다.

무이자 할부 결제는 살 때만 기분이 좋을 뿐 다음 달부터 바로 빚쟁이가 된다. 매달 월급에서 깔린 빚을 갚고 나야 내 돈이었다. 무이자 할부는 이자만 없을 뿐, 원금은 다 빚인 것이다. 몇 번 무이자할부를 해본 뒤 나는 신용카드가 외상인 것을 알게 되었다. 고민하던 중 『EBS 자본주의 사용설명서』와 『심리 계좌』, 『당신이 속고 있는 28가지 재테크의 비밀』책을 만나게 되었다. 책에서는 미래의 소득을 당겨 쓰지 않고, 현재의 소득만으로 지출하는 방법은 '체크카드'라고 알려주었다.

고정비용은 신용카드, 생활비는 체크카드

책에서 체크카드를 사용하되 '잔고 알리미 SMS서비스'를 꼭 사용하라고 했다. 매달 서비스 이용비가 300원 정도 나오지만 그 정도는 내고 쓰는 게 남는 거라고 써 있어서 당장 실천해보았다. 체크카드로 바꾸고 나니 신기하게도 통장에 잔고가 남았다. 소비를 예전보다 줄인 것도 별로 없는데 부자가 되는 기분이었다. 그렇게 6개월 정도 체크카드만 쓰며 통장 잔고 내에서만 소비하는 습관을 잡았다. 그러다 가계부로 평소 내 지출금액을 보니 고정적으로 60만 원 이상은 썼다. 그래서 조심스레 카드 설계를 했다. 내게 필요한 신용카드를 다시 만든 것이다.

'스마트컨슈머'카페와 '월급쟁이 재테크'카페 등에 들어가서 내게 필요한 카드를 알아보았다. 나는 주로 온라인 쇼핑을 많이 했다. 그래서 내가 선택한 카드는 'SC리워드11 신용 카드'와 '롯데 텔로카드' 그리고 'SC리워드360 체크 카드'이다.

SC 리워드 11카드는 SK 텔레콤이라 11번가 사이트 이용이 많은 나에게 적합했다. 전월 실적 30만 원 중 11번가에서 10만 원만 사용하면 22,000점의 리워드 포인트를 돌려주었다. 이 리워드 포인트는 카드 결제를 할 수 있었다.

롯데 텔로카드는 매달 30만 원 이상 실적을 쌓으면 16,000원을 결제일에 할인해 주었다. 통신비 납입용으로 적합했고, 다른 카드와 달리 교통비, 상품권 결제도 카드 실적으로 모두 잡아주었다.

'SC 리워드 360 체크카드'는 전달 30만 원 실적 시 식당, 온라인, 병원, 학원에서 5% 리워드 포인트로 최대 만 원을 돌려주었다. 생활비 카드로 적합했다.

나는 SC 11 신용카드와 SC 리워드 360 체크카드를 주력으로 쓰고, 그 뒤 롯데 텔로 카드의 실적을 신경 쓴다. 텔로 카드는 실적이 잘 쌓였다. 교통비, 통신비 등이 카드 실적으로 잡히기 때문이다. 그래도 실적이 모자를 때에는 상품권을 할인받아 카드 결제를 했더니 일석 이조였다. 어차피 할인받아서 사는 상품권은 내게 상태크 저축이었다.

내가 쓰고 있는 SC카드는 지금 단종된 카드이다. 혜택이 좋은 것은 뭐든 금세 없어진다. 그러나 잘 찾아보면 자신에게 맞는 카드를 선택할 수 있다. 나는 주기적으로 카드 리모델링을 한다.

이렇듯 신용카드는 잘 쓰면 이득이지만 잘못 쓰면 과소비로 이어진다. 지출을 통제하고 싶다면 나처럼 먼저 체크카드로 지출을 통제 후 신용카드를 사용해보자. 자신의 소득 내에서 생활하는 소비습관이 잡혀서 과소비의 늪에 빠지지 않는다. 그 뒤 평소 자신의 고정지출을 파악해서 신용카드로 결제하고, 생활비는 체크카드로 결제하자. 이때, 체크카드의 잔고 알리미 SMS는 필수이다. 잔고 내에서 생활하게 되기 때문이다. 그러면 굳이 절약하려고 애쓰지 않아도 통장의 잔고가 늘어나는 신기한 경험을 하게 된다. 신용카드 이벤트의 호구가 되지 마라. 내가 신용카드를 역이용하면 카드의 노예가 되지 않고, 내가 주인이 될 수 있다. 나는 신용카드 2개, 체크카드 1개를 사용하며 지출을 통제한다.

/

빚을 지는 것은 노예가 되는 것이다.

– 랄프 왈도 에머슨

6

상품권 활용 상테크로 저축하기

상품권으로 관리비 할인받기

어느 날 나만큼 짠순이인 동료 B가 말을 걸었다.

"선생님, SK텔레콤이에요? 이번 달 SKT 초콜릿에서 신세계 상품권 샀어요?"

"SK텔레콤이긴 한데 귀찮아서…. 신세계 상품권 사도 별로 할 게 없어서 안 사요."

"할 거 엄청 많아요. 이마트에서 장 볼 때도 쓰고, 특히 관리비 할인이 짭짤해요."

"나도 블로그에서 관리비 할인받는 법을 알아본 적 있는데 복잡해 보여서요."

"우잉? 하나도 안 어려워요. SK의 강력한 혜택을 놓치고 있었다니….
아깝네요. 일단 신세계 상품권부터 사보세요. 나는 매달 관리비 10%씩
할인받아요."

동료 B의 말을 듣고 예전에 도전해 보려다 실패했던 관리비 할인을 나
도 받기로 결심했다. SK 멤버십에서 짝수 달마다 열리는 'VIP와 골드회
원 대상' 신세계 상품권 할인구매에 도전해보았다. SK 멤버십 중 'SKT
초콜릿'에서 신세계 상품권 10만원+5천원 VIP/골드전용을 96,500원에
판매했다. 짝수 달 1일 오전 10시에 열리는 이 이벤트는 하루면 동이 났
다. 이미 알 만한 사람은 모두 다 사고 있는 것이었다. 그날부터 나는 남
편과 내 아이디로 짝수 달마다 2장씩 사 모았다. 관리비도 10%씩 할인받
고, 이마트와 이마트 트레이더스에서 장을 볼 때 너무 좋았다. 10% 할인
에다 현금영수증도 받고, 더군다나 충전금의 60% 이상 사용 시 현금으
로 페이백도 되었다. 짝수 달만을 기다리던 어느 날, 2019년 10월 이 이
벤트가 종료된다는 소식이 들렸다. '왜 나는 맨날 뒷북일까?' 후회가 되
었지만 그래도 몇 년간 할인받아서 잘 사용했으니 SK 텔레콤에 감사했
다.

이렇게 상품권으로 재테크를 하는 것이 상테크라고들 한다. 신세계상

품권으로 관리비 할인은 알기만 하고 도전을 못하고 있다가 뒷북을 쳐서 아쉽다. 그래도 내가 한 상테크 중에 잘한 것이 더 많다. 나는 2017년에 결혼 전 사둔 내 집을 팔며 상품권으로 세금을 냈다. 그 전까지는 집을 사고팔며 법무사에게 몇십만 원씩 수고비를 냈다. 당연히 그렇게 하는 것인 줄 알았는데 어느 날 블로그에서 셀프 등기라는 것을 발견했다.

상품권으로 세금도 납부

잔금 일에 등기를 대행해주는 법무사에게 지불하는 비용도 만만찮다. 기본수수료 7만원에 부동산 과세표준액에 따라 누진 계산해 수수료를 결정한다. 여기에 상담비, 교통비, 일당, 등기원인증서 작성, 부동산거래신고 대행, 취득세와 등록면허세 신고 및 납부 대행, 등기에 관한 제증명의 신청비용 등의 명목이 있다. 각각 몇만 원씩 할당하면 법무사비도 수십만 원에서 수백만 원까지, 그야말로 부르는 게 값이다.

보통은 계약하는 공인중개사가 법무사를 부르기 때문에 잔금 당일 법무사비에 대한 협상의 여지도 없다. 만약 매도자의 담보대출이 있거나 본인이 신규 담보대출을 설정할 경우, 혹은 스스로 등기하기엔 부담이 크다는 이유로 법무사를 부른다. 나의 경우 대출이 없으므로 충분히 혼자할 수 있을 것 같았다. 게다가 나는 여기서 그치지 않았다. 세금납부도 상품권으로 내기로 결정했다.

여러 블로그에 들어가서 상품권 세금납부방법을 차근차근 공부했다. 롯데상품권을 구입해서 엘포인트로 전환 후 엘포인트로 세금 납부하는 절차였다. 지금 이 방법은 세금납부 경로가 막혔지만, 당시에는 1인당 60만 포인트, 가족합산도 가능했다. 나는 롯데백화점 상품권을 저렴히 사려고 노력했다. 보통 2~3%정도 시세에 따라 가격이 달랐다. 유명한 명동 우현상품권에서 사려고 했는데, 중고나라에서 '오케이 ** 상품권'이란 사이트에서 무려 7%씩 할인해주는 것이었다. 할인 폭이 다른 곳보다 너무 커서 이상했으나 네이버에 사이트도 있고 후기가 좋아서 용기내어 50만 원을 사보았다. 우체국 등기로 잘 도착했다. 그래서 내가 필요한 상품권 500만 원을 조금씩 나눠 구입 후 세금을 납부했다. 세금을 7% 할인 받은 것이다. 내가 동료 B에게 이 사이트를 소개했더니 무척 염려스러워했다.

"샘. 그 사이트 수상해요. 사지 마."
"나도 그래서 자주 들어가 살피는데 괜찮더라고. 그리고 내 생각엔 이제 막 사이트 홍보 중이니 두 달은 정상 영업할 것 같아요."

내 예측은 정확했다. 이미 필요한 상품권을 다 사서 관심이 없던 어느 날, 그 사이트에 들어갔는데 빅 이벤트를 했다. 이번에 '몇백만 원 이상 구입하면 적립금을 10% 준다'는 내용이었다. 나는 순간 '이렇게 해서 남

0원으로 시작하는 짠순이 재테크 습관

는 게 뭐가 있지? 이제 장사 안 하려는구나.' 싶었다. 그리고 며칠 뒤 그 사이트는 정말로 생긴 지 2달 만에 없어졌다. 중고나라에 들어가서 그 판매자 이름으로 검색해보니 '등기가 도착이 안 와서 염려했지만 잘 도착했다. 하루 동안 판매자와 연락이 안 되서 경찰에 신고하려고 했다. 알고보니 판매자가 휴대폰이 고장 나서 연락 두절이었다'는 최근 후기가 보였다. 며칠 후, 그 사이트가 생긴 지 두 달이 되던 날쯤 사이트는 없어졌다. 나는 다행히 피해는 보지 않았지만, 여차했다가 상품권을 못 받았을 수도 있었겠다 싶었다. 이후로 상품권은 꼭 직거래를 하기로 결심했다.

이제 내가 한 관리비 할인, 세금납부 등 할인 폭이 큰 상테크는 점점 사라지고 있다. 아직 가능한 상테크를 하루라도 빨리 도전해서 저축을 하길 바란다. 내가 활용하고 있는 상테크 꿀팁을 5가지를 제시한다.

1) 뽐뿌게시판에서 각종 상품권 할인 정보를 얻는다.

상품권은 핀 넘버를 문자 전송받아서 해당 사이트에 입력한다.

2) 컬쳐랜드 상품권

나는 보통 8% 이상 할인할 때 구입한다. 이보다 할인율이 적은 것은 인터넷에 상시 딜로 많다. 계좌이체 딜이 많지만 가끔 카드결제 딜도 있다. 우선 상품권결제도 카드 실적으로 잡히는 카드를 알아본다. 그 후 카드 딜로 상품권을 사면 카드 실적도 쌓고 상품권도 싸게 사서 '꿩 먹고 알

먹기'이다.

주요 사용처는 지옥(G마켓, 옥션)에서 스마일캐시로 전환해서 사용한다. 지류와 모바일 상품권 사용처는 다르다. 온라인에서는 SSG, 현대몰, 티빙, 서점, 영화 등에서도 사용 가능하다. 나는 영화나 도서는 더 저렴한 해피머니 상품권을 주로 사용한다.

3) 해피머니 상품권

컬쳐랜드보다 사용처가 더 제한적이라 할인율이 더 크다. 나는 보통 9% 이상 할인할 때만 구입한다. 사용처는 현대몰, 보리보리 옷 매장, GS샵, GS프레시, 인터파크, 롯데닷컴, 롯데홈쇼핑, 영화, 온라인 서점에서 가능하다.

4) 온누리상품권

평상시에는 5% 상시딜이 있고 명절에는 10% 할인을 해준다. 명절에는 한도도 30만 원에서 50만 원으로 상향해준다. 나는 보통 남편 찬스도 이용해서 1년에 100만 원 정도 사둔다. 온누리 상품권은 시장뿐 아니라 동네 마트, 우리 동네는 반찬가게도 받는다.

5) 기프티콘

카카오톡에 '기프티스타', '니콘 내콘'을 친구추가 후 사용한다. 선물받

0원으로 시작하는 짠순이 재테크 습관

은 기프티콘을 안쓸 경우 간단히 팔 수도 있다. 나는 주로 롯데리아와 베스킨라빈스를 이용할 때 10~20% 할인받아서 구입한다. 마감 날짜가 임박한 기프티콘일수록 할인율은 높아진다. 버거킹은 Syrup 어플이 쌀 경우가 많아서 시럽 어플도 이용한다.

상품권은 지인에게 선물용으로만 사는 것이 아니다. 실생활에서 재테크로 활용하면 큰 저축이 된다. 상품권은 온라인에서 이용 시 일단 상품권을 싸게 구입을 하고, 해당 사이트에 캐쉬 등록을 해야 하는 불편함이 있다. 그러나 저렴히 상품권을 사놓으면 쇼핑몰사이트 내의 쿠폰도 중복 할인이 가능해서 이중 할인을 받는 혜택이 있다. 게다가 현금영수증도 받을 수 있다. 60% 사용 시 현금 캐쉬백도 된다. 무조건 아낀다고 능사는 아니다. 필요한 소비는 하되 결제수단을 좀 더 꼼꼼히 하면 짭짤한 할인을 추가로 받을 수 있다. 상테크로 생활비를 아끼고 저축하자.

7

주식 말고 ETF 투자를 하기

수입의 일부는 투자를 하라

우리나라 65세 이상 노인 인구가 800만 명을 돌파했다. 행정안전부에 따르면 2019년 말 기준 주민등록 인구 5184만 9,861명 중 65세 이상은 802만 6,915명으로 전체의 15.5%를 차지했다. 노인 인구는 2016년(13.5%)에 유소년 인구(0~14세 · 13.4%)를 추월하고 이듬해인 2017년(14.2%)에는 고령사회(14% 이상)에 진입하더니 초고령 사회(20% 이상)를 향해 빠르게 나아가고 있다.

더욱이 올해에는 '베이비부머'(1955~1963년생)의 맏형 격인 1955년생이 노인 인구에 진입한다. 해마다 40만~50만 명씩 늘던 노인 인구가 향후 10년 동안 매년 60만~70만 명 늘어나게 된다는 얘기다. 최근 저출산 심화

0원으로 시작하는 짠순이 재테크 습관

와 맞물려 당초 2026년으로 예상되는 초고령 사회 진입 시점도 앞당겨질 가능성이 있다. OECD에서 발표한 자료를 보면 우리나라 노인 빈곤율은 45.7%로 1위를 차지하였다. 거의 노인 2명 중 1명은 빈곤하다는 것이다. 이는 26.5%로 2위를 차지한 국가와도 너무 압도적인 차이로 나타나 대한민국의 노후문제가 심각하다는 것을 증명했다.

신문이나 뉴스를 보면 미래가 암울하다. 초고령 사회에 노인 빈곤율 OECD 1위인 나라. 내가 퇴직 후 늙어서 저 통계수치에 포함되지 않으려면 월급 말고 부수입 창출이 필수임을 새삼 느꼈다. 재테크라고 하면 보통 많이 하는 주식이 떠올랐다. 그런데 유료 재테크 강좌 수업에서 할아버지 강사가 앞으로 3년은 우리나라 주식 시장이 좋지 않다는 말을 자주 언급했다. 그러면서 주식은 3년 동안 30만 원만 갖고 연습만 하라고 당부했다. 나도 주식을 함부로 시작하기는 무서웠고, 오래전 같이 근무한 부장님이 생각났다. 부장님은 근무 중에도 주식을 열심히 했다. 심지어 수업을 들어가지도 않고, 주식을 한 적도 있었다. 주식이 오르면 밥을 사셨고, 가끔 주식 때문에 밤을 샜는지 얼굴이 까칠해 있었다.

"오늘 저녁 내가 쏜다. 주식 올랐어!"
"우와! 대단하세요!"

승승장구하는 것 같던 부장님은 나중에 들리는 소문으로는 주식에서 큰돈을 잃었다고 했다. 그 당시는 주식이 호황이던 때라 근무 중에 컴퓨터에 주식 창을 띄워놓는 교사가 간혹 있었다. 그 후로 교육청에서 주식 사이트는 접속이 안 되게 막아버렸다. 이렇듯 직장인 개미들은 실시간 주식 투자가 어렵다. 눈치 보며 단기매매해도 수익률이 높지 않고 업무에 지장을 주므로 적절하지 못하다. 나는 주식은 일단 공부부터 하기로 했다. 시간 날 때마다 주식과 재테크 관련 책을 읽었다. 먼저『주식투자는 마음사업이다』를 읽고, 메리츠 자산운용 존 리 대표의『왜 주식인가?』, 『엄마, 주식 사주세요』를 봤다.

존 리 대표가 한 말들을 보면, "한국은 노인 빈곤 문제가 심각하다. 그로 인한 자살률도 높다. 그런데도 미리 액션을 취하지 않는 것을 보면 은퇴 후 빈곤에 대해 걱정을 안 하는 것 같다. 한국처럼 대중교통이 잘 되어 있는 나라는 없다. 자동차를 팔아서 주식에 투자하라. 더 이상 공부로 성공하는 시대는 지났다. 사교육비를 줄이고 자식에게 경제 공부를 시켜라. 내가 주식을 산 기업의 동업자가 되어라. 미국의 예를 들면 미국은 강제로 월급의 10%를 투자하게 되어 있다. 그리고 60세까지 못 찾게 한다. 그들은 60세가 되었을 때 복리의 마법으로 노후 걱정이 없다." 등 절약해서 투자하라는 마인드가 참 좋았다. 그런데 그 방법이 한국의 현실과 동떨어져 있었다. 존 리 대표는 주식은 파는 것이 아니다. 팔기 위해

0원으로 시작하는 짠순이 재테크 습관

서 사지 말라고 한다. 최소 20년은 팔지 말고, 회사가 문제가 없으면 팔 이유가 없다고 했다. 주식은 회사에 투자하는 것이지 시장에 투자하는 것이 아니다. 가치 있는 기업을 찾아서 장기 투자하라고 했다. 결국 저평가 가치주를 찾으라는 것인데 그 방법이 참 애매모호했다. 게다가 하루에도 엄청난 기업이 부도나는 한국 현실에서 일반인이 20~30년씩 오래 유지하는 기업을 찾기란 정말 어려운 일이다. 또 우리나라의 주식 시장은 미국처럼 안정적이지도 못했다.

처음엔 존 리 대표의 경제마인드가 좋아서 메리츠자산운용의 '직장인 **리맨 펀드'에 돈을 넣었다가 몇 개월 후 이건 아니란 생각이 들었다. 고민하던 중 ETF가 눈에 들어왔다.

『주식투자 이렇게 쉬웠어?』와 『ETF 투자의 신』, 『돈 되는 주식투자 ETF가 답이다』책을 열심히 필기하며 공부했다.

펀드는 운용회사나 펀드매니저들에게 지불하는 운용수수료가 많이 들어서 비싸다. 나도 중국펀드를 가입할 때 수수료가 부담되어 수수료가 적은 펀드온라인슈퍼마켓에서 매매했다. 그런데 ETF는 증권거래세가 면제되고 수수료도 평균 0.36% 정도로 적어서 직장인에게 가장 적합한 투자였다.

ETF는 'Exchang Traded Fund'의 약자로 거래소에 상장되어 거래되는 펀드라는 뜻으로, '상장지수펀드'라고도 한다. 즉 '상장된 인덱스 펀드'라는 말이다. 그런데 일반 펀드와 달리 주식으로 간주되어 매매가 편리하다. ETF는 지수를 추종하는 인덱스 펀드의 한 종류로서, 증권거래소에서 주식처럼 거래할 수 있는 주식과 펀드의 장점을 모두 합쳐놓은 상품이다.

ETF는 주식뿐만 아니라 다양한 자산을 지수화했다. 국내 주식, 해외 주식, 채권과 실물자산(금, 원유, 달러)까지 지수로 투자 가능하다. 적은 돈으로 코스피에 투자할 수 있는 기회도 있고, 레버리지로 주가의 우상향을 기대할 수 있다. 일시적 하락이 올 때는 인덱스 투자를 하여 하락 시에도 수익을 낼 수 있는, 매우 매력적인 투자이다.

ETF가 직장인에게 적합한 이유

1) 소액으로 분산 투자할 수 있다

ETF는 매매가가 저렴하여 소액으로 투자 가능하다. 코스피 200 지수를 추종하는 상품이 대표적이다. 이렇게 다수의 종목으로 구성된 ETF에 투자할 경우 개별종목에서 발생하는 위험을 피할 수 있다.

2) 수수료가 적다

ETF도 펀드의 일종이므로 수수료는 있다. 그러나 주식형펀드 연 2~3%, 인덱스펀드가 연 0.35%~1.5%인 것에 비해 ETF의 수수료는 연

0.15~0.5%이다. 주식과 달리 매도시 발생하는 증권거래세 0.3%도 면제된다.

3) 실시간 거래가 가능하다

HTS를 통해 실시간 매수, 매도가 가능하다. 실시간 가격으로 매수, 매도가 가능하다.

4) 환금성이 좋다

내가 투자한 해외펀드의 경우 거의 2~3주가 지나야 통장에 입금이 된다. 그러나 ETF는 투자자가 직접 매도하므로 주식처럼 매도일로부터 2일 안에 받을 수 있다.

5) 상대적으로 안전하다

ETF는 원금 보장형 상품은 아니지만 주식보다는 리스크가 낮다.

지수에 따라 가격이 결정되므로 개별주의 가격 등락 때문에 스트레스를 받지 않는다.

직장인에게는 ETF가 투자 중 최고이다. 수익성과 안정성 면에서 우수하기 때문이다. 주식처럼 공부를 많이 할 필요도 없고, 주식장이 열리는 시간에 얽매일 필요도 없다. 개별 주식의 등락에 부화뇌동할 필요도 없다. 시장의 큰 흐름을 공부하고 투자하면 잃지 않는 투자를 할 수 있다. 워런 버핏도 자신이 죽은 후 자산을 S&P 500 ETF에 투자해달라고 했다. 이 말만 보아도 ETF의 안정성은 검증된 것이다. 먼저 자신의 성향에 맞는 비율을 찾자. 그 후 코스피 레버리지와 현금을 나누어 투자하면 은행보다 많고 주식보다 안전한 수입을 얻을 수 있다. 주식 말고 ETF에 투자하라.

8

보험 재테크를 하기

소멸성 보험으로 바꿔 타라

"당신의 준비된 보장자산은 얼마입니까?"

2007년 전국을 강타한 신동엽과 윤도현의 보장자산 TV 광고가 유명했다. 삼성생명 '보장자산' 광고 효과는 광고모델인 개그맨 신동엽을 '보장자산'이란 별명으로 부를 정도로 대단했다.

실제로 광고 2개월 만에 200만 명이 해당 보험사의 '보장자산 알기 캠페인'에 참여했으며, 타 금융사 창구에도 '보장자산'에 대해 문의하는 전화가 적지 않다고 한다. 바야흐로 보장자산을 모르면 시대의 대세에 역행하는 사람이 될 판이었다.

A: "저놈의 보장자산 광고 때문에 스트레스 무지 받아. 보장자산 준비 못 해놓은 가장은 무책임한 놈처럼 생각되게 하는 광고잖아."

B: "맞아. 남편이 무슨 봉이냐? 남편 죽어서 10억을 받았다고 좋아하는 마누라가 나오더니 이번엔 죽고 나서도 처자식 먹고살 수 있을 만큼 보험을 들어 놓지 않으면 책임감 없고 무능한 남편이라는 거지."

A: "치사해, 보험 광고면 보험을 팔아야지 그러지 않아도 피곤한 가장의 약점은 왜 건드리냐고. 가족에 대한 책임이니 약속이니 의무니… 누군 몰라서 못 해?"

광고를 본 사람들은 대부분 이제까지 들어보지 못했던 생소한 단어인 '보장자산'이라는 말에 궁금증을 나타냈다. 이 정도로 일반인들의 궁금증을 자아냈다면 성공한 광고가 틀림없다. 그러나 '보장자산'에 대해 알아보고 나면 '낡였다'는 느낌을 금할 수 없다. '보장자산'이란 '보장성보험'으로 받을 수 있는 '사망보험금'을 말하는 것일 뿐이다.

'보장자산'을 알려면 우선 보장성 보험과 저축성 보험의 차이에 대해 알아야 한다. 돈이 아깝다는 생각이 들지만 사람들이 할 수 없이 가입하는 상품 중 하나가 바로 보장성 보험이다. 돈 좀 아껴보려고 여기저기 검색하고, 재테크 카페에 질문도 남기지만 친절하게 답변하는 것은 모두 금융관계자들이다. 마치 고양이에게 생선을 맡기는 느낌이다. 게다가 막상 영업사원을 만나면 뭐가 뭔지 하나도 모르겠고, 그들의 능수능란한 언변에 따라가게 된다. 그 이유는 뭘까? 보장성 보험은 상품구조가 복잡해서 일반인이 이해하기 어렵다. 그러나 매달 가계 고정 지출 중 큰 비중을 차지하는 보험료이니 공부해야 영업사원에게 당하지 않는다.

보장성 보험 중 국민건강보험과 자동차보험은 온 국민이 다 가입해야 하는 강제보험이다. 차를 사면 자동차 보험은 당연히 가입해야 하고, 건강보험이 가입되어 있기 때문에 병원에 갈 수 있는 것이다. 그러므로 우리가 특히 신경 써야 할 것은 불필요한 보장성 보험이다.

보험은 보장성보험과 저축성보험으로 나뉜다. 보장 보험은 실제로 사망, 질병, 상해 등 보장을 위해서 사용되는 보험료이고, 저축성보험은 보장과는 관련 없이 만기에 가입자에게 돌려줄 환급금 조성을 위한 보험료를 말한다.

보장성 보험	
소멸성 보험	환급형 보험
보장성보험료 (사망, 질병, 상해 등 보장)	보장성보험료(소멸성보험료)+ 저축성보험료(보장과는 관계없는 만기시 환급금조성을 위한 저축보험)

"환급되는 상품인가요?"

"네~ 고객님 환급도 되는 좋은 상품이랍니다!"

많은 가입자들이 환급되는 상품을 찾는다. 다치거나 아프지 않으면 보험료를 받을 수 없으므로 납입금이 아깝다는 생각이 들기 때문이다. 이런 고객의 심리를 이용하여 보험사는 환급형보험이라는 상품을 만들었다. 환급형보험은 동일한 보장을 하는 보장성보험에 저축성보험을 추가한 것이다. 당연히 환급형보험은 저축보험료만큼 비싸다. 돈을 주고 보험회사에 적립금을 낼 필요는 없다. 보장성보험(소멸성보험)만 선택하는 것이 유리하다.

보장은 크게 사망위험과 질병 및 상해위험으로 나뉜다. 사망위험에는 정기보험을, 질병 및 상해위험에는 실비보험으로 나눌 수 있다. 그렇다면 신동엽이 광고한 종신보험이란 뭘까?

정기보험은 일정기간 동안만 사망보험금을 보장해주는 상품이다. 만약 60세까지 사망보험금을 받도록 설계해서 가입했다면 60세 안에 사망시 보험금이 나오는 것이다. 보통 사망보험금은 집안의 가장이 불의의 사고를 당한 경우를 대비하는 것이다. 남은 가족의 생계유지를 보장하는 취지이다. 반면 종신보험은 피보험자가 죽을 때까지 사망보험금을 보장받는다. 만일 은퇴자금이 준비되었다면 사망보험금이 굳이 필요 없다.

0원으로 시작하는 짠순이 재테크 습관

게다가 종신보험은 정기보험에 비해 보험료가 매우 비싸다. 영업사원들이 종신보험 판매에 열을 올린 이유는 정기보험에 비해 수당이 4~5배나 높기 때문이다. 그러므로 사망보험이 필요하다면 정기보험을 선택하자. 질병 및 상해위험을 위한 보장성 보험은 실비보험이 좋다. 실비보험은 실손보장이 핵심인 보장성보험이다. 실손보장은 정해진 한도 내에서 대부분 치료비를 받을 수 있다. 정액보장에 비해 보장의 범위가 넓다. 그러므로 실손보장방식인 실비보험이 좋다.

보험다이어트를 위한 꿀팁 8가지

1) 설계사가 제일 중요하다.

젊은 설계사는 피하라. 영업수당이 많이 남는 보험을 추천해준다. 그리고 이직이 잦아 담당설계사가 자주 바뀔 확률이 크다. 나의 경우 친정엄마가 20년 넘는 정직과 신뢰도 만점 베테랑 설계사이다. 오랜 경력 프리랜서이므로 삼성생명뿐 아니라 모든 보험사를 다 설계하신다. 삼성생명 강남점 김순희 FP (010 3349 9693)를 추천한다.

2) 결혼 전 정기보험가입은 필요 없다.

사망보험금은 남은 가족을 위한 생계 유지비이다. 결혼 후 상황을 보고 가입해도 늦지 않다.

3) 보험은 가입 후에도 수정 가능하다.

불필요한 특약이 있는 경우 배서를 통해 최소금액으로 조정하라.

4) 실비보험은 생명보험사보다 손해보험사 상품이 좋다.

생명보험사가 동일한 보장이라도 구조상 더 비싸다.

5) 자동차 보험은 '보험다모아'에서 가격을 비교해보자.

운전자연령, 운전경력, 특약사항을 체크하고 비교해보자.

6) 여행자보험은 마이뱅크를 이용한다.

지인에게 10% 할인 쿠폰을 받아서 할인받고 가입할 수 있는 장점이 있다. 또 가입 후 10% 할인 쿠폰이 발급되어 다음 여행 때 쓰거나 지인에게 쿠폰을 줄 수 있다.

7) 변액유니버설과 저축성 보험은 가입하지 말자.

무료 재무설계를 하면 반드시 권하는 상품들이다. 변액은 펀드 상품이고, 저축성보험은 예·적금이다. 모두 사업비가 크므로 보험사에서는 보험만 드는 것이 좋다.

8) 진단비 특약이 갱신형인 상품은 피하라.

차라리 보장금액을 높여라.

　우리는 돈을 벌려고 많은 노력을 한다. 만약 지출을 줄인다면 수입이 늘어나는 효과가 생긴다. 고정 지출의 주범 중 보험료가 차지하는 비중이 크다. 그렇다고 위험을 대비하기 위한 보험을 안 들 수는 없다. 보험은 과장 광고와 지인 위주의 영업이 많아 보통 사람들은 불필요한 보험을 많이 가입하게 된다. 보험 약관이 일반인이 보기에는 너무나 어렵기 때문이다. 그러므로 아는 것이 힘이다. 보험은 한 번 가입하면 평생 가는 경우가 태반이므로 반드시 공부를 통해 나에게 필요한 보험을 선택해야 한다. 비싼 보험이 좋은 것이 아니다. 보장성 보험은 비용이라는 사실을 인식하고 보장의 효율성을 키워야 한다. 보험금을 타려는 목적보다는 건강관리가 더 중요하다는 사실도 늘 염두에 두자. 부자가 되고 싶다면 이 글을 여러 번 읽고 나에게 맞는 보험재테크를 하자.

/

오늘 누군가가 그늘에 앉아 쉴 수 있는 이유는
오래전에 누군가가 나무를 심었기 때문이다.
- 워런 버핏

4. 푼돈으로 월 100만 원 모으는 8가지 비법

1) 고금리 예·적금 통장 만들기

월급통장 또는 잠시 묻어놓는 용도나 강제 저축을 습관화하는 중이라면 예·적금을 강력 추천한다. 가까운 거리라면 0.1%라도 금리가 높은 은행을 이용하는 것이 맞다. 그러나 교통비가 발생하는 거리라면 금리에 집착하다가 교통비와 시간을 날리는 우를 범하지 않길 바란다. 대개 금리를 더 준다고 하는 은행은 카드 실적을 요구하거나 기타 조건이 붙는다. 저축 금리를 위해 카드를 일부러 쓰는 것은 어리석은 일이다. 잘 알아보고 가입하자. 예·적금 통장을 사용한다면 나만의 고금리 예·적금 통장 만들기 비법 7가지를 활용하여 고금리 예·적금 통장을 만들자.

2) 앱테크로 돈벌기

스마트폰에 에플리케이션을 설치하고 앱에서 요구하는 과제를 수행하여 포인트를 받는 것이 앱테크이다. 여러 앱을 돌면서 포인트를 모으거나 쿠폰을 받아서 푼돈을 모을 수 있다.

첫 화면을 해제하기만 해도 현금을 쌓아주는 "캐시슬라이드" 앱, 영수증을 촬영해서 리워드를 신청하면 장당 30~50원이 적립되는 "캐시카우"라는 앱도 있다. 청정원과 종가집 직영 쇼핑몰 "정원e샵"은 룰렛돌리기, 무료배송쿠폰 등이 짭짤해서 알뜰 쇼핑을 할 수 있다. 걷기만 해도 캐시를 주는 만보기 앱 "캐시워크"도 인기이다.

나는 쇼핑이라면 OK캐쉬백 경유를 통해 1~2% 돈을 벌고, OK캐쉬백 O퀴즈, 출석 룰렛돌리기 이벤트에 참여하여 현금같은 OK캐쉬백을 모은다. 자신에게 맞는 앱테크를 1~2개 찾아보자.

3) 안 쓰는 아이 용품 팔기

중고장터에 안 쓰는 물건을 되파는 것은 필수라고 생각한다. 또 그래야 새로 다음 필요한 것들을 살 수 있다. 쓰다가 버리는 것이 아니고 팔아야 하니 물건을 아껴 쓰는 교육도 되었다. 돈만 잘 번다고 부자가 될까? 연봉 1억이 넘어도 흥청망청 써대면 파산하기도 한다. 수입보다 지출을 통제하고 살림을 비우기만 해도 소비가 줄어든다. 정리 정돈을 하며 돈도 버는 중고거래는 아이를 키우는 부모라면 누구나 알아야 할 필수 방법이라고 생각한다. 안 쓰는 아이용품 팔기는 돈도 벌 수 있고, 집안 정리도 되는 일석이조의 방법이다.

4) 지금 바로 강제 저축을 실천하라

한동안 종잣돈 1억 만들기가 열풍이었다. 불경기와 실업난 등으로 전 국민이 돈 모으기에 세대를 불문하고 집중 중이다. 1억을 만들려면 어떻게 해야 할까? 일단 100만 원, 1,000만 원의 종잣돈부터 만들어야 한다. 부자가 되기 위한 첫걸음은 잃지 않는 재테크인 강제 저축이다. 리스크 없이 정해진 기한 내에 계획대로 종잣돈이나 목표자금을 얻을 수 있는 유일한 방법인 것이다. 시작이 반이다. 1년 만기 적금을 가입하고 만기까지 성공해본 적이 있는가? 이런 자제력과 인내, 성실한 경험은 앞으로 돈을 모으는 데 큰 자산이 된다. 지금 바로 강제 저축을 실천하자.

5) 신용카드를 2개, 체크카드 1개를 사용하라

신용카드는 잘 쓰면 이득이지만 잘못 쓰면 과소비로 이어진다. 지출을 통제하고 싶다면 나처럼 먼저 체크카드로 지출을 통제 후 신용카드를 사용해보자. 자신의 소득 내에서 생활하는 소비습관이 잡혀서 과소비의 늪에 빠지지 않는다. 그 뒤 평소 자신의 고정 지출을 파악해서 신용카드로 결제하고, 생활비는 체크카드로 결제하자. 이때, 체크카드의 잔고 알리미 SMS는 필수이다. 잔고 내에서 생활하게 되기 때문이다. 그러면 굳이 절약하려고 애쓰지 않아도 통장의 잔고가 늘어나는 신기한 경험을 하게 된다. 신용카드 이벤트의 호구가 되지 마라. 내가 신용카드를 역이용하면 카드의 노예가 되지 않고, 내가 주인이 될 수 있다.

0원으로 시작하는 짠순이 재테크 습관

6) 상품권활용 상테크로 저축한다

상품권은 지인에게 선물용으로만 사는 것이 아니다. 실생활에서 재테크로 활용하면 큰 저축이 된다. 상품권은 온라인에서 이용 시 일단 싸게 구입을 하고, 해당 사이트에 캐쉬 등록을 해야 하는 불편함이 있다. 그러나 저렴히 상품권을 사놓으면 쇼핑몰사이트 내의 쿠폰도 중복 할인이 가능해서 이중 할인을 받는 혜택이 있다. 게다가 현금영수증도 받을 수 있다. 60% 사용시 현금 캐쉬백도 된다. 무조건 아낀다고 능사는 아니다. 필요한 소비는 하되 결제수단을 좀 더 꼼꼼히 하면 짭짤한 할인을 추가로 받을 수 있다.

7) 주식 말고 ETF 투자를 하라

직장인에게는 ETF가 투자 중 최고이다. 수익성과 안정성 면에서 우수하기 때문이다. 주식처럼 공부를 많이 할 필요도 없고, 주식 장이 열리는 시간에 얽매일 필요도 없다. 개별 주식의 등락에 부화뇌동할 필요도 없다. 시장의 큰 흐름을 공부하고 투자하면 잃지 않는 투자를 할 수 있다. 워런 버핏도 자신이 죽은 후 자산을 S&P 500 ETF에 투자해달라고 했다. 이것만 보아도 ETF의 안정성은 검증된 것이다. 먼저 자신의 성향에 맞는 비율을 찾자. 그 후 코스피 레버리지와 현금을 나누어 투자하면 은행보다 많고 주식보다 안전한 수입을 얻을 수 있다.

8) 보험 재테크를 하라

우리는 돈을 벌려고 많은 노력을 한다. 만약 지출을 줄인다면 수입이 늘어나는 효과가 생긴다. 고정 지출의 주범 중 보험료가 차지하는 비중이 크다. 그렇다고 위험을 대비하기 위한 보험을 안들 수는 없다. 보험은 과장 광고와 지인 위주의 영업이 많아 보통 사람들은 불필요한 보험을 많이 가입하게 된다. 보험 약관이 일반인이 보기에는 너무나 어렵기 때문이다. 그러므로 아는 것이 힘이다. 보험은 한 번 가입하면 평생 가는 경우가 태반이므로 반드시 공부를 통해 나에게 필요한 보험을 선택해야 한다. 비싼 보험이 좋은 것이 아니다. 보장성 보험은 비용이라는 사실을 인식하고 보장의 효율성을 키워야 한다. 보험금을 타려는 목적보다는 건강관리가 더 중요하다는 사실도 늘 염두에 두자.

A
Frugal
Investment
Techniques

5장

습관이 됐을 뿐인데,
매일 돈이 더 모이고 있다

1

돈, 아는 만큼 들어온다

적을 알고 나를 알면 백전백승이다

최근 학교에서 연말정산을 하는 기간 안내 문자가 왔다. 나는 문자를 받고 나와 상관이 없는 거라 무시했다. 어차피 작년에 무급휴직이므로 남편에게 인적공제를 받을 생각이었다. 그래서 1년 동안 내 신용카드를 쓰고, 내 번호로 현금영수증을 발급받았다. 그러다 얼마 전 행정실 직원이 전화가 왔다. 내가 작년 1, 2월 명절휴가비를 받았으니 연말정산 대상자라는 내용이었다. 순간 나는 이번 연말정산에 실패했다는 사실을 깨닫게 되었다.

뒤늦게 검색해보니 1년에 소득이 500만 원 이상이면 연말정산을 해야 했다. 연말정산 인적공제는 실패했고, 가족 간 몰아주기 가능한 것은 의료비뿐이었다. 바빠서 차일피일 미루다 직장 연말정산 입력 기간 마지막 날에 남편에게 전화를 했다.

"여보, 국세청 '연말정산 간소화 서비스'에 들어가서 나한테 정보제공 동의해줘!"
"왜?"

순간 개인 정보에 민감한 남편에게 짜증이 났다. 더군다나 남들은 세테크라며 연말정산은 13월의 월급이라고 챙기는데 남편은 그런 건 문외한이다.

"소득이 적은 사람한테 의료비 몰아서 연말정산 하는 게 세금혜택이 크잖아."
"당신, 어차피 올해는 나한테 연말정산 같이 올리는 거 아니었어?"
"나 이번에 두 달치 명절 휴가비 받아서 당신 밑으로 인적공제 못 들어간대. 나도 연말정산하래. 하여간 빨리 정보제공 동의해줘. 시간 없어."
"그거 어떻게 해?"

연말정산 입력이 오늘까지라 시간은 모자라고 짜증이 밀려왔다. 바쁜 남편을 몰아세워서 정보제공동의를 받긴 했지만, 왜 진작에 정보제공동

0원으로 시작하는 짠순이 재테크 습관

의를 안 해놓은 건지 아날로그 남편이 미웠다. 하지만 사실 연말정산 마지막 날에 남편에게 독촉한 내가 제일 잘못이긴 하다. 남편도 업무로 바쁜데 내가 독촉전화를 하니 삐졌다. 여하튼 '연말정산 간소화서비스'에 들어가서 남편 의료비를 확인하는 순간 나는 빵 터지고 말았다. 남편의 1년 치 의료비는 30만 원이었다. 꼴랑 30만 원 갖고 세금혜택을 보려고 했던 나 자신이 어이가 없었다.

"여보, 작년에 병원을 왜 이렇게 안 갔어?"
"내가 병원 갈 시간이 어딨어? 그나저나 창피해 죽겠어. 점심시간이라 동료가 와서 내 의료비 보고는 웃었단 말야."

내가 전화로 독촉한 시간이 남편이 슬슬 점심 먹으러 갈 시간이었다. 내 독촉 전화에 정보제공 동의 누르다가 동료가 남편의 의료비를 보았다. 동료는 고작 30만 원 의료비를 서로 공제하겠다고 부산을 떠는 우리 부부를 보고 나처럼 크게 웃으며 "부자 되시겠어요."라고 했다고 한다. 남편의 의료비 덕에 한바탕 신나게 웃었다. 잘 삐지는 단점은 있지만 바빠도 내 말을 바로 들어주려 노력하는 남편에게 고맙다.

그러나 나의 연말정산은 참담한 실패였다. 나는 작년에 기부도 많이 해서 기부금 영수증도 많이 받았다. 어차피 남편에게 내 연말정산을 몰아줄 예정이라 모두 내 번호로 현금영수증을 받았다. '아낀다고 아껴서 살았는데 연말정산에 대해 꼼꼼히 안 알아봐서 많이 못 돌려받는구나…. 이런 걸 헛똑똑이라고 하는 거구나…. 돈은 벌려고 애쓰는 것보다 돈을 지키는 게 더 중요한 거구나….' 무지로 인한 후회가 몰려왔다.

'공짜라면 양잿물도 마신다.'라는 속담이 있다. 사람들은 돈을 안 내고 뭔가를 받는다면 그것이 설령 독극물이라도 일단 먹고 본다는 것이다. 이렇듯 누구나 돈 욕심이 강하고, 돈을 위해선 뭐든 다 하려 한다. 모두들 그렇게 갖고 싶어 하는 돈인데 왜 사람들은 대부분 부자가 되지 못하는 걸까? 보통 사람들은 가치보다 돈을 소중히 여긴다. 돈의 액수에만 집착한 나머지 돈을 지불하려는 대상을 바라보지 못한다. 물건은 필요에 의해 구매하는 것인데, 싸다고 하면 일단 사고 본다. 소위 말하는 '쟁임병'이다.

돈을 소중하게 여겨야 돈을 번다

'Easy Come, Easy Go'라는 말이 있다. 싸게 사면 더 펑펑 쓰게 마련이라 물건의 소중함을 못 느끼게 된다. 필요하지 않은 쓸데없는 소비로 이어지니 돈이 새어나간다는 것이다. 또 무언가를 제값보다 싸게 사는 데에만 집착하는 사람들은 사기꾼에게 당하기 십상이다. 큰 사기가 아니더라도 '싼 게 비지떡이다'는 많이 경험해봤을 것이다. 제 꾀에 제가 넘어가

0원으로 시작하는 짠순이 재테크 습관

는 것이다. 진정 싸고 좋은 것이 있을까? 장사하는 사람들이 바보가 아닌 이상 손해 보며 본전보다 싸게 팔겠는가? 싸고 좋은 것은 없다. 만약 파산해서 헐값에 물건을 처분하는 사람의 눈물을 실제로 본다면? 보통 사람들은 아마 제값에 사겠다고 먼저 제안할 것이다. 우리는 돈의 본질을 알아야 한다. 적을 알고 나를 알면 백전백승이다.

어느 날 학창시절 친구 A를 만났다. 친구 A는 남편 벌이가 꽤 좋은데도 불구하고 빚이 많다. 그러나 늘 택시를 이용하고, 아이들 먹거리에는 돈을 아끼지 않고 사달라는 대로 다 사준다. 그 결과 아이들은 밥보다 과자를 더 잘 먹어서 비만이다. 필요한 물건만 사려 애쓰고, 돈 쓰는 데 인색한 편인 나에 비해 평소 친구 A의 소비습관을 보면 놀랄 때가 많다. 그 날도 쇼핑몰에서 우리 아이가 한 장난감을 물끄러미 바라봤다.

"상준아, 이거 마음에 들어? 이모가 사줄게." 하더니 말릴 새도 없이 바로 결제해버렸다. 나는 친구 A의 마음은 참 고맙지만, 안타까웠다. 아이는 집에 와서 그 장난감과 딱 2번 놀고 안 놀았다. 아마 친구 A는 절대 받을 마음이 없는 것을 잘 알지만, 그날 나는 친구 A의 아이에게 뭔가를 사줘야 한다는 부담감도 들었다. 나는 친구 A가 빚을 빨리 갚아서 돈에 대한 스트레스를 덜 받고 살기를 바란다. 내 눈에는 수도꼭지를 틀어놓은 듯 줄줄 새 나가는 친구의 돈들이 보이는데, 친구 A는 아직도 의식하지 못하고 있다.

『부자들은 왜 장지갑을 쓸까』의 저자 '카메다 준이치로'는 부자가 되려면 돈에 대한 태도가 중요하다고 한다. 세무사인 저자는 많은 부자를 관찰한 결과 공통점을 발견했다. 꾸준하게 돈을 잘 벌고 있는 경영자들은 대부분 하나같이 깔끔한 지갑을 사용하고 있었다. 저자는 '어쩌면 지갑이라는 건 단순히 돈을 넣는 도구 이상의 힘을 가지고 있는 것은 아닐까?'라는 의문을 품었다.

부자일수록 지갑을 사용하는 데 자신만의 규칙을 여러 가지 정해놓고 있었다. '지갑은 장지갑을 쓴다, 지폐는 반드시 위아래를 맞춰서 가지런히 넣는다, 지갑에 영수증은 넣지 않는다, 현금으로 계산할 때는 반드시 새 돈으로 한다.' 등. 돈에 항상 신경을 쓰고 있었다. 부자들은 마치 자신에게 소중한 사람을 항상 마음속에 품고 있는 것처럼 돈을 배려한다. 반면 가난한 사람들은 돈에 대한 자신만의 철학이나 규칙이 없기 때문에 돈을 펑펑 써버린다. 돈을 소중하게 여기는 사람은 대부분 돈의 입장을 이해하고 돈의 마음을 잘 알고 있었다. 그는 "지갑이란 말하자면 나를 찾아온 돈을 맞이하는 호텔과 같다."라고 한다. 나에게 온 돈이라는 손님을 최고로 대접하면 돈은 다음에도 또 나를 찾게 된다고 한다.

'돈에 관심을 가지는 것'과 '돈에 집착하는 것'은 다르다. 아무리 사랑해도 집착이 심해지면 돈은 도망간다. 돈과 사람은 기본적으로 같다. 사람을 함부로 대하는 사람은 남에게 푸대접을 받듯이, 돈을 함부로 대하는 사람 역시 돈에게 푸대접을 받는다. 돈을 어떻게 사용할 것인가, 돈을 어떻게 절약할 것인가 고민하기에 앞서 눈앞의 돈부터 소중히 여겨라. 돈의 사랑을 받는 사람이 되고 싶다면 돈의 소중함을 알고 출발해야 한다. 돈을 컨트롤하는 자기만의 철학과 규칙을 갖고, 돈을 사랑하면 돈은 들어오게 마련이다.

/

생각이 바뀌면 행동이 바뀌고, 행동이 바뀌면 습관이 바뀌고,

습관이 바뀌면 인생이 바뀌고, 인생이 바뀌면 운명이 바뀐다.

– 윌리엄 제임스

2

절약보다 중요한 것은 사고의 전환이다

부자는 가격보다 가치를 중시한다

옛날 어느 마을에 땅 부자 박 영감이 살고 있었다. 박 영감은 살림을 잘 하는 지혜로운 처녀를 며느리로 삼고 싶었다. 그래서 동네에 방을 붙여 며느리를 뽑는 시험을 치르기로 했다. 조건은 한 달 동안 쌀 두2되, 보리 쌀 2되로 살림을 할 수 있는 처녀였다.

첫 번째 처녀는 첫날은 세 끼, 둘째 날은 두 끼, 그 뒤 며칠을 죽만 쑤어 먹더니 도망가버렸다. 두 번째 처녀는 쌀과 보리를 서른 봉지로 나누었다. 하지만 보름쯤 지나 배가 고파 도망가버렸다. 그렇게 마을에 모든 처녀가 시험을 보다 도망가고, 마지막 가난한 선비의 딸만 남게 되었다. 선

0원으로 시작하는 짠순이 재테크 습관

비의 딸은 집으로 오자마자 쌀을 푹 퍼서 밥을 지었다. 처녀는 배불리 먹고 일감을 구해서 바느질, 다림질, 물레질 모두 가리지 않고 밤늦도록 일했다. 쌀을 품삯으로 받아 일한 만큼 배불리 먹었다. 한 달 후 쌀독에는 쌀이 가득했다. 부자는 이 처녀를 며느리로 삼기로 하고 아들과 결혼시켰다. 전래동화「며느리 뽑는 시험」에 대한 내용이다.

첫 번째나 두 번째 처녀는 있는 돈으로 절약만 하려고 애썼지만, 세 번째 처녀는 일을 해서 배불리 먹고 부를 쌓았다. 당신의 어떤 처녀에 해당하는가?

오로지 저축만 하는 내 남편은 두 번째 처녀일 것 같다. 나는 과거 첫 번째 처녀를 하다가 점점 세 번째 처녀가 되어가는 중이다. 절약하면 부자가 될까? 수입이 빤하다면 아무리 절약해도 절대 부자가 될 수 없다. 부자는커녕 일자리를 잃으면 곧 밥도 굶게 된다. 부자가 되려면 세 번째 처녀 같은 발상의 전환이 필요하다. 과거 나도 아끼는 절약만이 부자가 되는 길이라고 생각했다. 나는 짠순이이므로 늘 가격 비교가 몸에 배어 있다. 물건 하나를 사도 11번가, 옥션, 지마켓, 티몬, 위메프, 쿠팡에서 가격 비교를 하고 최저가를 샀다. 이러니 쇼핑에 걸리는 시간이 참 길었고 뭐 하나 사려면 스트레스도 받았다. 나에게 절약이란 '최저가 구매'라는 고정관념이 있었다.

우리 부부는 각자 17평 아파트에서 자취 생활을 하다가 만나 결혼을 했다. 남편 직장이 대전이라 나는 휴직하고 남편이 있는 대전 17평 아파트로 가게 되었다. 17평 각각 두 집 살림이 17평 한집으로 몰리니 집이 엄청 좁았다. 남편은 나보다도 더 물건을 버리지 못하는 사람이다. 결혼을 한다고 하면 보통 신혼살림을 사는 재미가 있다고 하는데 나는 그런 재미는 하나도 느껴보지 못했다. 있는 살림도 갖다 버려야 할 판이었다. 집이야 각자 살고 있는 집으로 들어가면 되는 거였고, 살림은 오히려 줄여야 하니 결혼비용이 거의 들지 않았다. 내가 결혼한다고 산 살림은 은수저 세트와 이불 한 채인 거 같다. 그 당시 우리는 둘 다 전기밥솥이 없었다. 둘 다 결혼 전 수동 압력밥솥에 밥을 해먹고 살아서 수동 압력밥솥이 2개나 있었다. 내가 아이를 낳고 한참 뒤까지도 압력밥솥에 밥을 해먹었다. 어느 날 산후 도우미 아주머니가 나를 보고 전기밥솥도 없는 집은 처음이라는 말에 충격을 받았다.

지금 돌아보면 우리 살림살이가 다 쓰던 거고, 좁은 17평에 사니 가난하게 보일 만도 하다. 하지만 우리는 서울과 인천에 집이 각각 한 채씩 있고, 월세 수입도 있어서 작은 부자는 된다. 그런데 그런 말을 들으니 기분이 나빴다. 마침 전기밥솥을 사볼까 하는 생각도 있던 때라 하나 사기로 결정했다. 처음엔 국민 밥솥인 C*밥솥을 사려고 했으나 열심히 알아보니 가격이 꽤 비쌌다. 그러다 'D*밥솥 체험단'이라는 것을 발견했다.

0원으로 시작하는 짠순이 재테크 습관

무료 50%나 할인된 가격에 살 수 있어서 바로 응모를 했다. 얼마 후 문자가 도착했다.

"윤*완님, D* 체험단 선정되었습니다. 로그인 시 메인화면에 제품 할인가 확인됩니다."

당첨 문자를 보고 세상을 얻은 듯 너무 좋았다. 남편에게 요즘 내가 운이 참 좋은 거 같다며 자랑도 했다. 그러나 나중에 알고 보니 누구나 거의 다 당첨되는 것이었다. 나는 D* 마케팅에 헌팅당한 순진한 고객일 뿐이었다. 얼마 후 밥솥이 도착했다. 그 당시 유명했던 일명 '장동건 밥솥'을 이렇게 저렴하게 사다니…. C*밥솥보다 훨씬 싸게 사서 기분 좋게 밥을 해보았다. 그런데 밥맛이 집에 있던 압력밥솥보다 못했다. 더군다나 산 지 얼마 되지도 않던 어느 날 밥이 금방 말라버렸다. 이럴 수가! 여기에 그치지 않고 또 얼마 후엔 밥솥 뚜껑 부분 플라스틱이 떨어졌다. '싼게 비지떡이다.'라는 말을 실감했다. '비싸도 C*밥솥을 살 것을….' 후회가 밀려왔다. 그러나 고장이 난 것도 아닌데 새로 사기에는 부담스러웠다. 아직도 볼 때마다 애증이 교차하는 나의 D*밥솥. 나는 절약을 하고 싶으면 비싼 걸로 사야 한다는 것을 배웠다.

어느 날 대학원 동기 언니를 만났다. 언니는 세련됐고 기품이 있어서 처음 봤을 때부터 한눈에 반했다. 자식 교육에서도 남들 따라가는 게 아니라 자신만의 교육철학을 가지고 있다. 남들이 가고 싶어 하는 유명 초등학교를 다니는 아들을 평범한 다른 학교로 전학시켰다. 이유는 돌봄신청이 잘돼서 초등학교 들어가는 둘째와 같이 다니기에 적합하고, 학급 수가 작아서 더 꼼꼼히 애들을 봐준다는 판단을 내려서이다.

"정완아, 우리 애들 이번 방학 동안 ** 국제학교 여름 방학특강 보냈어."

"거기 비싸잖아? 외부 학생들도 신청할 수 있어?"

"응. 외부 학생도 신청돼. 남편이 지나가다가 현수막 보고 와서 신청했어. 가격은 10일에 150만 원 정도?"

"헉…. 비싸다."

"9시에 가서 2~3시에 오는데, 점심밥도 줘. 비싸긴…. 생각해봐. 거기 외국인 교수진 좋기로 유명한데, 만일 비행기타고 미국 간다면? 그 비용에 비해서 훨씬 싼 거지…."

"오~. 프로그램이 좋아?"

"응. 선택 가능해. 우리 큰애는 골프랑, 미술이랑 영어토론 신청했어."

"우와~. 골프도??"

"응. 프로그램 잘 돼 있어. 이번에 큰애가 다녀오더니 영어의 필요성을 느끼더라고. 모이는 아이들도 수준이 높아서 가서 느끼는 게 많은 거 같아."

0원으로 시작하는 짠순이 재테크 습관

"그렇단 말야? 겨울방학 때 우리 아들도 보내야겠다."

이렇듯 언니는 늘 가격보다 가치를 중시한다. 싸고 좋은 것을 찾아다니는 나와 달리 필요한지를 곰곰이 생각하고 산다. 나는 언니에게서 부자들의 사고를 봤다. 그런 환경에서 자라서인지, 부자의 사고를 갖고 있어서인지 언니는 결혼 전이나 후나 늘 부유하다. 당장 눈앞의 이익에 눈이 멀어 소탐대실(小貪大失)하는 나와 달리 당장의 이익이 적더라도 가치있는 것을 택한다. 작은 것을 버리고 큰 것을 얻는 사소취대(私消取貸)를 하는 것이다. 부자들이 부자가 되는 이유가 바로 이것이다.

『100억 부자의 생각의 비밀』의 저자 김도사는 '의식이 전부다.'라고 말한다. 가난한 사람은 '가난한 사고'를 가지고 있고 부자는 '부자의 사고'를 갖고 있다고 한다. 성실함보다는 '부자의 사고방식'을 가질 때 빈자에서 부자로 위치가 달라진다고 말한다. 『부자의 사고 빈자의 사고』의 저자 이구치 아키라도 '부자의 사고방식'을 갖추면 부자가 된 것이나 다름없다고 강조한다. 예전에 극빈자 생활을 경험한 그가 큰 부를 이룬 비결은 바로 부자들이 갖추고 있는 올바른 사고법이라고 한다.

부자의 사고방식은 뭘까? 부자가 되려면 돈을 아끼려는 절약보다는 잘 써야 한다. 절약이 미덕이라는 사람들은 저축만 한다. 그러나 물가는 오르고 돈의 가치는 떨어진다. 부자는 가격보다 가치를 중시한다. 부자가 되려면 자기계발에 투자를 아끼지 말고, 비싼 비용을 지불해서라도 제대로 배워야 한다. 사회에 부가가치를 줄 수 있는 존재가 되는 것이 부자가 되는 비결이다. 자기계발에 인색한 사람은 대부분 가난하다. 부자가 되려면 절약보다 사고의 전환이 중요하다.

/

당신은 백만장자 되기 전에
백만장자처럼 생각하는 법을 배워야 한다.

– 토마스 J. 스탠리

3

돈은 기하급수적으로 버는 것이다

나만의 성공 자동화 시스템을 만들라

나는 아이가 아주 어릴 적부터 자기 전에 책을 3권 이상 꾸준히 읽어주고 있다. 처음에는 읽어줄 만했는데 갈수록 글밥이 늘어나서 점점 힘이 들긴 하다. 어느 날 아이가 『사냥감은 어디에』라는 책을 들고 와서 읽어 달라고 했다. 그림 위주라 글밥이 매우 적어서 내가 좋아하는 책이다.

"사냥감은 어디에 있을까?"

"여기에 있을까?"

"저기에 있을까?"

"시냥감만 있다면 잡을 수 있을 텐데….".

"사냥감이 없으니 잡을 수가 없지."

"오늘은 그만 자야겠다! 하지만 내일은 꼭 잡을 거야."

사냥감을 찾아 헤매는 사냥꾼이 매번 사냥감을 놓치는 이야기이다. 사냥감은 사냥꾼 바로 곁에 '나 여기 있어.' 하듯 늘 있다. 그러나 사냥꾼은 언제나 앞만 본다. 바로 뒤에 있는 여우도 못 보고, 나무 사이에 숨은 토끼도 못 본다. 고개를 조금만 돌려도 사냥감은 있다. 심지어 사냥꾼 발치에 사냥감이 있기도 하다. 아무것도 보지 못하는 사냥꾼은 매일 사냥감이 없으니 잡을 수 없다며 포기하고 돌아간다. 그 뒤로 기린, 토끼, 사슴, 까치 등이 떼로 사냥꾼 뒤를 따라간다. 사냥꾼의 절망적인 얼굴과 사냥감들이 사냥꾼을 바라보는 그림이 참 귀엽고 코믹하다.

많은 사람들은 늘 수입을 늘려보려고 고민한다. 그러나 자신의 사고방식에 갇혀서 항상 같은 곳만을 바라본다. 조금만 주위를 살펴도 돈을 벌수 있는 기회는 늘 있지만, 다른 곳을 볼 줄 모르는 사람에게는 전혀 보이지 않는다. 내가 수강한 '책 쓰기 7주차 과정'의 김도사는 늘 "돈 벌기 엄청 쉬워."라고 말한다. 나는 '돈 벌기가 어떻게 쉽다는 거지?' 하며 매번 이해불가였다. 김도사의 말을 들어보면 이해가 된다기보다는 '저 분이니까 쉽지. 보통 사람이 어디 쉬워?' 하며 딴 세상 이야기라는 생각이 들었다.

0원으로 시작하는 짠순이 재테크 습관

이제 전 국민이 직장만 다녀서는 노후 보장이 안 된다는 것을 잘 안다. 노후 보장은커녕 오래 직장을 다니면 오히려 눈치가 보이는 실정이다. 직장에서 쫓겨나기 전에 미리 돈을 굴려서 나도 복리의 마법을 좀 느껴 봐야겠다며 여기저기 알아본다. 그러나 뭐가 뭔지도 모르겠고, 돈을 잃을까 걱정도 되어 섣불리 시작하지 못한다. 게다가 아침부터 밤까지 직장생활만 하기에도 죽을 지경이다. 재테크를 공부할 시간이나 마음의 여유조차 없다.

보통 직장인들의 부의 파이프라인은 가장 일반적인 예·적금, 대표적인 투자인 주식·펀드, 주식과 펀드의 장점을 결합한 ETF, 경기가 불황일 때 투자하는 채권, 요즘 모두의 로망 부동산투자, 경제가 위기일 때 환차익과 비과세를 목적으로 한 외환 투자, 인플레이션을 대비한 금과 달러를 결합한 KRX 금투자 등을 한다. 나도 처음에는 원금을 잃을까 봐 두려워서 저축부터 시작했다. 그러다 이자 욕심에 '묻지마 투자'로 P2P에 손댔다가 50만 원을 잃었다. 내가 이용한 P2P 업체인 '피*펀드'에서는 앞으로 10년 동안 내 50만 원을 분할 상환예정이라고 한다. 과연 그 돈을 받을 수 있을까? 가끔씩 화가 나서 '피*펀드' 고객센터에 전화하면 며칠 뒤 '채무자가 일부 변상했다'며 1,000원 정도 넣어 준다. 웃기지만 속이 쓰리다. 저축만 하는 남편이 하도 답답해서 시작한 P2P투자인데 돈을 잃고 나자, 남편은 내가 투자 얘기만 하면 "그 돈 50만 원 언제 받는다고 했지?" 하며 놀린다.

나는 인천으로 발령 후 처음 자취 생활을 다세대 빌라 월세살이로 시작했다. 보증금 1,000만 원에 월세 25만 원이었는데, 그 보증금 1,000만 원도 없어서 대출받았다. 첫 사회생활을 대학교 학자금 대출을 갖은 채 마이너스 인생으로 시작했다. 1년간 월세를 내며 너무 아까워서 1년 만에 또 대출을 받아서 일반 빌라에 전세로 들어갔다. 그 전셋집은 일부러 경매 낙찰을 목적으로 융자가 많이 낀 깡통 전세로 들어갔다. 몇 년 뒤 예상대로 경매로 넘어온 그 집을 낙찰받았다. 몇 년 후 2,000만 원 정도의 수익을 내고 팔고, 번듯한 17평 주공아파트를 대출 4,000만 원을 끼고 사서 몇 년 전 5,000만 원 정도의 수익을 내고 팔았다. 주공아파트를 팔기 전까지 몇 년간을 월세 수입을 받아왔다. 당시 내가 육아휴직을 하고 남편이 있는 대전으로 가게 되어 이 집을 월세를 놓은 것이다. 휴직 중이라 별로 수입이 없는 내게 월세 수입은 안정감을 주었다. 그때 '매달 나에게 안정적인 수입이 있다면 얼마나 좋을까?'라는 생각을 많이 했다.

부자들은 돈보다 시간을 더 귀하게 생각한다. 돈은 벌 수 있지만 시간은 한정되어 있기 때문이다. 나의 스승님인 120억 자수성가 부자 '한책협' 김도사는 '돈, 돈, 돈' 해서는 절대로 돈으로부터 자유로워질 수 없다는 것을 알았다. 그래서 돈보다 '시간'과 '세월'을 벌기 위해 연구하기 시작했

0원으로 시작하는 짠순이 재테크 습관

다. 그는 부의 비밀을 자기만의 '자동화 시스템'에서 찾았다. 『부의 추월 차선』 엠제이 드마코 역시 부의 비밀을 '자동화 시스템'에서 찾았다. 그는 KFC에서 닭을 튀기는 직업을 가진 홀어머니 밑에서 자란 아무 재능도 없는 가난한 사람이었다. 『백만장자 메신저』의 저자 브랜드 버처드는 죽을 뻔한 교통사고의 순간 '가치 있는 삶을 살고 싶다'는 것을 깨닫고 열정적인 메신저로 세상에 선한 영향력을 끼치며 산다. 그 역시 '자동화 시스템'으로 경제적 자유를 얻었다. 이외에도 은둔형 니트족에서 강연가, 창업으로 대성한 『부자의 사고 빈자의 사고』 저자 이구치 아키라, 『잠들어 있는 나를 깨워라』의 저자 브라이언 트리이시 등 세상에 백만장자들은 자기만의 부의 추월차선을 만들어서 자는 동안에도 휴가를 즐기는 동안에도 돈을 만들어내고 있다.

흙수저도 아닌 마이너스 수저로 시작해 120억 부자가 된 '한책협' 김도사는 "성공해서 책을 쓰는 것이 아니라 책을 써야 성공한다."라고 말한다. 그는 막노동으로 번 일당 6만 원으로 끼니를 때우고, 고시원에 살며 작가의 꿈을 향해 고군분투했다. 그 결과 3년 만에 시인이 되고 7년 만에 작가가 되었다. 현재 205권의 책을 썼고 900명의 작가를 배출했다. 그의 부의 비밀은 책을 써서 세상에 나를 브랜딩하여 강연과 코칭을 하는 것, 네이버 카페를 개설하여 나만의 스토리와 경험, 해결책이 담겨 있는 교육과정을 개설하고 상품을 파는 것이었다. 그리고 '김도사TV'를 통해 의

식함양 유튜브를 찍는다. 얼마 전 김도사의 '미라클사이언스 특강'이 열렸다. '신종 코로나 바이러스'로 다들 외출을 꺼리는 시기에 결코 저렴하지 않은 비용임에도 150명 가량의 인파가 몰렸다. 그는 하루에도 엄청난 돈을 벌어들이며 하고 싶은 일을 하고 세상에 선한 영향력을 펼친다.

나는 김도사를 만나기 전까지 '가슴이 시키는 일을 하라. 너의 꿈을 펼쳐라. 내면의 소리에 귀를 기울여라' 같은 문구는 나와는 상관없는 말인 줄 알았다. 월급쟁이 직장인으로 하루를 살아내기도 바쁜 와중에 이 무슨 귀신 씨나락 까먹는 소리인지, 팔자 좋은 소리 한다고 생각했다. 그런데 누구나 인생을 살며 자신만의 경험과 깨달음이 있다. 이것을 책으로 펴내고, 1인 창업을 통해 퍼스널 브랜딩을 하면, 나와 같은 처지에 있는 사람들이 글을 읽고 만남을 요청할 것이다. 그리고 강연가가 되어 나를 필요로 하는 곳에 가서 환영받으며 강의를 할 수도 있다. 또 유튜버가 되어 나의 경험을 알릴 수 있다. 더 이상 직장에만 목매지 말고 나만의 성공 '자동화시스템'을 만들어보자. 우리도 백만장자처럼 단기간에 기하급수적으로 돈을 버는 부의 추월차선으로 갈아탈 수 있다.

0원으로 시작하는 짠순이 재테크 습관

/

잠자는 동안에도

돈이 들어오는 방법을 찾아내지 못한다면

당신은 죽을 때까지 일을 해야만 할 것입니다.

− 워런 버핏

4

인생을 바꾸는 부자 재테크 습관을 가져라

먼저 자신의 투자습관을 살펴보라

며칠 전 수영강습을 받으러 수영장에 갔다. 내 또래 남자 수영강사는 싱글이다. 강사는 이제 명절 때나 휴가철에는 모두 가족과 함께라서 만나주는 친구도 없다고 했다. 그러면서 한숨을 깊이 내쉬어 모두 함께 한바탕 크게 웃었다. 수영 강사생활을 오래한 우리 반 선생님은 날이 갈수록 얼굴에 생기가 없다. 그도 그럴 것이 날이 춥건, 비가 내리건, 감기에 걸리건 새벽부터 차디찬 물에서 오랜 시간 수영을 가르치기 때문이다. 예전엔 몰랐는데 내가 1년간 성실한 강습회원이 되어 보니 수영강사들은 고되고 재미없어 보였다. 어느 날 수영강습 중 5분 자유시간에 선생님과 수강생의 수다 타임이 있었다.

0원으로 시작하는 짠순이 재테크 습관

"선생님, 아침 몇 시에 일어나세요?"

"새벽 4시 반이요."

"헉…. 진정한 아침형 인간이시네요!"

"어젠 밤에 늦게 자서 2시간 자고 나왔어요."

"아이고, 피곤하시겠다. 그래도 퇴근은 빠르시죠?"

"2시요. 가끔 1:1 개인과외 수업하면 4시에 끝날 때도 있구요. 근데 끝나고 할 게 없어요."

"취미생활이나 아르바이트하면 되죠."

"예전엔 뭐 좀 해보려고 했는데요. 페이가 약하더라고요. 배운 건 수영이라 다른 수영장 알바갔더니 하루 종일 수영장이라 삶의 질이 너무 떨어져요."

그래도 아마 19년 차 교사인 나보다는 페이가 훨씬 셀 것이다. 물론 새벽 4시 반 기상이긴 하지만 2시에 끝난다니 참 매력적인 직업이구나 싶었다. '나라면 퇴근 후 책을 읽고, 배우고 싶은 거 배우러 다니며 재테크도 할 텐데….' 하는 생각도 들었다. 워킹맘으로 항상 시간이 없어 동동거리는 나로서는 수영 선생님의 남아도는 시간이 탐났다. 어쨌든 수영 강사가 퇴근 후 알바라도 하려는 이유는 돈을 더 벌고 싶은 마음에서일 것이다.

"우물쭈물하다 내 이럴 줄 알았다." 노벨문학상을 수상한 조지 버나드 쇼의 묘비명이다.

인생은 시간으로 이루어져 있다. 시간은 강물처럼 쉼 없이 흐른다. 우리는 한정된 시간 동안 무엇을 할지 고민하고 결정한다. 목표를 정했다면 인생이라는 시간 안에 이룰 수 있도록 노력해야 한다. 보통 한 사람이 70~80세를 살다 간다면, 가능하면 젊은 나이에 목표를 이루어 누리고 사는 것이 이상적이다. 70~80세가 되어 건강을 잃은 후 성공한다면 무슨 소용인가? 그 전에 성공하려면 낭비할 시간이란 전혀 없다. 그래서 부자들이 돈으로 시간을 사는 것이다. 맞벌이 가정이라면 가사도우미나 베이비시터를 고용하고, 그 시간에 내가 아니면 안 되는 일이나 하고 싶은 일에 전력을 다하는 것이 현명하다.

얼마 전 아이가 학교에서 화분을 받아왔다. 아이는 처음 화분을 가져왔을 때 '샌디'라는 예쁜 이름을 지어주었다. 선생님이 샌디에게 '매일 하루에 한 번씩 물을 주라'고 했다며 잘 기를 것처럼 의욕이 왕성했다. 그러나 아이는 얼마 안 가 샌디에게 관심이 없어졌다. 어느 날 샌디를 보니 잎이 누렇게 변한 부분이 보였다. 나는 샌디에게 물을 주다가 갑자기 '썩은 잎부터 잘라내야겠다'는 생각이 들었다. 이런 생각이 이제야 들다니 역시 나는 화초 기르기에는 영 소질이 없다.

대부분의 사람은 열심히 돈을 벌 궁리를 한다. 그러나 돈을 벌기에 앞

0원으로 시작하는 짠순이 재테크 습관

서 자신의 소비나 투자습관을 먼저 살펴볼 필요가 있다. 샌디의 썩은 잎을 잘라내듯 나쁜 소비 습관을 고친 후에 부자들의 재테크 습관을 따라한다면 금세 부자가 될 수 있을 것이다. 그렇다면 부자들의 재테크 습관은 무엇일까?

1) 억만장자의 사고를 하라.

월급쟁이 직장인만큼 성실한 집단은 없다. 나는 매일 아침부터 밤까지 시계추처럼 움직인다. 가끔 내가 매일 3시 30분에 시계보다도 더 정확히 산책을 했다는 철학자 칸트같이 느껴질 때도 있다. 나는 그동안 하녀의 마인드로 살아왔다. 혼자서 집안일부터 아이돌보기, 직장일까지 혼자 다 해내는 슈퍼우먼이었다. 아이 등하원도우미, 가사도우미, 아이 공부봐주기, 직장인 등 1인 4역 이상을 해냈다. 그렇게 아낀 돈으로 저축과 투자하는 것이 참 좋았다. 가끔 나에 대한 보상은 혼자 영화 관람, 외출복 구입 정도였다. 나 스스로의 가치를 깎아내린 것이다. 그 결과 어느 날 귀에 '이명'이 생겼다.

『부자의 사고 빈자의 사고』의 저자 이구치 아키라는 젊은 나이에 매년 10억 원이 넘는 수입을 올리고 있다. 그는 학창시절 집단 따돌림을 당하고 5번이나 전학을 하며 고생했다. 사업 자금은커녕 수중에 30만 원밖에 없었고 대학교 중퇴에다 이렇다 할 기술이나 능력도 없었다. 하지만 부자의 사고방식으로 바꾸고 성공할 수 있었다. 이구치 아키라는 빈자의 사고로는 절대 부자가 될 수 없다고 말한다. 부자는 성실함보다는 '가치'를 중시한다. 부자보다 가난한 자들의 집에 오히려 물건이 넘쳐난다. 부자들은 무언가를 살 때 충분히 고심해서 산다. 가격 때문이 아니라 '가치'를 따지기 때문이다. 가치가 있다고 생각된다면 비싸도 산다. 이렇듯 부자들은 물건이나 사람이나 일이나 모두 '가치'를 중시한다. 그래서 부자는 동네 커피숍에서 쓸데없는 수다를 떨지 않는다. 사람을 만날 때도 나에게 필요한 사람 위주로 만난다. 일도 우선순위에 맞게 처리한다.

2) 부의 파이프라인을 구축하라.

직장에만 충성하며 다니다가 언젠가 퇴직을 하게 되면 그때부터는 생계가 막막해진다. 이제는 100세시대라고 한다. 그러나 자본주의 사회에서 수입이 없는 수명연장은 재앙이라고 생각한다. 나는 공무원이지만, 나의 꿈과 내 가족의 미래를 위해 자기계발과 재테크를 열심히 공부 중이다. 또 나만의 가치를 업그레이드하여 네이버 카페, 블로그, 유튜브 등 퍼스널 브랜딩을 준비하고 있다.

'석유왕' 록펠러는 "종일 일하는 사람은 돈 벌 시간이 없다."라는 명언을 남겼다.

남이 만들어놓은 회사에서 아무리 월급을 많이 받아도 월급만으로는

0원으로 시작하는 짠순이 재테크 습관

결코 부자가 될 수 없다. 일할 때는 물론이고, 휴가를 가거나 병원에 입원해 있을 때에도 돈이 들어오게끔 자동화 시스템을 구축해야 한다. 사업가는 더 많은 돈을 벌기 위해 알아서 돌아가는 시스템을 만드는 데 공을 들인다. 일반 직장인도 시스템을 만들 수 있다. 부의 다양한 파이프라인을 만들면 된다. 주식, 펀드, ETF, 외화예금, 부동산, 경매 등 추가 수입이 발생하도록 직장 다니며 지속적으로 공부하고 투자하자. 공부를 하다 보면 나에게 맞는 투자가 보이게 마련이다. 투자란 돈이 있다고 하는 것이 아니다. 돈이 없을수록 항상 투자의 공부는 하고 있어야 한다. 주식이니 펀드니 혼자 공부하기 어렵다면 그 분야의 최고에게 유료 교육과정을 통해 제대로 배우자. 이것이 나의 시간과 돈을 아끼고 단시간에 부자가 되는 길이다.

3) 100번 듣는 자보다 한 번 실천하는 자가 되라.

세상에는 정보가 넘쳐난다. 그러나 귓등으로만 듣고 실천하지 않는다면 아무 쓸모가 없어진다. '구슬이 서 말이라도 꿰어야 보배다.' 성공하고 싶다면 지금 당장 부자들의 재테크 습관을 실천하라. 삶의 개선과 변화는 실천하는 데 있다. 성공한 부자들은 모두 실천력이 강한 사람들이다.

우리의 인생은 습관으로 되어 있다. 성공하는 습관을 갖추면 성공하고, 가난한 습관을 갖추면 가난해진다. 그런데 사람들은 성공하는 습관은커녕 재테크나 자기계발을 할 시간조차 없다고 한다. 그러나 시간은 앞으로 더더욱 없다. 백수도 과로사한다. 시간이란 늘 없는 것이다. 없는 시간을 분 단위로 쪼개고 아침과 퇴근 후 시간을 이용하자. 재테크에 늘 귀를 열어두고 공부를 시작해보자. 먼저 부자 마인드로 전환 후 나만의 부의 파이프라인을 만들고 작게라도 첫발을 내디뎌보자. 돈 버는 재주는 제대로 배워서 익히고, 연습을 통해 키우자. 부자로 살고 싶다면 부자들의 재테크 습관을 따라 하자.

/

강에서 물고기를 보고 탐내는 것보다
돌아가서 그물을 짜는 것이 옳다.

－『예약지』

0원으로 시작하는 짠순이 재테크 습관

5

수입의 다양한 파이프라인을 만들어라

돈이 돈을 버는 시스템을 구축하라

"살림살이 좀 나아지셨습니까?"

오래전 코미디 프로에서 한 개그맨이 유행시킨 멘트이다. 세상 모든 사람들은 더 나은 살림살이를 원한다. 그러기 위해 우리는 열심히 기존 제도에 맞추어 공부를 하고 취업을 한다. 보통 사람들은 초등학교 6년, 중학교 3년, 고등학교 3년, 대학교 4년을 공부한다. 여기다가 대학원 석사, 박사, 유학의 코스를 추가로 밟기도 한다. 그 이유는 화려한 스펙을 쌓아서 대기업, 공기업, 공무원, 의사, 변호사 등 세상에서 좋다고 알아주는 직업을 가지기 위함이다. 이 직업을 가지면 부자가 되리라는 환상

속에 하루하루 견디는 삶을 산다.

"하루 5시간씩 자며 뼈 빠지게 일하는데 왜 살림이 피지 않지?"

"월급 받아도 다 사라지고 남는 게 없어."

"세상은 불공평해. 부자들이 얼마나 많은데, 왜 나는 열심히 살아도 가난하지?"

엄청난 경쟁률을 뚫고 좋다는 직업을 가진다 해도 우리의 살림살이는 나아지지 않는다. 직장에서는 우리가 부자가 될 만큼 충분한 돈을 주지 않기 때문이다. 딱 먹고 입고 기본 생활을 할 만큼만 지급한다. 그 이하로 주는 경우가 대부분이다. 연봉이 좀 높다 해도 월급 받아 큰 부자가 되는 사람은 없다.

유명한 '파이프라인' 우화가 있다.

성공을 원하는 A와 B가 있었다. 둘은 돈을 벌 기회를 찾고 있었다. 어느 날 재력가 C가 산꼭대기에서 내려오는 물을 아랫마을까지 운반해주면 한 통당 10만 원을 주겠다고 했다. A와 B는 새벽부터 일어나 산에 올라가 밤이 되어서야 물 한 통을 가져와서 10만 원씩 벌었다. 매일 10만 원씩 돈을 벌던 A와 B는 행복했다. 그러나 B는 점차 건강상의 문제로 매일 산꼭대기까지 가서 물을 길어올 엄두가 나지 않았다. 고민 끝에 산꼭

대기에서 물이 자동으로 내려오는 파이프라인을 만들어야겠다고 생각 후 도면을 만들었다. B는 사실 힘든 순간마다 건강한 A가 부러웠다. 포기하고 싶었지만 미래를 위해 열심히 파이프라인을 만들었다. 꼬박꼬박 월 300만원 받는 A는 타고 다닐 나귀도 사고 집도 구입하였다. 자신에게 고정수입을 준 C에게 감사하며 매일 산에 올랐다. 그러던 어느 날 A는 충격적인 통보를 받았다. C가 10만 원이던 물통 가격을 5만 원만 주겠다고 통보하는 것이 아닌가? A는 늙고 지쳐서 매일 산에 오르내릴 힘도 없었다. 반면 B는 경제적 자유를 얻어서 먹고 놀며 즐겨도 파이프라인에서 물이 언제든 나와서 계속 돈을 벌고 있었다.

우화를 읽은 당신은 어떤 생각이 드는가? 직장인인 나와 같은 수많은 직장인 A는 B처럼 되어야겠다고 생각할 것이다. 그런데 엄두도 안 나고 B처럼 될 방법도 막연하다. 월급쟁이 직장인들은 하루 일과가 너무나 바쁘다. 밤늦게 퇴근해서 아이들과 잠시 눈 맞춤을 하고 나면 또 아침이다. 마치 시지프스의 신화같다. 신들은 시지프스에게 끊임없이 산꼭대기에까지 바윗덩어리를 굴려 올리게 하는 형벌을 내렸다. 시지프스는 온 힘을 다해 바위를 꼭대기까지 밀어 올리지만, 바로 그 순간에 바위는 제 무게만큼의 속도로 굴러떨어진다. 시지프스는 다시 바위를 밀어 올려야만 했다. 직장인의 하루하루 반복되는 삶의 과정들이 마치 시지프스가 바위를 굴려 올리는 일과 비슷하다.

나의 일과 역시 다르지 않았다. 나는 주말부부 독박 육아 워킹맘이다. 하루가 다람쥐 쳇바퀴 돌듯 아침부터 아이 재울 때까지 동동거리며 산다. 아이가 아프지 않은 것만도 감사한 일이다. 만일 아이가 아프기라도 하면 눈앞은 캄캄해진다. 이러다가 내가 아프기라도 하면? 생각만 해도 아찔하다.

나는 경제적 자유를 원한다. 내가 원하는 시간에 쉴 수 있고, 내가 원하는 시간에 진정으로 보람을 느끼는 일을 하며 살고 싶다. 가족과 함께 저녁이 있는 삶을 살고 싶다. 그렇게 되는 방법은 자본주의 사회에서는 자본가가 되어야 한다. 직장만 다녀서는 절대 경제적 자유인이 될 수 없다. 자본가는 직접 일하지 않는다. 돈이 돈을 버는 시스템을 구축한다. 어느 재테크 강좌에서 강사가 한 말이 인상 깊다.

"전쟁이 났는데 총 한 자루만 가지고 있는 사람과 기관총, 탱크, 폭탄, 칼, 헬기 등 장비를 두루 갖추고 능숙히 다루는 사람이 있어요. 둘 중에 누가 살아남겠습니까?"

이 강사가 하고픈 말은 '월급만 갖고 살 순 없다. 주식, 펀드, 부동산, 외화, 금 등 두루두루 재테크 공부를 해야 한다'는 취지였다. 나는 크게 공감했다.

0원으로 시작하는 짠순이 재테크 습관

현대인은 누구나 바쁘다. 바빠 죽겠다고 한다. 주 5일 일하는 직장인의 경우, 주말밖에는 여유시간이 없다. 나는 주말에는 밀린 집안일과 아이 병원 진료 등 평일에 못 한 일을 하느라 또 바쁘다. 주말에 쉰다는 느낌은 가족과 외식 한 번이 고작이다. 돌파구를 찾고 싶었다. 죽기 살기로 공부해서 들어간 소중한 직장이지만, 한계를 느꼈다. 아이를 낳고 나니 더더욱 직장생활이 벅찼다. 나는 다 해낼 수 있다고 채찍질하며 슈퍼우먼이 되어갔지만 나이가 드니 건강상 문제가 생겼다. 왜 여자들이 결혼하고 직장을 그만두는지 알 것 같았다.

그래서 퇴근하고 재테크 공부를 시작했다. 남들은 드라마 보며, 커피숍에 모여 수다로 스트레스를 풀 때, 잠을 잘 때, 나는 새벽까지 열심히 돌파구를 찾아 헤맸다.

내가 만든 수입의 파이프라인을 공개한다.

1) 연금

나는 62세 경부터 공무원연금을 받을 예정이다. 그리고 젊을 때부터 안 쓰고 알뜰히 납입해온 사기업 연금이 있다. 62세 이전에 퇴직할 경우 사기업 연금 수령 일을 당길 것이다.

2) 장기 환테크

나는 은행별 수수료, 환율 등을 공부하고 그 당시 가장 조건이 좋았던 SC 외화보통예금통장을 선택했다. 수시 입출금이 가능하고 모두 원화로 입출금이 된다. 달러가 쌀 때 사서 비쌀 때 파는 환차익을 얻는 전략이다. 외화통장의 이자는 의미 없으니 수시입출금 가능한 보통예금통장을 추천한다. 외화예금은 15.4% 이자소득세가 없다.

3) 해외 펀드

해외펀드는 먼저 정치를 공부해야 한다. 2007년 말 중국펀드에 가입해서 실패한 사람이 많다. 나의 경우 트럼프와 시진핑의 미중 무역전쟁의 결과를 미리 예측하고 중국펀드를 구매했다. 은행, 증권사에 가서 좋은 펀드 추천 받지 말자. 그들은 영업과 수수료 장사를 하는 사람들이다. 해외펀드는 함부로 들어가면 실패한다. 일단 환매해도 내 통장으로 입금되는 기간이 2주 이상이다. 또 환차익까지 이중 수익을 노려야 한다.

충분한 공부 후 환율을 흐름을 보며 분산 투자했다. 나는 2017년 한시적 이벤트인 해외비과세통장에 가입해서 세금을 아꼈다. 펀드온라인 슈퍼마켓을 이용해서 수수료도 절약했다. 내가 선택한 해외펀드들은 모두 운용보고서를 하나하나 출력 후 공부해서 직접 골랐다.

4) ETF

월급쟁이에게 필수인 상품이다. 매달 고정 투자금액을 정하고 비중에 맞춰서 주식과 채권을 분산투자 중이다. 경기가 좋을 때는 주식이 상승하고 경기가 어려울 때는 채권이 상승해서 이기는 게임이다. 비중 전략이 중요하다.

5) 부동산

우리 서울 집값이 상승 중이다. 곧 인천 집을 처분해서 우리의 고향 서울로 이사할 예정이다.

6) 책쓰기

책을 써서 인세 수입을 받는다. 유명작가가 아닌 이상 8% 정도이다. 1권당 15,000이라면 1쇄(1,000부)를 찍었을 경우 120만 원의 수입을 받는다. 나는 앞으로 계속 책을 쓸 예정이다.

7) 강연가, 코칭 전문가, 유투버, 블로그, 네이버 카페 개설

가난으로 허덕이는 사람들이 많다. 나를 만나고 싶은 사람들과 소통하며 나의 경험과 노하우를 알려주겠다. 내가 더 열심히 공부해서 가난이라는 질병에서 탈출하도록 돕고 정당한 대가를 받겠다.

열심히 산다고 부자가 될까? 우리 직장인들이 열심히 살지 않아서 부자가 아닌 걸까? 이제 열심히 노력해서 부자가 되는 시기는 지났다. 돈을 불리는 방법이 직장과 저축밖에 없다고 생각한다면 앞으로의 미래는 가난이 기다리고 있을 것이다. 퇴직 후 정글 같은 세상에서 살아남기 위해서는 우선 경제적으로 자유로워질 방법을 배워야 한다. 이제 노동으로 먹고사는 시대가 아니다. 내 돈이 일을 하게 하고, 나의 가치를 올려야 한다. 누구나 퇴근하면 피곤하고 쉬고 싶다. 그러나 직장을 다니는 지금 수입의 다양한 파이프라인을 하나씩 구축해야 한다. 내가 힘들어도 출근 전, 퇴근 후 자기계발을 하는 이유이다.

/

어제와 똑같이 살면서 다른 내일을 기대하는 것은
정신병 초기증세이다.

– 알버트 아이슈타인

0원으로 시작하는 짠순이 재테크 습관

6

부자의 행동습관을 배워라

가난한 자와 부자는 평소 말과 생각이 다르다

나는 언젠가부터 머리 염색은 미용실이 아니라 천연 염색방을 다닌다. 요즘 미용실 머리 염색비용이 너무 비싸다. 게다가 미용실 염색약이 너무 독해서 두피가 따끔거리기 때문이다. 그래서 알아낸 염색방은 실내인테리어를 포기한 대신 저렴하고, 천연헤나염색이라 단골로 다니고 있다. 어느 날 염색할 때가 되어 주말 아침 염색방에 갔다. 여전히 사장님은 오전부터 TV를 크게 틀어놓고 아침 막장드라마 삼매경이다. TV에 아랑곳하지 않고 책을 펼치는 나를 보며 사장님은 묻는다.

"정완 씨는 TV 안 봐요?"

"저는 제가 보고 싶은 프로만 봐요."

"책을 엄청 좋아하나 봐?"

"좋아하는데, 바빠서 많이 못 읽어요."

"미용실 오면 수다 떠는 게 일상인데 선생님이라 다른가 봐."

손님은 나 하나인데 TV 소리를 줄일 생각을 하지 않는다. 나는 블루투스 이어폰을 꺼내서 귀를 막고 내가 읽고 싶었던 책을 펼쳤다. 얼마 뒤 아주머니 손님 한 분이 오신다. 사장님과 수다를 시작한다.

"시어머니 때문에 미치겠어."

"왜요?"

"맨날 돈 달라네."

"아유…. 다들 살기 바쁜데 왜 그러신데요?"

"지난 번엔 가전제품 바꿔 달라더니 이번엔 집에 물이 샌다고 고쳐달라고 하고…."

"연로하실 텐데, 다른 형제는 없어요?"

시댁 흉이 시작되었다. 나는 블루투스 이어폰 사이로 들어오는 대화 때문에 책을 집중할 수가 없어 덮는다. 이런 대화 내용은 보통 사람들이라면 아주 친숙한 내용이다. 문득 마윈의 '가난한 사람'의 특징이 떠올랐

0원으로 시작하는 짠순이 재테크 습관

다. 가난한 자와 부자는 평소 말과 생각이 다르다. 말과 생각이 다르니 행동이 다를 수밖에 없다. 가난한 자의 대화 내용은 뉴스의 사건 사고나 연예인 가십거리, 드라마 이야기가 주를 이룬다. 또는 물건을 싸게 득템한 이야기나 시댁이나 남편 험담 등이다. 이 범주에서 크게 벗어나지 않는다. 만일 누가 자랑이라도 하면 질투 가득한 마음으로 마지못해 들어주는 척을 한다. 누가 돈을 벌었다고 하면 부러워하며 곧 돈벌이가 잘 안 될 수도 있다며 살짝 저주도 한다. 남이 안 되는 이야기나 힘든 이야기를 하면 맞장구치며 몰입한다. 잘되는 이야기는 나와는 상관없는 이야기라고 생각하며 신세 한탄을 한다.

'알리바바' 마윈 회장이 말하는 가난한 사람의 특징은 다음과 같다.

1) 가난한 사람들은 공통적인 행동 때문에 실패한다. 그들의 인생은 기다리다가 끝이 난다.
2) 그들은 대학교의 교수보다 더 많은 생각을 하지만 장님보다 더 적은 일을 한다.
3) 구글이나 포털에 물어보기를 좋아하고, 희망이 없는 친구들에게 의견을 듣는 것을 좋아한다.
4) 상점을 같이 운영하자고 하면 자유가 없다고 하고, 새로운 사업을 시작하자고 하면 전문가가 없다고 한다.

5) 새로운 것을 시도하자고 하면 경험이 없다고 한다.

6) 작은 비즈니스를 말하면 돈을 별로 못 번다고 말한다.

7) 큰 비즈니스를 말하면 돈이 없다고 말한다.

8) 공짜로 무언가를 주면 함정이라고 말한다.

마윈 결론은 이렇다.

"당신의 심장이 빨리 뛰는 대신 행동을 더 빨리하고 그것에 대해서 생각해보는 대신 무언가를 그냥 하라. 가난한 사람들은 공통적인 한 가지 행동 때문에 실패한다. 그들의 인생은 기다리다가 끝이 난다. 그렇다면 현재 자신에게 물어봐라. 당신은 가난한 사람인가?"

나는 작년에 휴직하며 하루하루 배우고 바로 실행하는 삶을 살았다고 자부한다. 휴직했음에도 동네맘과 커피숍 수다 한 번 길게 떨어본 적이 없다. 나는 국내외 여행과 당일치기 나들이도 많이 다녔지만 특히 많은 책을 읽고 실천에 옮겼다. 『마녀체력』이란 책을 통해 주 4회 이상 수영 강습을 근 1년째 받고 있다. 『영어책 한 권 외워 봤니?』라는 책을 읽곤 지금 『영어회화 100일의 기적』이란 회화책을 세 번째 반복 암기했다. 『아들이 초등학교에 갑니다』, 『초등 6년 자녀교육이 전부다』라는 책을 읽곤 초 1 아들의 공부를 직접 봐주고 있다. 『심플하게 산다』라는 책을 읽고는 안

보는 책을 10박스 이상 중고로 판매하고 안 쓰는 물건을 6박스 이상 기부했다. 내가 읽은 책들 중『미라클 모닝 밀리어네어』라는 책을 읽고는 3개월 전쯤부터 새벽 기상, 명상, 감사 일기 적기, 다짐 등을 시작했다. 여름쯤부터는 재테크 공부를 다시 시작했다. 『앞으로 3년 경제전쟁의 미래』, 『2020부의 지각변동』, 『주식투자 이렇게 쉬웠어?』, 『ETF 투자의 신』, 『엄마, 주식 사주세요』, 『박종훈의 대담한 경제』 등을 읽다가 직장인에게 적합한 투자는 ETF라는 결론을 내렸다. 바로『주식투자 이렇게 쉬웠어?』의 저자 김이슬 코치를 만나서 1:1 ETF 코칭을 받았다. 그 후 김이슬 코치와의 인연으로 '한책협'의 '1일 책 쓰기 특강'에 참석했다. 나는 사실 작가와는 거리가 먼 사람이었다. 그런데 어느 날 '한 사람이 죽는다는 것은 하나의 도서관이 사라지는 것과 같다.'는 문장을 발견한 뒤 심장이 멎는 느낌이었다. 내 인생의 버킷리스트에 '내 이름으로 된 도서관을 짓기'가 있었기 때문이다. 그래서 작가가 되기로 결심했다. 바로 '한책협'의 '7주 책쓰기 과정'을 수강하고 혹독한 수련 끝에 작가가 되었다. 요즘 나의 일상은 '한책협' 스텝 활동, 필사 2권, 감사 일기 쓰기, 성공 확언, 기도, 생생하게 꿈꾸기, 의식 도서 독서, 김도사 TV 청취, 글쓰기로 채워져 있다.

김도사는 "성공해서 책을 쓰는 것이 아니라 책을 써야 성공한다."라고 한다. 그는 20대 후반에 돌아가신 아버지의 빚 유산을 물려받고 막노동으로 생계를 유지하며 수십 번의 자살을 꿈꾼 대표적인 흙수저였다. 그런 그가 20대부터 책 205권을 썼고, 그의 글이 16권의 교과서에 수록되었다. 시인이 되고자 3년을 고군분투했고, 그 후 작가로서 205권의 책을 쓰고 1인 창업을 하여 현재 120억 부자가 되었다. 김도사는 내가 만난 가장 존경하는 부자이자 나의 스승님이다. 나는 매일 스승님께 부자들의 행동 습관을 배운다. 그는 『100억 부자의 생각의 비밀』과 『내가 100억 부자가 된 7가지 비밀』, 『신용불량자에서 페라리를 타게 된 비결』 등 자수성가한 부자의 삶의 비결을 모두 책에 담아 출간했다.

스승님은 "월급 받아 억만장자가 된 사람은 없다. 성실함보다 부자의 사고방식을 가져라. 책을 써야 성공한다. 자신이 못하는 일은 전문가에게 맡겨라. 인생은 선택이다. 최고의 선택을 하라. 성공은 위치를 바꾸는 데서 시작된다." 등 자수성가 성공자의 생생한 조언을 말씀을 늘 해주신다. 나는 스승님을 만나 매일 의식 공부를 하고, 글을 쓰며 현재 2의 인생을 설계하고 실천 중이다.

월급쟁이 직장인들은 하루 일과가 너무나 바쁘다. 밤늦게 퇴근해서 아이들과 잠시 눈 맞춤을 하고 나면 또 아침이다. 마치 기계 같은 삶을 산다. 아이가 아프기라도 하면 멘붕에 빠진다. 주말부부 독박 육아 워킹맘인 나의 삶 또한 다를 바 없이 고달프다. 하지만 성공하는 사람들은 똑같이 바쁜 와중에 출근 전, 퇴근 후 2시간을 이용하여 자기계발을 하고 실

0원으로 시작하는 짠순이 재테크 습관

행한다. 만일 부자가 되고 싶다면 부자의 행동 습관을 배우고 따라 하라.
뭐든 알기만 하는 것은 아무짝에도 쓸모없다. 배우고 느낀 바를 당장 실
행하자. 어느새 점점 부자가 되고 있는 자신을 발견할 것이다.

/

나의 과거는 결코 바꿀 수 없지만,
오늘 내 행동을 바꿈으로써 내 미래는 바꿀 수 있다.
나는 오늘 당장 내 행동을 바꾸겠다.

– 솔로몬

7

부자가 되기로 결심하라

우리가 하는 생각과 말에는 에너지가 있다

오리슨 스웨트 마든은 『부의 비밀』에서 다음과 같이 말했다.

"가난을 이야기하고, 가난을 생각하고, 가난을 예상하고, 가난에 대비하면 정말로 가난해진다. 가난을 준비하는 것이 가난의 조건을 충족시키고 마는 것이다. 사람들은 끝없이 예상하면서 예상한 상태를 초래한다. 가난을 생각하고, 자신을 의심하고, 절망적 사고 회로에 빠지게 되면 아무리 노력해도 스스로 만들어 낸 사고의 흐름에서 벗어날 수 없게 된다."

사람들은 부자가 되고 싶어 하면서도 늘 돈 걱정을 한다. 이달에 월급

0원으로 시작하는 짠순이 재테크 습관

통장에서 나갈 돈만 생각하느라 바쁘다. 카드결제대금, 관리비, 부모님 용돈, 학원비, 도시가스비, 통신비 등 다 빼고 나면 과연 쓸 돈은 남을 것인지? 아니면 또 신용카드를 써서 다음 달 수입을 미리 당겨써야 하는 건 아닌지 걱정이다.

내 친구 A도 다르지 않았다. 결혼하고 각자 바쁘게 살다가 오랜만에 만나 수다를 떨었다.

"지난달에 나 보너스를 꽤 많이 받았어."
"오~ 얼마나? 좋겠다!"
"좀~ 받았지. 그런데 그럼 뭐 해? 받은 만큼 다 새 나가더라."
"왜?
"돈 냄새는 다들 귀신같이 맡나 봐… 친정아빠가 돈 좀 빌려달래."
"아이고…."

A는 돈을 벌어도 재미가 없다고 한다. 그 이유는 돈을 벌면 버는 만큼 나가서 차라리 안 버는 게 낫다고 했다. 이 말에 맞장구치는 사람이 많을 것이다. 이렇게 말하는 사람이 A 말고도 내 주위에 꽤 있다. 그러나 사람은 생각하는 대로 되는 법이다. 1995년도에 유행했던 '머피의 법칙'이라는 노래가 있다.

돈 싫어 명예 싫어 따분한 음악 우린 정말 싫어

펑키 비트의 신나는 댄스 노래하는 창열이

rapper sky, rapper 재용 우리들은 DOC D.J doc

친구들과 미팅을 갔었지

뚱뚱하고 못생긴 애 있길래, 와 쟤만 빼고 다른 애는 다 괜찮아

그러면 꼭 걔랑 나랑 짝이 되지

내가 맘에 들어 하는 여자들은 꼭 내 친구 여자 친구이거나

우리 형 애인, 형 친구 애인, 아니면 꼭 동성동본

세상에 어떻게 이럴 수가 나는 도대체 되는 일이 하나 없는지

언제쯤 내게도 기가 막힌 그런 눈부신 여자 친구 하나 생길까.

이 노래가 유행할 때 사람들은 너도나도 정말 그렇다며 수긍을 했다. 끌어당김의 법칙이다.

우리가 하는 생각과 말에는 에너지가 담겨 있다. 그래서 실현된다. 특히 부정적인 생각과 말은 긍정적인 생각과 말보다 에너지가 훨씬 강하다. '끼리끼리 모인다'는 말을 들어본 적이 있을 것이다. 부정적인 사람들은 부정적인 사람끼리, 긍정적인 사람들은 긍정적인 사람끼리 모인다. 마찬가지로 가난한 자는 가난한 자끼리, 부자는 부자끼리 만난다. 내 친구들을 둘러보면 나의 성향이 파악된다. 당신의 친구들은 어떤 사람들인가? 친구가 없다면 차라리 잘된 일일 수도 있다. 앞으로 긍정적인 친구

만 만나면 되기 때문이다. 지금부터 나를 바꿔보자. 긍정적인 생각과 말과 행동을 해보자.

고등학생 때 〈바람과 함께 사라지다〉 영화를 보았다. 여주인공 비비안 리가 너무 아름답고, '스칼렛 오하라' 역을 멋지게 소화해서 매력적이었다. 부잣집 딸 스칼렛은 전쟁으로 고향 '타라'를 버리고 가족과 도망갔다가 빈털터리가 되어 돌아온다. 아무것도 가진 것 없는 현실에서 '타라' 농장을 뺏기지 않기 위해 한 뿌리 남은 당근을 먹으며 외친다. "이 일에 지지 않고 살 거야. 절대 배고프지 않을 거야. 나도, 내 가족도… 거짓말, 도둑질, 사기, 살인을 해서라도 다신 굶주리지 않을 거야."라고 외친다. 그리고 스칼렛 오하라는 타라 농장의 세금을 내기 위한 방법을 골똘히 생각한다. 그러다 자기에게 관심 많은 부자인 레트 버틀러에게 돈을 빌리기로 결심한다. 화려함을 좋아하는 레트 버틀러의 성향에 맞추기 위해 옷을 만들려고 하지만 집에는 천을 살 돈이 없다. 그러다 우연히 바라본 커튼에서 아이디어를 얻는다. 벨벳커튼으로 멋진 드레스를 만들어 입고 레트 버틀러에게 돈을 빌리러 간다.

황량한 농장 한가운데에서 굳은 결심을 외치는 스칼렛 오하라. 이글이글 타오르는 석양의 배경이 걸작이었다. 나는 그녀의 모습에서 강한 생활력과 가족에 대한 책임감을 보았다. '거짓말, 도둑질, 사기, 살인' 빼고는 나도 저런 삶의 자세로 살아야겠다고 생각했다. 레트 버틀러와의 서로 타이밍 어긋나는 안타까운 사랑이 가슴 아프지만, 스칼렛 오하라는 결국 큰 부자가 되어 성공한다.

부자가 되려면 일단 성공하겠다는 확신이 필요하다. 우리 인생에 마음 먹지 않고 되는 일은 거의 없다. 결심이 굳을수록 어느새 목표에 도달해 있을 것이다.

나는 결혼을 늦게 했다. 대한민국에서 여자에게 결혼이란 제도는 전혀 매력적이지 않다. 무엇보다 직업이 안정적이어서 싱글로 쭉 살아도 괜찮겠다는 생각이 강했다. 가족 행사가 있던 어느 날 친척 어른 한 분이 내게 한 말씀이 내 가슴에 꽂혔다.

"정완이는 결혼 안 해도 되겠어. 직업이 좋잖아~. 보통 35살이 결혼 기준이더라. 35살 넘어가면 시집가고 싶어도 잘 못 가."

그 말을 듣기 전까지 나는 내 마음을 몰랐다. 결혼이란 '해도 그만 안 해도 그만'이라고 생각했다. 그 날 나도 모르게 결심이 생겼다. '35살에는 결혼해야 하는 거구나. 35살에 결혼하자.' 그 후 나는 35살 10월에 남편을 만나 다음 해 2월에 결혼했다. 3월부터 내가 파견 연수를 가야 하는 상황이라 2월에 결혼하는 것이 결혼식 손님 초대하기에 좋았다. 새로 파견 연수를 가서 낯선 사람들에게 청첩장을 주기도, 안 주기도 애매하기 때문이다. 그래서 단 4개월 만에 결혼으로 이어졌다. 빨리 결혼하게 되는 상황이 벌어진 것이다. 당시 참 신기했던 것은 나는 35살 6월에 몇 달 만나던 남자와 헤어졌다. 헤어지면서 혼자 생각했다. '35살에 결혼하겠다던 내 결심은 이루어지기 어렵겠구나….' 그런데 남편과 결혼 날짜를 잡고 나는 나의 과거의 결심이 떠올라서 소름이 돋았다. 결심은 곧 끌어당김의 법칙이었다.

모든 백만장자에게는 한 가지 공통점이 있다. 바로 부자가 되겠다는 결심이다.

"나는 부자가 될 거야."와 "나는 부자가 되고 싶어."는 전혀 다르다. "나는 부자가 되고 싶어."는 뭔가를 바라는 마음으로 결과에만 집중한다. 로또 복권 사는 것과 유사하다. 계획도 없고 행동하지 않는다. "나는 부자가 될 거야."라고 결심을 하게 되면 계획을 수립하고 방법을 고민하며 즉각 행동한다. 바라는 마음만 있는 사람은 쉽게 돈을 벌 궁리만 하다가 사기에 당하기 십상이다. 누군가 바로 벼락부자가 될 만한 비법을 알려주기만을 바란다. 내가 공부하던 유료 재테크 강좌의 할아버지 강사는 대중이 '돼중'(돼지 같은 대중)인 이유는 공부는 안 하고 비결서만 찾아다니기 때문이라고 했다. 그 결과 수익이 안 나면 가르쳐준 사람을 원망만 한다며 역시 돼지 같다고 비난했다. 즉 바라는 마음만 있고 노력이 없으면 한탕주의에 빠지기 쉽다. 결심한 사람은 전략적인 계획을 세우고 행동의 첫걸음을 내딛는다. 부자가 되고 싶은가? 지금 바로 결심하라.

/

어떤 일을 할 수 있고 해야 한다고 생각하면,

길이 열리게 마련이다.

– 에이브러햄 링컨

8

믿음과 끈기가 있어야 부자가 된다

성공한 사람들은 절대 포기하지 않는다

나는 고려대학교 교육대학원 상담심리학과를 졸업했다. 임신 중에 논문을 쓰며 서울과 대전을 오갔다. 막달에는 서울로 가는 KTX 안에서 갑자기 출산 조짐이 보이면 어떡하나 노심초사하며 다녔다. 내 논문 지도를 맡아주신 고영건 교수님은 임신 중에 논문 쓰는 나를 배려해주셨다. 마음 편히 쓸 수 있도록 최대한 나에게 맞춰주셔서 감동을 받았다.

나는 교수님의 저서 『인디언 기우제』를 좋아한다. 이 책은 나이팅게일, 안데르센, 처칠, 슈바이처, 베토벤 등 위대한 인물들이 고난과 시련을 어떤 심리학적 방어기제로 삶을 승화시켰는지 소개한 책이다. 나는 삶이 힘들 때마다 이 책에서 위인들의 시련 극복방법을 보고 힘을 얻는다.

미국 북동부 애리조나 사막 지대에 사는 호피 인디언들은 기우제를 지내는 풍습이 있다. 사막 지대에서 생활하므로 농작물을 최대한 정확한 위치에 심는 것이 특히 중요하다. 물을 최대한 효율적으로 활용하기 위해서 모래 언덕의 경사면 아래쪽에 옥수수, 콩, 호박 등의 씨앗을 심는다. 그렇게 하면 모래 언덕이 바람막이 역할을 해줄 뿐만 아니라, 비가 조금 내리더라도 씨앗 쪽으로 물이 흡수되기 때문에 농사가 가능해진다. 그러나 외지인들이 보기에는 비 한 방울 안 내릴 것 같은 사막의 오지에 왜 씨앗을 뿌리는지 이해불가이다.

호피 인디언들은 말 그대로 비가 내릴 때까지 기우제를 지낸다. 이것은 이들의 선사시대부터 내려온 전통 중 하나이다. 이 전통이 대가 끊어지지 않고 계속 전승되려면 사막에 씨앗을 뿌려도 수확할 수 있다는 믿음이 먼저 존재해야 한다. 이들의 믿음의 비결은 뭘까?

1) 호피 인디언의 독특한 언어-문화적인 체계이다.

이들에게 '시간'이란 단어가 없다. 우리는 보통 아침 6시경에 해가 떠서 저녁 7시경 해가 진다고 생각한다. 그러나 호피 인디언에게 해는 때가 되면 알아서 뜨고 지는 것이다. 비 역시 마찬가지이다. 그들이 살아갈 만큼 비가 내릴 거라고 믿는다.

2) 일상이 기우제의 연속이다.

오래전 어느 선교사가 한 인디언에게 일요일에도 일을 하러 나가는 것에 대해 책망을 했다. 그러자 인디언은 "자신은 가족을 돌보는 일을 할 뿐이다."라고 말했다. 선교사는 계속해서 "일요일은 주님의 날이다."라고 설명했다. 그러자 인디언은 "아, 그렇군요. 당신의 주님은 일주일에 오직 한 번씩만 오시는군요. 우리 신은 날마다 그리고 언제나 함께하지요."라고 말하였다.

실제로 사막에서 비가 내리는 것은 흔한 일은 아니다. 그러나 사막이라도 비가 아주 안 오는 것이 아니다. 호피 인디언들이 사막에서 지금까지 계속 살 수 있었던 것은 '인디언 기우제' 덕분이다. 이들은 비가 안 온다고 해도 비가 내릴 때까지 끈질기게 기다린다. 그리고 지금까지 이들이 필요한 만큼 비는 내렸다. 그러니 척박한 사막에서 오늘날까지 생존해온 것이다. 성공도 마찬가지가 아닐까?

성공하는 사람들은 한 가지 공통점을 가지고 있다. 힘든 환경에도 불구하고 포기하지 않고 꿈을 향해 나아갔다는 것이다. 시련과 고난이 있었지만 꿈을 반드시 실현하고 말겠다는 일념 하나로 극복할 수 있었다. 그 결과 그들은 자신의 꿈을 이루어낸다.

나는 25살에 임용 고사에 합격하였다. 아빠의 사업실패와 대학공부에 대한 회의감으로 방황을 많이 했다. 대학 다니는 내내 휴학을 3번 하며

24살에 간신히 늦깎이 졸업생이 되었다.

사범대학을 나왔다고 모두 교사가 되는 것은 아니다. 아니 거의 되지 못한다고 봐야 한다. 사범대학을 다니는 동안 가끔 사범대 앞에 합격한 선배들의 플래카드가 나붙으면 그렇게 부러울 수가 없었다. 분명 나의 선배들임에도 나와 다른 세계에 사는 사람들 같았다.

휴학을 반복하다 드디어 4학년으로 복학한 어느 날, 먼저 졸업한 같은 학번 친구 이름이 합격 플래카드에 써 있는 것을 보았다. 강한 부러움과 함께 '나도 할 수 있다. 나도 시험공부를 해야겠다'는 믿음과 결심이 생겼다.

졸업과 동시에 노량진 교육학 학원 등록과 가산점을 챙기기 위해 정보처리기사 자격증학원도 등록했다. 내가 살던 분당에서 노량진 학원은 왕복 2시간 반 정도 거리라 공부할 시간이 빠듯했다. 같이 공부하는 친구들은 시간을 절약하기 위해 노량진 고시원에서 생활하기도 했다. 하지만 나는 수중에 돈이 없었다. 과외 아르바이트를 2~3개 하며 학원비를 마련해서 다녀야 했다. 오전에 교육학 학원에 갔다가 길거리표 저렴이 햄버거로 점심을 때우고, 학원 자습실에서 공부했다. 오후에는 과외를 하러 집 근처로 가서 아르바이트를 하고, 집에 돌아와 새벽까지 공부했다. 주 2회 대방역 정보처리기사 학원을 오가는 시간도 공부를 방해했다. 공부란 흐름이 중요한데, 아르바이트와 컴퓨터 학원으로 자꾸 흐름이 끊겨

0원으로 시작하는 짠순이 재테크 습관

서 몰입도가 떨어졌다. 더운 여름과 함께 슬럼프도 찾아왔다. 같이 교육학을 수강하는 지인 A가 갑자기 공부를 포기했다는 소식이 들렸다. 누구보다 열정적이고 모의고사 성적도 우수한 A라 부러워하던 대상이었다. 나는 놀라서 소식을 전한 친구에게 그 이유를 물었다. 아무도 이유를 모른다는 것이었다. 휴대폰을 끊어버리고 잠적했다고 했다. 자세한 이유는 모르지만 성적이 우수하던 A도 역시 고시 공부는 만만치 않았던 것이라고 지레짐작한다.

나의 수험생활에 활력소는 자격증 합격 알리미였다. 가산점을 위해 최고 자격증인 정보처리기사만 따면 되었다. 그런데 정보기기 운용기능사와 정보처리산업기사도 모두 시험 범위가 같거나 겹치는 내용이 많았다. 그래서 다 따기로 결정했다. 제일 먼저 4월 정보기기 운용기능사 자격증 필기 합격 소식이 들렸다. 그리고 5월에 정보기기 운용기능사 실기에 합격했다. 그 뒤 정보처리 산업기사와 기사 필기시험에서 합격했고 6월에 실기까지 최종 합격을 했다. 공부가 안 되어 괴로워하던 어느 날 같이 임용 고사 시험 준비 중인 과 친구가 나에게 기운을 주었다.

"정완아. 너 왠지 한 번에 합격할 거 같아."
"오잉? 왜? 나 요즘 공부 안 돼서 죽을 것 같아. 머리가 나쁜가 봐. 교육학 너무 어려워."

"너 자꾸 합격하잖아. 벌써 자격증이 몇 개야? 내가 촉이 좋은데 너 합격이다."

"우와~고마워! 마침 힘든데 기운이 난다. 근데 재수 삼수는 필수인 임용고사여."

공부할 시간도 부족한 내가 과외 아르바이트하며 독하게 따낸 컴퓨터 자격증들…. 마치 나의 피와 땀을 보상이라도 해주듯 합격의 관문을 하나하나 열어주었다. 자격증들은 내게 이렇게 말해주는 것 같았다.

"통과. 통과. 통과. 통과."

그 뒤로 이 친구와 또 다른 지인이 말한 나의 합격 예언을 믿고 공부했다. 그래서 쭉 공부가 잘됐을까? 전혀 아니었다. 돈도, 시간도, 체력도, 공부 머리도 나에겐 모두 부족했다. 그러나 나는 나를 믿었다. 내 합격의 비결은 끈질김이었다. 하루에 해야 할 공부양은 채우려고 애썼다. 결국 나는 한 번에 합격했다. 2차 논술시험은 예상문제가 100% 적중해 거의 만점을 받았다. 우수한 성적 때문에 고등학교 교사로 바로 배치되었다. 임용 고사를 한 번에 패스한 경험은 내 삶의 큰 자신감이 되었다. 나는 이 경험을 바탕으로 재테크를 공부 중이다. 남들이 좋다고 한다고 무조건 투자하지 않았다. 일단 내가 책이나 강의, 유튜브, 블로그를 통해 공부 후 투자하였다. 이렇게 공부해서 투자한 중국펀드는 현재 상승 중

0원으로 시작하는 짠순이 재테크 습관

이다.

성공은 그냥 주어지지 않는다. 절박한 마음으로 목표를 이루기 위해 온갖 어려움을 하나하나 극복해나갈 때 내 것이 된다. 내가 거친 시련과 역경은 성공의 징검다리가 되어준다. 부를 쌓고 싶다면 확신하고 끈기 있게 버티는 것은 필수 사항이다. 어려운 장애물을 만나고 괴로운 순간에 맞닥뜨려도 자신만의 계획을 고수하며 극복할 수 있어야 한다.

프랑스 소설가 구스탈프 플로베르의 말을 적어본다.

"나는 당신이 자랑스럽습니다. 당신이 한 일, 그리고 이루어내야 할 꿈, 그리고 결실을 거둘 그날을 생각하십시오. 당신은 자신이 생각한 것보다 훨씬 더 소중한 사람입니다."

5. 돈이 저절로 모이는 8가지 습관

1) 부자 마인드를 가져라

성실함만 있고 부자의 사고방식이 없다면 부자가 될 수 없다. 『부자의 사고 빈자의 사고』의 저자 이구치 아키라도 '부자의 사고방식'을 갖추면 부자가 된 것이나 다름없다고 강조한다. 예전에 극빈자 생활을 경험한 그가 큰 부를 이룬 비결은 바로 부자들이 갖추고 있는 올바른 사고법이라고 한다. 부자의 사고방식은 뭘까?

부자가 되려면 돈을 아끼려고 절약하기보다는 잘 써야 한다. 부자는 가격보다 가치를 중시한다. 부자가 되려면 자기계발에 투자를 아끼지 말고, 비싼 비용을 지불해서라도 제대로 배워야 한다. 사회에 부가가치를 줄 수 있는 존재가 되는 것이 부자가 되는 비결이다.

2) 100번 듣는 자보다 한 번 실행하는 사람이 되라

나는 『미라클 모닝 밀리어네어』라는 책을 읽고는 3개월 전쯤부터 새벽 기상, 명상, 감사 일기 적기, 다짐 등을 시작했다. 세상에는 정보가 넘쳐 난다. 그러나 귓등으로만 듣고 실천하지 않는다면 아무 쓸모가 없어진 다. '구슬이 서 말이라도 꿰어야 보배다.' 성공하고 싶다면 지금 당장 부 자들을 따라 하라. 삶의 개선과 변화는 실천하는 데에 있다. 성공한 부자 들은 모두 실천력이 강한 사람들이다.

노벨문학상을 수상한 조지 버나드 쇼의 묘비에는 "우물쭈물하다 내 이 럴 줄 알았다."라고 쓰여 있다. 만일 부자가 되고 싶다면 부자의 행동 습 관을 배우고 따라 하라. 뭐든 알기만 하는 것은 아무짝에도 쓸모없다. 배 우고 느낀 바를 당장 실행하자. 어느새 점점 부자가 되고 있는 자신을 발 견할 것이다.

3) 수입의 다양한 파이프라인을 구축하자

열심히 산다고 부자가 될까? 이제 열심히 노력해서 부자가 되는 시기 는 지났다. 돈을 불리는 방법이 직장과 저축밖에 없다고 생각한다면 미 래는 가난이 기다리고 있을 것이다. 퇴직 후 정글 같은 세상에서 살아남 기 위해서는 우선 경제적으로 자유로워질 방법을 배워야 한다. 이제 노 동으로 먹고 사는 시대가 아니다. 내 돈이 일을 하게 해야 하고, 나의 가치를 올려야 한다. 누구나 퇴근하면 피곤하고 쉬고 싶다. 그러나 직장을 다니는 지금 주식, 펀드, 부동산 투자, 경매, 환테크, 책쓰기, 강연 등 수입의 다양한 파이프라인을 하나씩 구축해야 한다.

4) 자기계발을 하라

자기계발이란, 시중에 나온 베스트셀러 책 몇 권 읽는 것이 아니다. 대학원에 가서 엄청난 돈을 내고 스펙을 쌓는 일도 아니다. 자기계발이란 자아실현을 위해 나만의 달란트를 찾는 것이다. 내면의 소리에 귀를 기울이고 내가 배우고 싶은 것을 떠올리자. 그리고 그 배움에 돈을 아끼지 말고 투자하라. 내 몸값을 높이는 것이 바로 자기계발이다. 직장인이 삶이 팍팍한 이유는 몸값이 낮아서이다. 남들과 다른 특별한 나만의 기술을 갖자.

5) 선택과 집중을 하라

삶은 수많은 선택들이 모여서 만들어지는 것이다. 최고의 삶을 위해서는 최고의 선택이 필요하다. 『성경』에 다음과 같은 내용이 나온다.

"저희가 길을 갈 때에 예수께서 한 촌에 들어가시매 마르다라 이름 하는 한 여자가 자기 집으로 엉접하더라. 그에게 마리아라 하는 동생이 있어 주의 발아래 앉아 그의 말씀을 듣더니 마르다는 준비하는 일이 많아

마음이 분주한지라. 예수께 나아가 가로되 주여 내 동생이 나 혼자 일하게 두는 것을 생각지 아니하시나이까 저를 명하사 나를 도와주라 하소서. 주께서 대답하여 가라사대 마르다야, 네가 많은 일로 염려하고 근심하나 그러나 몇 가지만 하든지 혹 한 가지만이라도 족하니라. 마리아는 이 좋은 편을 택하였으니 빼앗기지 아니하니라."

평생 한 번 만날까 말까한 귀인을 만나서 음식 준비하느라 귀한 설교를 듣지 못한다면 어리석은 일이다. 음식을 대접해야 한다는 자기만의 생각에 빠져서 정작 중요한 일을 못 하는 마르다가 되지 말자. 마리아가 되어야 한다.

6) 돈보다 가치를 더 중시하라

요즘은 빽*방 커피나 편의점 커피도 저렴하고 맛있다. 최고급 호텔에 가면 커피 한 잔 값이 만 원에 육박한다. 그런데도 사람들이 호텔커피숍을 가는 이유는 무엇일까? 최고의 서비스와 쾌적한 분위기에 가치를 두기 때문이다. 부자들은 세일 기간을 피해서 다닌다. 세일 기간에 가격에 혹해서 물건 몇 개 더 사고 많은 사람들에게 치이지 않는다. 정가에 사더라도 대접받으며 물건을 여유 있게 고르고 정말 필요한 것을 산다. 부자들은 물건을 사더라도 싼 것보다 더 오래 쓸 수 있는 것을 고른다.

7) 일의 우선순위를 정하라

"시간을 지배하는 자가 인생을 지배한다."라는 말이 있다. 가장 중요한 일부터 순차적으로 처리하면 삶에 여유가 생긴다. 먼저 나에게 가장 중요한 일이 무엇인지부터 알아야 한다.

중요하지 않은 일은 비용을 주고서라도 전문가에게 맡기는 것이 현명하다. 나의 경우 돈을 아껴보려고 퇴근 후나 주말에 집안일을 직접 다 하려 했다. 스스로 하녀임을 자청한 것이다. "2마리 토끼를 다 잡으려다 한 마리마저 놓친다."라는 말처럼 나는 쉬는 날이 없으니 일도 재테크 공부도 능률이 오르지 않았다. 어떻게 행동할 것인지, 무엇부터 할 것인지 우선순위를 정하고 그에 따라 선택한다면 날마다 최고, 최선의 날이 될 것이다.

8) 믿음과 끈기가 있어야 부자 된다

대부분의 사람은 생각한 대로 이루어진다는 것을 믿지 않는다. 끌어당김이 법칙은 끝에서 시작하는 것이다. 나의 소망을 이미 이룬 모습을 생생하게 상상하고 꿈을 이루기 위해 매일 노력해야 한다.

브라이언 트레이시는 "나는 이룰 때까지 노력할 것이다."라고 하였다. 성공은 그냥 주어지지 않는다. 절박한 마음으로 목표를 이루기 위해 온갖 어려움을 하나하나 극복해나갈 때 내 것이 된다. 내가 거친 시련과 역경은 성공의 징검다리가 되어준다. 부를 쌓는데 확신하고 끈기 있게 버티는 것은 필수 사항이다. 어려운 장애물을 만나고 괴로운 순간에 맞닥뜨려도 자신만의 계획을 고수하며 극복할 수 있어야 한다.

100번 듣는 사람보다
한 번 실천하는 사람이 되자

『부자의 사고 빈자의 사고』라는 책에서는 진심 어린 조언을 들은 후의
빈자와 부자의 반응에 대해 이렇게 말했다.

가난한 자는 이렇게 말하고 참고만 한다.

"꽤 참고가 되었지만 내 경우에는 상황이 조금 다르니까 전부 받아들
일 수는 없어."

그러면 조언해준 사람은 실망감에 다음부터 조언을 하지 않는다.

반면 부자는 조언을 듣고 바로 적용해서 실천한다.

"대단하네. 이게 바로 성공 비결이구나. 좋아, 당장 실천해봐야지!"

저자 이구치 아키라는 상대방에게 열중해서 얻은 조언을 전부 받아들이고 최대한 빨리 실행에 옮긴다. 이것이 바로 빈자와 부자의 차이이다. 이렇듯 우리는 100번 듣는 자보다 한 번 실천하는 자가 되어야 한다. 고민에 대한 해결책이나 부자 되는 법은 인터넷이나 유튜브에 검색하면 다 나온다. 그러나 이를 실천하는 자는 극소수일 뿐이다. 그래서 세상에는 성공자가 드문 것이다. 지금 삶이 제자리라면 이제부터라도 말보다 실천하는 사람이 되어보자.

나는 작년 휴직하며 '책 속에 길이 있다'는 것을 온몸으로 체험했다. 단순히 책을 많이 읽는 데서 끝난 게 아니다. 오히려 책이 시키는 대로 바로 실행한 덕에 오늘의 내가 있는 것이다. 그 점에 감사한다. 이 책의 3장 5꼭지에는 내가 작년에 실천한 독서 목록을 소개했다.

어느 날 김도사의 『100억 부자의 생각의 비밀』과 『내가 100억 부자가 된 7가지 비밀』 등을 읽어보았다. 나는 이 책에서 놀라운 한 문장을 발견했다. "한 사람이 죽는다는 것은 하나의 도서관이 사라지는 것과 같다." 나는 그 문장을 보며 한순간 얼어버렸다. '도서관이라… 내 버킷리스트가 내 이름으로 된 도서관을 짓는 거였는데…. 일단 내 책부터 써야 하는 거

구나. 내가 억만장자가 되어 세계 최고의 초대형 도서관을 짓는다 한들
그 도서관에 내 책 한 권이 없다면 얼마나 속상할까?'라는 생각이 들었
다. 그 문장에 완전 꽂혀버렸다. 그래서 먼저 『버킷리스트 22』라는 공동
저서를 썼고 곧바로 이 책을 썼다. 책을 좋아하는 평범했던 독자에서 저
자로 위치를 바꾼 것이다.

나는 원래 생각보다 행동이 먼저 나가는 사람이다. 그러나 작년에 『마
녀체력』이란 책을 읽고 바로 주 4회 수영강습을 1년간 꾸준히 하지 않았
다면 지금처럼 실천력이 강해지지 않았을 것이다. 다만 생각보다 말이
앞서는 경향이 있어서 늘 의식적으로 바로 반응하지 않으려고 노력한다.
살아가며 말을 안 해서보다 해서 후회하는 경우가 많고 말실수는 주워
담을 수 없기 때문이다.

『성경』 민수기에 이런 말이 나온다.

> "그날에는 땅 위에 거인들이 있었더라.
> 그리고 우리들이 스스로를 볼 때
> 마치 메뚜기와 같이 보더라.
> 그러니 그들이 보기에도 메뚜기와 같더라."

0원으로 시작하는 짠순이 재테크 습관

이것은 과거의 이야기가 아니라 지금 현재 이 세상의 이야기이다. 경기 불황에 실업난, 여러 개인적인 문제에 둘러싸여 우리는 스스로를 너무 작게 보고 있다. 내 안에는 거대한 우주가 있고 거인이 잠들어 있다. 하지만 스스로를 메뚜기로 본다면 메뚜기인 것이고, 거인으로 본다면 남들도 나를 거인으로 본다. 스스로를 어찌 인식하느냐에 따라 다른 이의 눈에도 똑같이 비춰지게 된다. 나는 내가 한낱 메뚜기라고 생각해본 적이 단 한 번도 없다. 내 안의 잠든 거인을 깨우고 싶었다. 이렇게 월급쟁이 직장인으로 살다가 죽으면 억울할 것 같았다. 그래서 휴직 중임에도 동네맘과 커피숍 수다 한 번 떨어본 적 없고, 늦잠 한 번 자 본 적 없이 매일 서점과 도서관을 드나들며 성공자의 삶을 따라 했다.

친정 언니의 추천으로 『미라클 모닝 밀리어네어』라는 책을 읽고는 새벽 기상, 명상, 감사 일기 적기, 다짐 등을 시작했다. 그렇게 미라클 모닝을 실천하다가 '한책협' 김도사를 만났다. 무일푼에 20대에 빚 유산을 받은 마이너스 수저인 그는 현재 120억 부자이다. 나는 이렇게 가까이서 선한 영향력을 주는 큰 부자를 만나본 적이 없다. 게다가 스승님은 평소 내 관심사인 우주의 법칙을 알려주었다. '끌어당김의 법칙, 부자의 마인드를 가져라, 성공 확신을 하라, 감사 일기를 써라, 끝에서 시작하라, 좋아하는 것만 생각하라, 내가 원하는 바를 생생하게 상상하라, 긍정의 언어를 사용하라, 성실은 당연한 성공의 필수 요소이다, 성공해서 책을 쓰는 것이 아니라 책을 써야 성공한다.' 나는 이런 진심 어린 조언에 매료되었다. 내 인생은 이렇게 살다 끝날 것 같아 불안해 하다가 이제야 자아실현을 위해 내면을 들여다보는 중이다. 마치 미래를 꿈꾸는 중 · 고등학생이 된 듯, 하루하루가 희망으로 가득 차서 행복하다. 나는 부자 마인드로 전환하고 큰 부자의 길로 걸어가는 중이다. 지금 삶의 변화를 원하는가? 이 책을 읽고 느낀 바가 있다면 바로 첫걸음을 떼어보자.

/

처음 걸으려고 할 때는 넘어졌다.
처음 수영하려고 할 때는 물에 빠져 죽을 뻔했다.
실패를 두려워하지 말라.
시도조차하지 않을 때 놓치게 될 기회나 걱정하라.

– 오슨 스웨트 마든

에필로그